새로 쓴 대표기도문

김수곤·김만식·김목희 목사

한국문서선교회

머 리 말

　기도야말로 하늘의 보고(寶庫)를 여는 유일한 열쇠입니다. 기도는 하나님의 마음을 움직이는 놀라운 것입니다. 기도는 다른 어떤 것보다도 깊이 그리고 정직하게 사람의 마음을 감동시킵니다. 어려운 시대를 살아가고 있는 성도들에게 주어진 특권이 있다면 바로 기도일 것입니다. 하나님의 무한한 권세와 능력을 우리의 진솔한 기도를 통하여 이 땅에 이끌어내야 할 것입니다. 힘있게 외치는 기도를 통해 성도와 교회를 새롭게 하고 나라와 역사를 세워나가야 할 것입니다.
　특별히 강단에서 드려지는 대표기도는 참으로 중요합니다. 모든 성도들의 마음을 담아 하나님께 올려드려야 할 책임이 있기 때문입니다. 오늘의 교회와 역사를 바르게 해석하여 하나님께 도움을 구하는 자리가 대표기도의 자리입니다. 「새로 쓴 대표기도문」은 바로 그러한 부담을 안고 집필되었습니다. 모든 공예배 즉 주일낮, 찬양, 수요, 새벽, 각종 헌신예배와 절기예배에 이르기까지 누구나 유용하게 참고할 수 있도록 집필되어졌습니다. 성경적인 기도, 새롭고 다양한 각양의 심성을 담아 정성껏 그리고 쉽게 기도할 수 있도록 배려되었습니다.
　부족하나마 이 책을 통하여 강단의 기도가 새로워지고 교회와 사회와 민족 그리고 성도들이 기도응답의 역사를 체험할 수 있기를 기원합니다. 문서선교를 통하여 하나님께 영광을 돌리며, 이에 헌신하시는 한국문서선교회 김기찬 장로님께 집필자를 대표하여 감사를 드립니다.

집필자를 대표하여 김 수 곤

차 례

1. 주일낮예배 기도문(39편) ·· 9
2. 주일찬양예배 기도문(23편) ······································ 49
3. 수요예배 기도문(23편) ·· 73
4. 새벽기도회 기도문(14편) ··· 97
5. 개회 기도문(10편) ··· 105
6. 절기예배 기도문(129편) ··· 111
   • 신년감사주일 ·· 112
   • 종려주일 ·· 120
   • 고난주간 ·· 124
   • 부활주일 ·· 130
   • 어린이주일 ·· 140
   • 어버이주일 ·· 148
   • 성령강림절 ·· 156

- 종교개혁주일 ·· 164
- 추수감사주일 ·· 172
- 성서주일 ·· 182
- 성탄절 ·· 190
- 송년 ··· 200
- 부흥회 ·· 209
- 총동원주일 ·· 219
- 창립기념일 ·· 225
- 국가를 위한 기도 ··· 233

7. 헌신예배 기도문(71편) ································ 241
- 제직 ··· 242
- 남선교회 ··· 250
- 여전도회 ··· 259
- 교사 ··· 268
- 성가대 ·· 278
- 청년대학부 ·· 286
- 중고등부 ··· 294
- 구역장·권찰 ·· 301
- 장학회 ·· 308

1
주일낮예배 기도문

김수곤 (곤)

김만식 (식)

김목희 (희)

* 기도자의 표시는 (　)안의 약자로 표기했습니다 *

10
주일낮예배 기도문

[감사와 고백] 사랑의 하나님 아버지. 은혜를 감사합니다. 저희가 부끄러운 삶을 살았으나 부족하다 하지 않으시고 복된 날을 허락하셔서 주님 전에 불러주시니 감사합니다.

하나님, 저희들은 그리스도의 복음에 합당한 생활을 하지 못했습니다. "그리스도를 위하여 너희에게 은혜를 주신 것은 다만 그를 믿을 뿐 아니라 또한 그를 위하여 고난도 받게 하심이라" 하셨으나 "오직 나와 내 집은 여호와만을 믿고 섬기겠노라"는 확고한 믿음도 없이 세파에 마냥 흔들렸습니다. 그리스도를 위하여 고난받기는커녕 우리에게 주시는 은혜도 모른 채 세상연락에 취해 있음이 오늘 우리의 모습입니다. 주님, 저희를 불쌍히 여겨 주옵소서.

[나라와 민족을 위해] 하나님을 믿는 수많은 정치인이 있으나 그들이 썩었다고 우리의 손가락은 엉뚱한 곳을 가리킵니다. 기업인이나 노동자가 잘못한다고 비난합니다. 주변 열강들이 자국의 이익만을 위한다고, 북한이 망상에 사로잡혀 엉뚱한 일을 저지르려 한다고 이구동성으로 말합니다. 그러나 이제는 저들이라 가리키던 손가락을 굽혀 나 자신을 향해야 할 때인 것을 압니다. 이 시간 우리의 모습 이대로 주의 제단 앞에 가슴을 쪼개어 내놓으며 주의 긍휼하심 받기를 원합니다.

믿는 저희들로 하여금 여호와 앞에 물을 길어 오는 애씀이 있게 하옵소서. 범죄를 인하여 금식하며 "죽으면 죽으리라"고 나섰던 에스더와 유대 민족들처럼 이 민족을 위하여 저희가 일어나게 하옵소서. 이 시간 우리의 죄된 몸을 드리오니 열납하시고 긍휼히 여겨 주옵소서. 말씀을 전하시는 주의 종에게 권능으로 채워 주사 은혜의 시간되게 하옵소서.

예수님의 이름으로 기도드립니다. 아멘   (곤)

11
주일낮예배 기도문

[감사와 예배] 하나님 아버지, 복된 이날에 저희들을 불러 주시고 예배할 수 있는 자녀로 삼아 주시니 감사합니다. 이 시간 온 마음을 다해 신령과 진정으로 드리오니 우리의 예배를 받아 주옵소서.

[참회] 주께서 죄많은 저희들을 탕자의 모습 그대로 용납하셨으니 우리 또한 이웃을 용서하고 사랑하며 있는 모습 그대로 받아들이게 하옵소서. 그리하여 우리의 빈 마음을 하늘의 소망과 사랑으로 가득 채워 주시사 주님의 기뻐하는 자녀로 인도하여 주옵소서.

[말씀으로 은혜받기를 위해] 예배 순서 순서를 통하여 진리가 선포되고 하나님의 영광이 드러나게 하시고, 모든 성도에게 큰 은혜의 시간이 되게 하옵소서. 저희들의 속사람은 가뭄과 이상기온으로 벌거벗은 뿌리와 같이 되었으나 충만한 은혜의 단비로 덮으시어 속사람이 치유받는 시간이 되게 하옵소서. 특별히 하나님의 말씀을 전하는 주의 종을 붙들어 주시어 능력있는 말씀이 선포되게 하시고, 우리의 혼과 영과 및 관절과 골수를 찔러 쪼개는 역사가 일어나게 하옵소서.

[교우들을 위해] 좋으신 하나님, 지금도 병석에 누워 신음하는 성도들을 기억하시고 치료해 주옵소서. 병상에서 어서속히 일어나게 하옵소서. 군대에 가 있는 자녀들을 기억하시고 건강과 안전으로 지켜 주옵소서. 수험생들에게 은총을 베푸시어 지혜와 지식의 영으로 채워 주옵소서. 우리 교회와 교우들이 주님의 날개 아래 있어 평안을 누리게 하시고, 오늘도 든든히 서가는 교회가 되게 하옵소서. 이 나라와 민족을 불쌍히 여기시어 자비와 긍휼을 베푸시고 주의 정의와 공의가 하수처럼 넘치는 나라가 되게 하옵소서.

예수님의 이름으로 기도드립니다. 아멘 (곤)

12
주일낮예배 기도문

[감사] 사랑의 하나님 아버지께 모든 것 드려 감사드립니다. 이 시간 성령께서 역사하셔서 말씀 안에서 새롭게 살도록 인도해 주옵소서. 성령의 충만하심이 우리 심령과 가정과 교회, 그리고 이 나라 이 백성들의 삶 속에 넘치게 하옵소서.

[예배를 위해] 이 예배를 통하여 저희들이 믿음의 담대함을 얻게 하시고 주님의 생명이 가슴마다 넘치게 하옵소서. 마음이 연약한 자들에게 위로를 주시고, 상처로 아파 우는 자들에게 긍휼을 베푸소서. 육신의 질병으로 안타까워하는 자들에게 능력을 베푸시어 깨끗이 치유받는 역사가 일어나게 하옵소서. 살아계신 하나님, 그리스도의 아름다운 복음이 우리 교회를 통하여 온 땅에 전파되게 하시고, 그리스도의 복음을 위하여 모든 성도들이 헌신하게 하옵소서.

[나라를 위해] 특별히 이 나라에 복 주시고 모든 경영을 하나님께서 주관하여 주셔서 이 나라가 평안함을 누릴 수 있도록 인도하여 주옵소서. 이 민족의 앞날을 환하게 밝혀 주옵소서. 이 땅의 모든 백성들이 열심히 살게 하시고 정직하게 살게 하옵소서. 하나님을 두려워할 줄 아는 백성들이 되게 하옵소서.

[은혜받기 위해] 참 좋으신 하나님, 이 복된 자리에서 거룩하신 하나님을 뵙기 원합니다. 오늘 예배 가운데 좌정하셔서 충만한 은혜와 사랑을 내려 주옵소서. 이 시간 예배 드림으로 새로운 힘을 얻어 한 주간 살아갈 때에 가정과 사회와 나라를 새롭게 할 수 있는 크리스천이 되게 하옵소서. 이 사회 구석구석에서 빛의 사명을 감당할 수 있기 원하며, 예수님의 이름으로 기도합니다. 아멘

(곤)

13
주일낮예배 기도문

[감사와 고백] 아브라함과 이삭과 야곱을 부르신 하나님, 오늘 저희들을 부르셔서 하늘의 신령한 복과 산 소망을 주심을 감사드립니다. 이 시간 우리의 속마음까지 아시는 주님 앞에 우리의 때묻고 일그러진 모습을 고백합니다. 주님의 의로우심 앞에 저희의 흠과 점이 드러나오니 자비로운 손길로 감싸 주시고 주의 사랑으로 새롭게 하여 주옵소서.

[가정과 이웃을 위해] 참 좋으신 하나님 아버지, 저희들의 가정을 보살펴 주시고 부부간에 사랑과 신뢰로 하나되게 하옵소서. 부모와 자식간에 애정과 존경으로 뭉쳐지게 하시고 형제와 친척간에 돌봄과 관심으로 사랑의 줄이 이어지게 하옵소서. 저희들의 가정에 주님만이 주실 수 있는 평강을 부어 주옵소서. 의로운 요셉 한 사람으로 인하여 보디발의 집이 복받은 것처럼 저희 교회로 인하여 우리의 이웃과 이 지역이 복을 받게 하옵소서.

[나라와 북한 동포를 위해] 하나님, 이 나라가 병들어 가고 있습니다. 향락과 개인주의, 물질주의, 무질서와 불안감이 팽배해지고 있는 이 나라를 긍휼히 여기시어 주님의 피묻은 손으로 고쳐 주옵소서. 하나님의 공의와 정의, 질서와 화평이 물밀듯이 밀려오게 하옵소서. 지금도 굶주림과 독재치하에서 울부짖는 북한 동포를 불쌍히 여기시고 그 고통에서 건져 주옵소서. 이 나라에 다시는 전쟁이 없게 하시고 부모와 자식간에 헤어짐이 없게 하시며 주님의 통치와 평화가 임하게 하옵소서.

[선교사들을 위해] 오직 주님의 복음만을 들고 낯선 이국 땅에서 사역하는 주의 종들을 기억하셔서 주님의 권능으로 지켜 주시고 선하심으로 인도하여 주옵소서. 이 시간 드리는 예배를 받아 주시고 하늘의 신령한 것으로 채워 주옵소서.

예수님의 이름으로 기도드립니다. 아멘 (곤)

14
주일낮예배 기도문

[감사] 하늘의 보좌에서 저희를 돌보시는 하나님, 오늘 거룩한 주의 날을 맞이하여 저희들이 하나님 전에 모였습니다. 저희들은 감히 하나님 앞에 설 수 없는 존재이나 독생자 예수 그리스도의 보혈로 깨끗하게 하시고 주님의 자녀로 설 수 있게 하심을 감사드립니다.

[고백과 간구] 주님, 저희의 삶 전부가 하나님 앞에 있음을 고백합니다. 이 시간 우리의 심령을 감찰하시고 새롭게 하여 주옵소서. 성령께서 친히 오셔서 뜨겁게 하시고 강권하여 주옵소서.

우리를 변화시키시는 하나님, 이곳에 오셔서 약한 것을 강하게 하시고 무너진 곳을 보수하여 주옵소서. 우리의 삶을 붙들어 말씀 앞에 서게 하시고 주님의 마음에 합당한 자들이 되게 하옵소서. 하나님 아버지, 이 제단에 꿇어 엎드린 사랑하는 성도들의 간구와 소원에 귀 기울여 주옵소서. 저희들이 염려하고 걱정하기보다 주님의 신실하심과 인자하심에 의지하여 기도하게 하옵소서.

[예배를 위해] 우리의 예배를 받으시는 하나님, 이 예배를 통하여 우리들이 주의 긍휼과 자비를 체험하게 하시고 주님의 몸된 교회가 하나 되는 역사를 이루어 주옵소서. 교회가 그리스도의 몸으로서의 합당한 일을 할 수 있는 힘을 공급받게 하옵소서.

말씀을 전하실 목사님을 붙들어 주시어 권세있는 말씀을 선포하게 하시며, 우리는 그 말씀에 힘입어 한 주간 승리하며 살게 하옵소서. 우리가 말씀으로 무장하여 이 전을 나서게 될 때에는 하나님의 군사로서 세상을 이길 넉넉한 믿음을 갖게 하옵소서. 성가대의 찬양을 기쁘게 받아 주시고, 예배위원들에게 은혜를 베푸소서.

예수님의 이름으로 기도드립니다. 아멘

(곤)

15
주일낮예배 기도문

[감사]　사랑과 은혜가 풍성하신 하나님 아버지 감사합니다. 어리석음으로 어둠 속에서 헤매는 저희들을 버려두지 아니하시고, 소망의 빛을 보여 주시고 새생명을 주심을 감사드립니다.

[참회]　하나님 아버지, 주님의 그 은혜에 감사하여 주께서 기뻐하시는 삶을 살기를 원하지만 나태한 일상 속에서 안주하며 형제와 이웃을 사랑하지 못한 저희들을 불쌍히 여겨 주옵소서. 주님, 물건의 가치를 그 무엇보다 숭배하는 이 세상 풍조 속에서 주님의 뜻을 먼저 생각하는 믿음을 주옵소서.

[북한 동포들을 위해]　굶주리고 있는 북한 동포에게 긍휼을 베푸시사 그 질곡에서 벗어나게 하옵소서. 먼저 우리 마음속에 분단의 벽이 무너지게 하시고, 이 시간에도 휴전선 너머 어느 골방에서, 토굴 속에서 기도하고 찬양하며 믿음을 지키는 그들을 인도하여 주옵소서.

[교우들을 위해]　이 복된 날에 주님 앞에 나아와 예배드리는 모든 성도들에게 한량없는 은혜를 내려 주시고 마음에는 기쁨이 넘치게 하옵소서. 저희들이 가는 곳마다 하늘의 평화가 넘치는 생활을 할 수 있게 하옵소서. 병든 자에게는 능력의 손으로 잡아 주시어 깨끗이 낫게 하시고, 낙심한 자 있으면 하늘의 소망을 보여 주옵소서. 생활고에 지친 자는 주께서 친히 그 손을 잡아 주시고, 마음에 상처받은 자 있거든 그 마음을 위로하시고 치료하셔서 새힘을 주옵소서.

이 시간 목사님께서 하나님의 말씀을 선포하실 때에 저희의 심령의 귀가 열리게 하시고, 성령의 큰 감동을 받아 가정과 교회가 살아 움직이는 역사가 일어나게 인도하여 주옵소서.

예수님의 이름으로 기도합니다. 아멘　　　　　　　　　　　(곤)

16
주일낮예배 기도문

[감사와 고백] 피난처 되시는 하나님, 은혜와 사랑에 온 맘으로 감사드립니다. 이 시간 주님만이 저희의 복의 근원이 되심을 고백합니다. 또한 저희의 모든 즐거움과 소망이 주님께만 있음을 믿습니다.

은혜의 하나님, 지난 한 주간 저희들이 생각하고 말하고 행동한 것이 하나님의 말씀에 어긋났음을 고백합니다. 주님의 크신 사랑으로 용서하시고 보혈의 능력으로 씻어 주옵소서.

[간구] 이 예배를 통하여 우리의 삶에 생명의 길이 환하게 보이게 하시고 기쁨이 충만한 은혜를 받게 하옵소서. 말씀을 통하여 심령이 쪼개어지게 하시고 뜨거워지게 하시며 저희의 생각과 마음이 고침을 받게 하옵소서. 하나님 아버지, 이 자리가 은총의 자리임을 믿습니다. 이 자리에 앉아 있는 주님의 백성들을 거룩하고 성결하게 하시며, 어떠한 어려움에도 흔들리지 않게 하시고 소망 가운데 굳건한 믿음으로 살아갈 수 있게 하옵소서.

빛되신 하나님, 저희의 가정과 기업과 소산을 지켜 주시고 아름답게 하시고 풍성하게 채워 주옵소서. 또한 저희들이 직장과 사회에서 빛과 소금이 되게 하옵소서. 자라나는 자녀들을 지켜 주셔서 허탄하고 망령된 신화를 좇지 않게 하시고, 성경적인 가치관과 세계관을 가지고 하나님의 자녀답게 성장할 수 있도록 인도하여 주옵소서.

[예배를 위해] 이 시간 드리는 성가대의 찬양이 하나님께는 영광을 돌리고 성도들에게는 은혜의 찬양이 되게 하옵소서. 특별히 말씀을 전하실 목사님에게 영력을 칠 배나 더하셔서 권세와 능력의 말씀을 선포하게 하옵소서. 예배의 시작부터 끝까지 마음과 정성을 다하여 산 제사로 드리게 하옵소서. 예수님의 이름으로 기도합니다. 아멘   (곤)

17
주일낮예배 기도문

[찬양과 감사] 온 세상 만물을 통치하시는 하나님 아버지, 하나님의 성호를 찬양합니다. 부족하고 못된 것 투성이인 저희들이오나 오늘 거룩한 주님의 전으로 불러 주심을 진심으로 감사드립니다.

[참회] 주님은 "네 이웃을 네 몸과 같이 사랑하라" 하셨지만 저희는 사랑할 만한 사람만을 사랑했습니다. 용서할 만한 사람만을 용서했습니다. 미움과 분노를 마음속 깊이 감추는 죄인들입니다. 우리의 잘못을 용서하여 주시고 크신 사랑으로 품어 주옵소서.

[간구] 하나님께서는 한국교회를 사랑하시는 줄 믿습니다. 천만 명이 넘는 성도를 주시고, 어디를 가나 높이 달린 십자가를 보게 하시니 감사드립니다. 이렇게 사랑하심에 대하여 하나님의 관심과 뜻이 무엇인가를 저희들이 깨닫게 하시고 주님의 뜻을 이 땅에 널리 펼칠 수 있게 하옵소서. 주님께서 부탁하신 지상 최대의 명령인 "땅 끝까지 이르러 내 증인이 되라"는 말씀을 충심으로 이행할 수 있도록 모든 교회와 성도에게 권고하여 주시고 깨닫게 하여 주옵소서.

이 거룩하고 복된 날, 주님의 제단 앞에 머리 숙인 저희들이 주님의 보혈의 능력으로 깨끗함을 입게 하시고 순결한 영으로 거듭나게 하옵소서. 세상살이로 아파하는 심령들을 거룩하신 성령의 기름으로 발라 주시어 그 상처가 아물게 하시고, 실의와 낙심에 빠져있는 자에게는 독수리가 날개 치며 올라감 같은 힘과 능력을 부어 주옵소서.

강단에 세우신 목사님에게 능력있고 권세있는 말씀을 허락하시어 그 말씀에 저희의 전인격이 변화되게 하옵소서. 오늘 전국 방방곡곡에서 모여 예배드리는 모든 교회들 위에 복을 주옵소서.

예수님의 이름으로 기도드립니다. 아멘 (곤)

18
주일낮예배 기도문

[영광과 감사] 하나님 아버지께 영광과 찬양을 돌려 드립니다. 저희들을 사랑해 주시어 주님 앞에 나와 경배하며 주일을 지키게 하시니 감사합니다.

[간구] 오늘 이 예배를 통하여 복 있는 자들이 되게 하옵소서. 주의 종을 통하여 말씀을 주실 때에 그 말씀으로 인하여 즐거워하게 하시고, 말씀의 은혜로 저희의 삶이 시절을 따라 풍성한 과실을 맺는 복을 받게 하옵소서. 저희의 가정이 늘 형통하게 하시고 경영하는 일들이 시들지 않게 하옵소서. 악인의 길은 망한다고 하셨으니 모든 악을 멀리하게 하시며, 악은 어떤 모양이라도 벗어버리게 하옵소서. 진리의 띠를 띠고 승리하는 저희들 되게 하옵소서. 하나님 아버지, 주님의 피로 값 주고 사신 교회가 세속에 물들지 않도록 지켜 주시고 항상 경성하여 말씀의 파수꾼이 되게 하옵소서.

[나라를 위해] 이 민족을 붙들어 주시는 하나님, 이 시대와 이 나라가 주의 손에 달렸사오니 이 나라를 귀히 여겨 주시며, 이 백성들의 부르짖음을 들으시고 탄식의 눈물을 닦아 주옵소서. 정치와 경제와 사회윤리가 바로 서게 하시며 사람의 묘략에 의해서가 아니라 하나님의 섭리에 의하여 다스려지는 나라가 되게 하옵소서. 특별히 이 민족은 둘로 나뉘어 서로 적으로 대결하고 있으니 이 불행을 거두어 주시고, 하루속히 평화와 자유와 기쁨이 넘치는 하나의 나라가 되게 하옵소서.

이 예배를 받아 주시고 말씀을 선포하실 목사님을 권능으로 붙잡아 주시어 하늘의 비밀을 전하게 하옵소서.

예배의 시종을 주님께 의탁드리며, 예수님의 이름으로 기도드립니다. 아멘

(곤)

19
주일낮예배 기도문

[영광] 나의 힘이 되신 여호와여, 영광과 존귀를 받아 주옵소서. 만유를 통일하신 주님은 알파와 오메가이시며 우리의 믿음과 사랑과 희망의 근원이심을 믿습니다.

[간구] 찬양받으시기에 합당하신 주님 앞에 저희들이 모였사오니 소망의 공동체가 되게 하옵소서. 영원한 생명샘에서 생수를 마시며 목마르지 않는 만족을 얻게 하옵소서.

세상에서 저희들은 죄로 말미암아 더러워져 있으나 이 은총의 자리에서 깨끗함 받고 옳다함 입어 영혼이 새로워지게 변화시켜 주옵소서. 저희들은 오직 하나님만이 저희 길을 완전케 하시며 우리로 실족치 않게 하심을 믿습니다. 주께 의지하오니 저희의 걸음을 인도하시고 주의 온유함으로 입혀 주옵소서. 하나님 아버지, 저희의 마음과 정성을 다하여 산 제사를 드리오니 받아 주시고 하늘의 문을 활짝 여시어 각양 은혜와 은사를 내려 주옵소서.

[성도들을 위해] 모든 성도의 가정이 주의 은혜로 채워지게 하시며 사업이 번창하고 발전하게 하여 주옵소서. 크신 은혜로 말미암아 저희가 열방 중에서 주께 감사하며 주의 이름을 찬송하게 하옵소서. 하나님 아버지, 이 자리에는 약한 자와 병든 자와 슬픔과 환난을 당한 자들이 있습니다. 약한 자에게는 강함을 주시고 슬픔을 당한 자에게는 위로를 주시며, 근심과 고통의 신음소리가 찬송의 소리로 바뀔 수 있는 놀라운 역사를 베풀어 주옵소서.

[말씀으로 은혜받기 위해] 말씀 속에서 하늘의 평안과 은혜를 체험하게 하시며, 지금 저희의 심령 속에 오시어 주님의 빛으로 모든 어둠을 몰아내 주옵소서. 예수님의 이름으로 기도드립니다. 아멘   (곤)

20
주일낮예배 기도문

[간구] 아브라함과 이삭과 야곱의 하나님, 이 시간 오셔서 진리로 다스려 주시고 긍휼을 베풀어 주옵소서.

세상 사람들이 탐욕과 이기심의 종이 되어 증오와 미움속에서 괴로워하고 있습니다. 일자리를 얻는 것에 실패하고, 입학 시험에 실패하여 마음 아파하고 있습니다. 오셔서 용기를 주시고 일으켜 세워 주셔서 다시금 시작할 수 있게 하옵소서. 하나님께서 아끼시고 사랑하시는 이 세상을 미워하거나 절망하지 않게 하시어 모든 일에 자족하며 긍정할 수 있는 힘을 더하여 주옵소서. 저희를 푸른 초장으로 인도하시는 주님, 저희의 지친 영혼이 주님의 생기로 소생함을 얻게 하시고, 깊은 어둠의 골짜기로 지난다 해도 아무런 두려움 없이 가게 하옵소서.

[나라와 교회를 위해] 역사를 주관하시는 하나님, 이 나라와 민족을 불쌍히 여겨 주옵소서. 위정자들이 하나님을 두려워하게 하시고 백성들을 사랑으로 이끌며 하나님 보시기에 바른 정치를 할 수 있게 인도하옵소서. 백성들은 우상을 버리고 주님께로 속히 돌아오게 하옵소서.

교회를 사랑하시는 하나님, 저희 교회가 성령충만한 교회 되게 하옵소서. 모든 성도들이 사랑 가운데 교제하게 하시고 성도들이 하는 일들이 복을 받게 하옵소서. 모든 부서마다 발전이 있게 하시고 부흥하게 하옵소서. 세우신 제직들이 충성하게 하시고 기도와 전도, 말씀의 교제가 풍성하게 하옵소서. 장로님, 권사님들이 교회의 어른으로서 본을 보여 책임과 의무를 잘 수행하게 하옵소서.

찬양으로 영광돌릴 성가대와 함께하시고, 강단에 세우신 주의 종에게 말씀의 능력을 주옵소서.

예수님의 이름으로 기도합니다. 아멘

(곤)

21
주일낮예배 기도문

[감사] 사랑의 하나님 아버지, 우리를 먼저 사랑하시고 주의 자녀로 삼으신 것을 감사드립니다. 예수 그리스도를 통하여 참 생명과 천국의 소망을 주시고 거듭난 백성이 되게 해 주시니 감사드립니다.

[고백] 그러나 하나님이 기뻐하시는 대로 살아가지 못할 때가 너무 많음을 고백합니다. 이런 허물들을 예수 그리스도의 보혈로 소멸시켜 주시고, 날마다 더욱 새로워지고 변화되도록 도와 주옵소서. 예수님을 통해 확증해 주신 하나님의 사랑이 너무나 크오니 그 사랑 안에 늘 거함을 기뻐하게 하시고, 주님의 말씀대로 행하여서 예수 그리스도의 이름을 더욱 높여 드리는 귀한 믿음을 주옵소서.

[간구] 오늘 주님의 날을 기억하게 하시고 하나님 앞에 나와서 예배드리게 하시니 감사합니다. 세상의 즐거움이나 이익보다 주님의 날을 소중히 여기며 기억하는 성도들이 되게 하여 주옵소서. 말씀으로 주님의 백성을 먹이시는 목사님께 하나님의 전신갑주를 입혀 주시고, 말씀을 받는 저희들에게는 회개와 결단이 있게 하옵소서.

전능하신 하나님, 저희들이 주께서 가르쳐 주신 바른길로 행하게 하시고 크신 능력을 덧입혀 주셔서 곤비치 않고 힘있는 삶이 되게 하옵소서. 말씀과 기도로 무장하고 주의 복음을 담대히 전하는 전도자들이 되게 하여 주옵소서. 각 가정마다 하나님께서 주인이 되셔서 늘 함께 거하시고, 간구하는 기도를 들어주시며 위로하여 주옵소서. 교회를 위해 수고하는 일꾼들에게 충성하게 하시며 생명의 면류관을 향하여 성실히 경주하게 하옵소서. 이 예배를 신령과 진정으로 드리오니 받아 주시고 친히 임재하여 주옵소서.

예수님의 이름으로 기도드립니다. 아멘 (곤)

22
주일낮예배 기도문

[감사] 인류의 주인되시는 하나님 아버지, 감사와 찬양과 영광을 돌립니다. 주님의 날을 맞이하여 부족한 저희들이지만 주님께 기쁨으로 나아오게 하시니 감사합니다.

[고백] 그러나 날마다 주님의 사랑과 가르치심을 준행하기보다는 육신의 정욕대로, 우리의 판단대로 살아온 저희들임을 고백합니다. 이 시간 주님의 은총을 의지하고 나왔사오니 주님의 보혈로 성결하게 하시고 성령의 기름으로 새롭게 하옵소서.

[나라와 이웃을 위해] 하나님, 나라와 사회와 이웃을 위하여 기도합니다. 이 나라를 이끌어나가는 정치인들에게 하나님의 뜻과 섭리를 볼 수 있는 지혜를 주셔서 하나님을 경외하며 백성을 위해 봉사하는 지도자가 되게 하옵소서. 이 나라를 불쌍히 여기셔서 다시 한번 영적으로 회개하며 부흥하는 민족이 되게 하옵소서. 무엇보다도 갈라져 있는 주님의 몸된 교회들이 주님을 섬기는 일에 하나가 되어 나라와 민족을 살리는 일에 앞장서게 하옵소서. 하나님 아버지, 헐벗고 굶주리는 우리의 이웃들이 있습니다. 주님께서 그들을 지켜 주시고 우리로 하여금 그들과 더불어 살아갈 수 있는 사랑과 용기를 더하여 주옵소서.

[교회를 위해] 사랑의 하나님, 우리 교회를 지금까지 지켜 주시고 인도해 주심을 감사드립니다. 이 지역 사회에 구원의 빛이 되게 하시고 사랑을 나누는 교회, 사명을 성실히 감당하는 교회, 앞서가는 교회가 되게 하옵소서.

오늘도 강단에 세워 주신 목사님을 권능의 손으로 잡아 주시고 말씀 하나하나가 저희의 심령과 골수를 찔러 쪼개어 새롭게 하여 주옵소서. 성가대의 찬양을 기쁘게 받아 주시고 예배의 시종을 주께서 주관하여 주옵소서. 예수님의 이름으로 기도합니다. 아멘

(곤)

23
주일낮예배 기도문

[감사] 이 땅에 있는 모든 생명을 사랑하시는 하나님, 그 사랑에 감격하여 우리로 하여금 주 앞에 서게 하심을 감사드립니다. 오늘 우리를 주의 제단 앞에 세워 주셨사오니 십자가의 구속의 은총으로 우리를 깨끗게 하실 줄 믿습니다.

[고백] 사랑하시는 하나님, 하나님의 그 크신 은총 아래서 우리의 죄를 자복합니다. 하나님을 믿는 성도라고 하면서도 진실로 그 이름에 합당한 삶을 살지 못했음을 고백합니다. 우리는 어리석게도 헛된 것에 많은 시간을 낭비하였습니다. 육신의 정욕과 안목의 정욕과 이생의 자랑을 좇아서 살았습니다. 거룩하신 하나님의 일보다는 자신의 욕심이 추구하는 대로 방탕하였습니다. 말끝마다 불평과 불만만을 쏟아 놓았습니다. 다시 한번 이러한 잘못들을 고백하오니 용서하여 주옵소서.

[간구] 사랑의 하나님, 이제부터는 우리들이 참된 성도의 길을 걸어가게 하옵소서. 주께서 주신 시간과 은사와 모든 힘들을 주를 위해서 사용하게 하옵소서. 사랑과 소망과 믿음의 말들과 행동들을 하게 하셔서 공동체에 덕을 끼치게 하옵소서. 보다 더 말씀 앞에 복종하여 말씀이 인도하는 대로 살아가게 하옵소서. 그리하여 능력있고 생명력있는 종으로서의 길을 걷도록 은총을 베풀어 주옵소서.

[중보] 오늘 모인 우리들 중에 아직도 주님을 완전히 신뢰하지 못하고 의심하는 사람이 있다면 성령께서 그들을 붙드셔서 마음 중심으로 주님을 영접하게 하시고, 새로운 천국시민의 삶을 살아가게 하옵소서. 그리고 성령께서 우리 모두를 도우셔서 좀더 하나님과 동행하는 삶을 살아가게 하옵소서.

이 예배 시간 내내 주의 신령한 역사가 나타나기를 원하며, 구원자되신 예수님의 이름으로 기도드립니다. 아멘

(식)

24
주일낮예배 기도문

[감사] 어제나 오늘이나 영원토록 동일하시며 변함없이 우리를 지키시고 보호하시는 하나님, 주님의 크신 은혜와 사랑을 진심으로 감사드립니다.

[참회] 우리가 아직 하나님을 모르고 죄인되었을 때에 하나님께서 우리를 먼저 보시고 사랑하셔서 독생자를 이 땅에 보내셨습니다. 그럼에도 불구하고 우리는 그리스도를 알지 못하고, 믿지 못하고, 깨닫지 못하는 우둔한 죄의 길을 걷고 있습니다. 우리는 모두 자신을 사랑하며 돈을 사랑하며, 스스로 높이고 목이 굳어져서 교만한 모습으로 살아가고 있습니다. 거룩함도 없고, 절제하지 못하고, 하나님의 뜻을 거역하며 하나님보다 쾌락을 더 사랑하는 잘못된 길에 들어서 있습니다.

경건의 외형적인 모양만 갖추기에 급급한 나머지 경건의 능력은 생활 속에서 나타내지 못하는 무기력한 삶을 살아가고 있습니다. 주여, 우리를 불쌍히 여기시고 도와 주옵소서.

[간구] 십자가의 보혈의 능력을 체험하게 하옵소서. 우리의 영혼이 말씀의 능력으로 강건하게 하옵소서. 우리 교회가 성령의 불로 타오르게 하옵소서. 하나님 보시기에 합당한 교회가 되어서 주의 일을 잘 감당하는 능력있는 교회되게 하옵소서. 어두운 역사에 불빛을 비추는 등대가 되어 죽어가는 무리를 구원으로 인도하는 교회되게 하옵소서.

[능력있는 말씀을 위해] 말씀을 대언하는 목사님에게 영력을 칠 배나 더하여 주옵소서. 그리하여 하나님의 말씀을 듣는 모든 성도들이 통회하고 자복하는 역사가 일어나게 하옵소서. 새생명의 힘을 얻어 능력있는 그리스도인으로 살아가게 하옵소서. 예배의 시종을 성령이 친히 인도하시기를 원하며, 예수님의 이름으로 기도드립니다. 아멘   (식)

25
주일낮예배 기도문

[감사] 하나님 아버지, 우리를 긍휼히 여기시고 복 주시기 위하여 오늘도 불러 주심을 감사드립니다. 우리를 사랑하시사 독생자를 십자가에 달려 죽게 하시고 다시 부활시키시사 우리로 하여금 이 날을 기뻐하며 예배하게 하신 하나님의 그 크신 은혜를 진심으로 감사드립니다.

[참회] 그러한 은총을 받고서도 지난 한 주간의 우리의 삶을 돌이켜 볼 때 부끄러운 것밖에 없습니다. 내 자신의 이익과 욕구를 채우기에는 급급하고 분주했지만 하나님을 위해서는 마음과 정성을 다하지 못했음을 고백합니다. 이 예배를 통하여 자복하오니 주님의 크신 사랑으로 씻어 주옵소서. 우리의 죄악을 용서하여 주옵소서.

[한국교회를 위해] 사랑의 하나님, 이 시간 우리 한국교회를 위해 기도드립니다. 오늘의 교회들이 진정으로 하나님의 뜻을 행하고 있는지요. 하나님의 뜻보다 사람의 이기적인 생각만으로 운영되지는 않은지요. 나누고 베풀기 보다는 쌓고 즐기는 일에만 전념하고 있지는 않은지요. 이웃을 사랑하고 주님의 말씀으로 양육하며, 하나님을 위해서 진리의 길을 닦고 순종하기 보다는 내 교회의 치장과 과시를 위한 일에만 매달려 있지 않은지요.

하나님, 우리로 하여금 하나님은 외적 형식보다는 내적인 아름다움, 곧 믿음의 내용을 더 귀히 여기신다는 사실을 깨닫게 하옵소서. 하나님이 함께하시지 않고 기뻐하지 않는 어떤 헌신과 수고도 무익한 일임을 깨닫게 하옵소서. 그리하여 진정으로 우리 한국교회가 하나님이 원하시는 아름다운 일들을 행하여 우리 민족 전체가 회개하고 돌아오는 놀라운 일들이 나타나게 하옵소서. 그 일에 우리 교회를 동참시켜 주옵소서.

예수님의 이름으로 기도드립니다. 아멘

(식)

26
주일낮예배 기도문

[예배] 영광을 받으시기에 합당하신 하나님, 우리의 마음과 정성과 뜻을 다하여 기도드립니다. 이 시간에 성령의 강한 역사로 임재해 주시사 이 예배가 하나님께서 요구하시는 거룩하고 합당한 내용을 갖추게 하옵소서.

[참회] 먼저 하나님께 우리의 죄악된 모습을 아뢰오니 죄사함의 은총을 베풀어 주옵소서. 성도라고 불리워지면서도 그 이름처럼 거룩하게 살지 못했고, 그리스도인이라 생각하면서도 진실로 그리스도를 따르는 삶을 살지 못했습니다. 교인이라 불리워지면서도 교회 안에서 진실한 서로의 사랑과 사귐을 갖지 못했습니다. 이 모든 부족함을 그리스도의 피로 용서하여 주옵소서. 그리하여 진실된 성도되게 하시고 참 그리스도인이 되게 하시며, 사랑으로 헌신된 교인되게 하옵소서. 말씀에 순종하고 말씀을 전파하는 제자되게 하옵소서.

[말씀대로 살기 위해] 말씀으로 역사하는 하나님이시여, 이 시간 목사님을 통하여 말씀을 아낌없이 부어 주옵소서. 우리로 하여금 말씀이 없는 시대의 기갈을 겪지 말게 하옵소서. 꿀송이보다도 더 달고 정금보다 더 귀한 생명의 말씀이 임재하는 은혜를 허락하옵소서. 말씀의 풍성한 은총속에서 우리 모두의 믿음이 잘 자라나기를 원합니다.

오늘 주시는 말씀 속에서 가난한 자는 부하게 하시고, 소망을 잃은 자는 새로운 소망을 갖고 힘이 없는 자는 새힘을 얻게 하옵소서. 교만한 자는 겸손해지고 악한 자는 그 길을 버리고 돌아서며, 죄인은 회개하는 역사가 일어나는 놀라운 은총의 시간이 되기를 원합니다. 모든 예배의 순서에 성령께서 기름을 부으셔서 온전한 예배의 시간이 이어지게 하옵소서. 예수님의 이름으로 기도드립니다. 아멘   (식)

주일낮예배 기도문

[감사] 거룩하신 하나님, 은혜와 사랑을 감사드립니다. 오늘 이 시간도 성령의 도우심 아래 거룩한 예배를 드릴 수 있도록 불러 주심을 감사드립니다.

[참회] 벌레만도 못하고 허물 많은 죄인들이건만 주님의 보혈의 공로로 역사하셔서 가장 사랑받는 자녀로서 불러 주셨음을 믿습니다. 이제 하나님의 사랑받는 자녀로서 부족함 없이 신령과 진정으로 예배하게 하옵소서. 찬송으로 주의 은혜에 화답하게 하시고, 우리의 간구가 하나님 보좌에 상달되게 하옵소서.

[나라를 위한 중보] 거룩하신 하나님, 우리 민족을 위하여 기도드립니다. 분단의 민족으로 살아온 지 반세기가 지나면서 우리는 체제와 이념의 갈등속에서 아직도 헤매고 있습니다. 북한의 공산체제하에서 고통받는 백성들을 긍휼히 여겨 주옵소서. 하나님이 바라시는 모습으로 남북이 하나될 수 있게 하옵소서. 헤어진 가족들과 친지들이 만나게 하시고, 무너진 북한의 교회들이 다시 재건되게 하옵소서. 그곳에서도 찬송과 기도소리가 울려퍼지는 놀라운 은혜를 허락하시기 원합니다. 남한의 우리들도 하나님 앞에서 바로설 수 있게 하시고 모든 백성이 하나님을 두려워하며 살아가게 하옵소서.

[은혜받기 위해] 우리들의 메마른 심령에 위로부터 내리는 생명의 말씀이 채워져서 우리의 영혼이 살찌는 놀라운 은총을 주옵소서. 생수가 강물처럼 흘러넘치는 교회되게 하옵소서. 한 사람도 이 믿음과 생명의 길의 대열에서 낙오되지 않게 하옵소서.

이 예배를 성령께서 인도하시길 원하며, 지금도 우리를 도우시는 예수 그리스도의 이름으로 기도드립니다. 아멘

(식)

주일낮예배 기도문

[하나님께 영광] 거룩하신 하나님, 그 이름에 합당한 영광을 돌립니다. 사랑하는 외아들을 이 땅에 보내시고, 모든 생활 속에서 모본을 보여 주심을 감사드립니다.

[고백] 주님은 "수고하고 무거운 짐진 자들아 다 내게로 오라" 하시면서 세상 속에서 병들고 상처난 우리를 품에 안아 주시기를 원하시지만, 완악한 우리 심령은 불신하며 거역하며 살아가고 있습니다. 아직도 옛생각 옛사람에 사로잡혀 헛된 욕망속에서 죄를 범하고 있습니다. 이 모든 부족함과 연약함에서 우리를 건져 주옵소서.

[복음전파를 위해] 거룩하신 하나님, 주님의 명령인 땅 끝까지 복음을 전파하라 하심과 또한 때를 얻든지 못얻든지 말씀을 전파하라 하심을 우리로 하여금 기억하게 하옵소서. 그래서 우리가 말씀에 의지하여 복음 들고 나아가게 하여 주옵소서. 우리의 가정으로 가게 하옵소서. 우리의 일터로 가게 하옵소서. 하나님의 말씀을 들어야 할 영혼들이 있는 곳은 어디든지 나아가서 담대히 천국의 말씀을 증거하여 그 영혼이 주께로 돌아오는 놀라운 역사를 체험하게 하옵소서.

[기도의 사람이 되기 위해] 거룩하신 하나님, 하나님의 거룩하신 일들을 하는데 우리의 영적인 호흡이 끊어지지 말게 하옵소서. 쉬지 말고 기도하라 하셨듯이, 깨어서 기도하라 하셨듯이 우리는 기도로 무장하고 영적인 싸움을 능히 감당하게 하옵소서. 믿음의 용사들이 다 되어서 이 나라와 모든 교회를 지키게 하옵소서. 영혼을 지키는 파수꾼이 되기를 원합니다. 오늘도 생명의 말씀을 충만하게 부어 주옵소서. 말씀의 풍성함 속에서 우리의 영이 살찌는 복을 허락하옵소서.

예수님의 이름으로 기도드립니다. 아멘 (식)

29
주일낮예배 기도문

[감사] 하나님께서 우리를 사랑하시사 독생자를 보내시고 예수님을 십자가에 달려 죽게 하심으로 대속사업을 이루셨음을 믿습니다. 그 은총으로 이제 우리가 주 앞에 나올 수 있고 우리의 죄악이 씻김받게 됨을 감사드립니다. 죄속에서 추해지고 미약해진 우리의 심령들이 오늘 신령한 예배를 통하여 새로워지게 하여 주옵소서.

[간구] 하나님께서는 우리 모두가 주님 앞에서 자유롭고 평화롭게 사는 길을 열어 주셨습니다. 또한 어떤 사람도 속박받으며, 고통받으며 사는 것을 원치 않으시는 줄 믿습니다. 그러나 우리는 끝없는 속박과 불안과 고통속에서 살아갑니다. 때로는 정치, 사회, 경제적인 문제가 우리를 괴롭힙니다. 심지어 보이는 현실의 불완전한 교회의 문제까지도 우리를 때때로 곤혹하게 합니다. 주여, 우리를 불쌍히 여기시사 이 크고 작은 문제들에서 해방되게 하옵소서. 하나님의 자녀로 진정한 자유속에서 살아가게 하옵소서.

[말씀대로 살기 위해] 생명의 주관자되시는 하나님 아버지시여, 주님은 말씀하시기를 진정 우리를 자유하게 할 수 있는 것은 하나님의 말씀뿐이라고 하셨습니다. 이 시간 하나님의 말씀을 부으소서. 그래서 우리의 삶이 시냇가에 심겨진 나무처럼 사시사철 푸르게 하시고 철따라 열매를 맺게 하옵소서. 아버지여, 이 시간 성령을 부으셔서 불길처럼 타오르게 하옵소서. 그래서 하나님이 원하시는 삶, 즉 하나님과 인간 사이에 가로막힌 담을 헐고 우리 공동체 속에서 서로 용서하며 서로 사랑하며 살아갈 수 있는 길을 허락하옵소서. 성도의 빛과 향기를 발하는 삶이 이어지게 하옵소서.

예수 그리스도의 이름으로 기도드립니다. 아멘 (식)

30
주일낮예배 기도문

[감사] 사랑의 하나님께 감사와 영광을 돌립니다. 이 시간 우리의 의지보다는 하나님의 섭리와 부르심과 은총으로 나왔습니다. 그만큼 우리의 허물과 죄악이 큼을 깨닫게 하시니 감사드립니다.

무엇보다도 하나님의 크신 사랑으로 하나님 앞에 나왔음을 감사드립니다. 전적인 그리스도의 십자가의 은혜인 줄 믿습니다. 몸을 주시고 피를 흘리시면서도, 극도의 아픔속에서도 우리 죄인을 향한 사랑 때문에 참고 견디셨습니다.

[이웃을 위해] 그럼에도 우리는 아직도 그 사랑의 삶을 살지 못하고 있습니다. 눈에 보이는 부요함과 명예와 권세를 향해서만 우리의 눈들이 고정되어 있음을 고백합니다. 세상의 자랑거리들에만 우리의 마음이 현혹되어 있음을 고백합니다. 나 자신과 내 가족과 내 교회만을 위하여 우리는 너무 바쁘지 않은지요. 하나님 아버지, 우리의 눈을 열어 주옵소서. 우리의 마음을 열어 주옵소서. 그리하여 우리가 미처 보지 못했던 가난한 자의 눈물을 보게 하옵소서. 우리가 미처 듣지 못했던 억울하고 억눌린 자의 비명소리를 듣게 하옵소서. 소외되고, 상처나고, 쓰러진 자들의 아픔이 우리 속에서도 진정으로 느껴지게 하옵소서. 장애인들의 고통이 우리에게 주님의 음성처럼 들려지게 하옵소서.

[행함이 있는 신앙을 위해] 사랑의 하나님, 우리로 하여금 예수님의 사랑의 길을 걸어가게 하옵소서. 주님이 걸어가신 사랑의 길은 이름없이 빛도 없이 걸어가신 좁은 길인 줄 믿습니다. 우리가 듣는 것으로만, 아는 것으로만, 보는 것으로만 그치지 말고 행할 수 있기를 원합니다. 오늘 이 예배도 주의 성령이 임하셔서 우리를 감화 감동시키셔서 주님의 무한하신 사랑을 깨닫는 예배, 그 사랑을 실천하는 예배되게 하옵소서.

예수 그리스도의 이름으로 기도드립니다. 아멘 (식)

31
주일낮예배 기도문

[감사] 우리를 사랑하시되 끝까지 사랑하시는 하나님 아버지, 그 은혜에 무한한 감사와 찬송을 드립니다. 우리의 행위로 볼 때는 허물 많은 죄인이지만 하나님 아버지께서는 그래도 그 사랑의 줄을 놓지 않으심으로 저희들을 주님의 자녀로 이끌어 주시는 줄 믿습니다. 그 은혜와 사랑에 감사하여 오늘 예배의 이 자리가 차고 넘쳐야 마땅하지만 그렇지 못함을 용서하여 주옵소서.

[참회] 하나님 아버지의 크신 은혜를 깨닫고 열심으로 섬기고 전도해야 할 우리가 그렇게 하지 못함을 주여, 용서해 주옵소서. 우리가 게으르고 불신앙과 불순종의 잠에서 아직 깨어나지 못함을 이 시간 깨닫게 하옵소서. 날마다 개혁되고 말씀으로 변화받아야 할 우리가 아직도 새로워지지 못하고 있음을 용서하옵소서. 주님의 능력으로 변화받아 새로워지게 하옵소서.

[가정을 위해] 하나님 아버지, 우리의 가정을 위해 기도드립니다. 서로 사랑하고 서로 도와서 아름답고 행복하게 살라고 만드신 가정인데 우리의 죄로 말미암아 지금은 찢기고 상처나고 아픈 가정이 너무도 많습니다. 우리의 가정을 회복시켜 주옵소서. 홀로 믿는 가정이 함께 믿는 온전한 가정으로 회복되기를 원합니다. 주님을 주인으로 모시고 서로 사랑하며, 부족한 것을 서로 보충하며 함께 연합함으로써 아버지께서 태초에 원하신 본래의 모습으로 돌아가게 하옵소서. 부모를 공경하며, 부부는 사랑하고 신뢰하며, 자녀들은 우애있는 믿음의 가정이 다 되기를 원합니다.

이루어 주실 줄 믿으며, 가정의 주인되시는 예수님의 이름으로 기도드립니다. 아멘

(식)

32
주일낮예배 기도문

[찬양과 감사] 창조주 하나님을 찬양합니다. 구속의 은혜속에서 주의 제단 앞에 머리숙여 기도할 수 있게 하시니 감사드립니다. 우리의 예배를 받아 주옵소서. 거부당한 가인의 제사가 아니라 열납된 아벨의 제사가 되기를 원합니다. 주께서 우리의 헌물과 찬양을 받으시고 기뻐하시는 산 제사가 되기를 원합니다. 우리의 죄악들을 씻길 것은 씻기시고, 닦을 것은 닦아서 우리 자신들이 온전한 산 제물이 되기를 원합니다.

[진정한 그리스도인이 되기 위해] 하나님, 이 시간 주님의 약속들을 바라보며 우리의 연약함에서 깨어나기를 원합니다. 주께서는 해방과 자유를 선포하시고 약속하셨는데 우리는 또다시 죄의 굴레와 율법의 저주속으로 들어감을 느낍니다. 주께서는 사랑과 복 주심을 약속하셨는데 우리는 또다시 미움과 진노속에서 고통받고 있습니다. 주께서는 항상 기뻐하며 살아갈 것을 말씀하셨는데 우리는 낙망과 슬픔속에서 하루를 보낼 때가 많습니다.

신실하신 하나님의 약속을 믿고 기다릴 수 있는 인내를 주옵소서. 성령께서 베푸시는 진정한 자유와 해방을 체험하게 하옵소서. 새하늘과 새 땅을 소망하면서, 오늘을 사랑하면서 기뻐하며 살아가게 하옵소서. 그리하여 진정한 그리스도의 향기를 세상 속에서 나타내게 하옵소서.

믿는 자는 오늘을 살아도 영원을 바라보는 자인 줄 믿습니다. 주여, 오늘 저희들에게도 포로되었지만 해방을 바라보며 찬송했던 이스라엘의 믿음있는 길을 따라가게 하옵소서. 핍박받고 고난당하였지만 주님의 십자가와 그 은혜를 자랑하며 기뻐했던 사도들의 삶을 본받게 하옵소서.

예수님의 이름으로 기도드립니다. 아멘 (식)

33
주일낮예배 기도문

[감사와 영광] 영원히 우리를 사랑하시고 지키시는 하나님 아버지를 찬양합니다. 거룩한 주의 날, 주의 전에 나와 예배하게 하시니 감사드립니다. 우리는 감사함으로 주의 문에 들어섰습니다. 더욱더 주님께 영광돌리는 시간되게 하옵소서.

[나라를 위한 중보] 이 시간 우둔한 입술을 열어서 간구하오니 들어 주시기를 원합니다. 죄악으로 얼룩진 이 시대의 패역을 주께 고합니다. 하나님을 의지하지 않고 거행되는 모든 결정들 앞에서 우리는 무기력하게 서있습니다. 하나님의 진리와 공의는 땅에 떨어지고 하나님이 원하시는 평화는 저만치 먼 거리에 있습니다.

하나님, 우리 믿는 자로 하여금 여기서 굴복하거나 멈추지 말게 하시고 하나님의 의와 진리와 평화를 위해 일어서게 하옵소서. 진실로 드러나는 빛이 되게 하시고, 녹아지는 소금이 되게 하셔서 우리로 하여금 주의 나라의 확장과 이루어짐에 참도구가 되게 하소서. 이 시대와 이 민족에도 주의 영이 역사하셔서 사탄의 권세가 무너지고 주님의 진정한 사랑의 정신이 회복되어 참평화가 거하게 하여 주옵소서.

[교회를 위해] 사랑의 하나님이시여, 우리 교회를 위해서 기도드립니다. 진실로 주의 성령이 역사하시는 교회, 말씀이 충만한 교회, 믿음이 충만한 교회, 하나님을 찬양하고 교우들 사이에는 참사랑이 넘치는 교회, 남녀노소의 차등이 없는 교회, 진실로 하나님의 은혜와 진리가 충만한 교회되게 하옵소서. 아이들은 말씀으로 잘 양육되며, 목사님을 통해서 들려지는 하나님의 말씀이 온 성도의 개인과 가정속에 뿌리내리는 놀라운 은총의 교회가 되게 하옵소서.

예수님의 이름으로 기도드립니다. 아멘 (식)

34
주일낮예배 기도문

[감사와 영광] 거룩하신 하나님 아버지, 그 크신 사랑과 은혜에 감사와 찬송과 영광을 돌립니다. 이 시간 연약한 죄인들을 하나님의 전에 나오게 하시고, 예수님의 피공로로 먹빛보다 더 검은 죄를 깨끗게 해 주심을 감사드립니다.

[참회와 고백] 주님의 그 크신 사랑과 구원의 은총 앞에 우리가 서 있음에도 불구하고 우리는 아직도 미련하고 악함으로 그 은혜를 다 깨닫지 못하는 무익한 종과 같습니다. 하나님께서 주신 달란트를 땅에 묻어 두고, 주인을 원망하며 불신하는 어리석은 종과 같습니다. 주여, 용서하여 주옵소서. 오늘도 주님의 그 놀라운 생명의 말씀 앞에서 이 죄인들이 사로잡혀 어둠의 나라에서 빛의 나라로 옮겨지는 놀라운 체험이 있게 하옵소서.

[간구] 하나님 아버지, 은혜와 진리가 충만한 초대교회를 본받아 우리들이 섬기는 교회에도 하나님의 은혜와 진리가 넘쳐나게 하옵소서. 어두운 세상의 논리에 지배되지 않고, 죄인된 사람의 방식을 따르지 아니하고 오직 진리이신 예수님의 방식이 살아있는 교회 되게 하옵소서. 비록 세상에서는 높임을 받지 못하더라도 주님의 이름 앞에서는 높임받게 하시고, 주님처럼 섬김을 받기보다 섬기는 종의 자세를 더 기뻐할 수 있는 성도들 되게 하옵소서.

[이웃사랑을 위해] 하나님 아버지, 우리가 좀 가졌다고 가난한 자를 외면치 말게 하옵소서. 정말 우리가 믿음의 눈을 떠서 소외되고 고통 속에 있는 자를 발견하여 그들에게 진정한 믿음과 사랑과 소망을 주는 참된 위로자가 되게 하소서. 이 예배를 성령께서 친히 인도하시기를 원하며, 예수 그리스도의 이름으로 기도드립니다. 아멘 (식)

35
주일낮예배 기도문

[감사와 고백]　하나님 아버지, 진실로 감사합니다. 오늘도 우리는 주의 부르심에 힘입어 주 앞에 나아왔습니다. 지난 한 주간도 주의 뜻대로 살려고 애를 썼지만 너무도 부족하여 육신의 정욕과 이생의 자랑에 얽매여 지낼 때가 많았습니다. 우리의 모든 죄악을 고백하오니 약속대로 십자가의 능력으로 깨끗하게 하여 주실 줄 믿습니다.

[교회를 위해]　하나님 아버지, 더이상 우리가 미약한 상태속에서만 머물지 말게 하옵소서. 이제는 하나님의 역사와 그 하실 일을 믿음의 눈을 가지고 바라볼 수 있게 하옵소서. 하나님이 우리 교회를 어떻게 인도하실지를 소망을 갖고 바라보게 하옵소서.

　하나님의 은혜와 생명의 강으로 들어가게 하옵소서. 원수까지도 사랑하셨던 주님의 가슴으로부터 흘러내리는 그 은총의 강으로 우리 영혼이 잠기는 역사를 일으켜 주옵소서. 이제 우리가 주님의 사역에 도구되는 것을 가장 큰 기쁨으로 여기는 믿음의 일꾼이 되게 하옵소서. 하나가 백을 쫓는 능력있는 그리스도의 군병으로 변화되는 것을 기뻐하게 하옵소서. 주님, 우리 모두가 주의 놀라운 사역자가 되게 하옵소서. 그리하여 변화 많은 세상 속에 서있는 우리 한국교회를 깨울 수 있게 하옵소서.

[목사님과 예배를 위해]　하나님, 오늘도 꿈을 주는 생명의 말씀이 이 강단에 나타나기를 원합니다. 세우신 목사님을 강한 팔로 붙드셔서 우리가 말씀 앞에 변화되는 역사가 일어나게 하옵소서. 진실로 주님의 은혜가 강물처럼 넘치는 예배가 될 줄로 믿습니다. 우리 모두 은혜의 강물에 흠뻑 젖게 하옵소서.

　예수님의 이름으로 기도드립니다. 아멘　　　　　　　　　　　(식)

주일낮예배 기도문

[감사와 예배] 존귀하신 하나님 아버지, 감사와 찬송을 주님께 올려 드립니다. 저희들에게 하나님의 특별한 사랑과 은총을 받을 만한 자격이나 공로가 없음에도 불구하고 저희들을 사랑하여 주시고 불러 주시어 하나님을 아버지라 부를 수 있는 놀라운 특권을 허락하여 주시니 참으로 감사합니다.

오늘 복되고 거룩한 주일을 맞아 하나님께서 베푸신 은혜와 사랑을 다시금 기억하며 예배하기 위해 저희들이 모였습니다. 이 시간 여기 모인 저희들의 마음을 주장하여 주사 한마음과 한뜻으로 예배하는 시간 되게 하여 주옵소서. 그리하여 하나님께 온전한 영광을 돌리게 하옵소서.

[참회] 하나님, 지난 한 주간을 돌아보면 우리의 생각과 삶이 하나님을 영화롭게 하기보다 세상 헛된 것에 치우쳐 있었음을 고백합니다. 용서하여 주시고, 저희의 연약한 믿음과 결심을 다시금 굳건하게 해 주옵소서. 그래서 새로운 한 주간을 살아갈 때에는 믿음으로 승리할 수 있도록 인도하여 주옵소서.

[간구] 하나님 아버지, 이 땅에 세우신 주님의 몸된 교회를 통하여 하나님의 뜻을 이루실 때 저희들이 아름다운 도구로 쓰여지기를 원합니다. 저희들에게 주의 일에 동참하는 영광과 기쁨을 허락하여 주옵소서.

주의 사자를 통하여 말씀하실 때 저희의 마음이 열리게 하시고 말씀을 통하여 저희의 심령이 새로워지는 은혜를 체험케 하여 주옵소서. 말씀을 듣는 중에 병든 자가 나음을 입게 하시고, 상처받은 영혼이 위로받게 하시며 연약한 심령이 새힘을 얻게 하여 주옵소서. 말씀을 듣고 순종하며 좇아 헌신하는 역사가 일어나게 하옵소서. 예배의 시종을 주님께 의탁하오며, 예수님의 이름으로 기도드립니다. 아멘

(희)

37
주일낮예배 기도문

[감사] 영광 받으시기에 합당하신 하나님, 죄와 허물로 죽었던 저희들을 예수 그리스도의 피로 씻어 주셔서 주님의 자녀 삼아 주시니 감사합니다. 이 시간 많은 사람들이 자신의 쾌락을 구하며 세상 중에 있지만 저희들을 사랑하셔서 세상 가운데 있지 않게 하시고 하나님을 예배하는 복된 자리에 있게 하시니 참 감사합니다. 이 땅에 사는 날 동안 저희들이 거하는 곳이 하나님의 영광을 드러내는 곳이 되게 하시고 죄와 짝하는 자리가 되지 않도록 보호하여 주옵소서.

[복음의 증인되기 위해] 죄가 관영한 세상을 보면서 세상의 빛과 소금이 되라 하신 주님의 말씀을 생각합니다. 하나님을 모른 채 이 세상과 세상에 있는 것에만 소망을 두고 살아가는 불쌍한 영혼들을 바라보면서 땅 끝까지 이르러 내 증인이 되라 하신 주님의 음성을 듣습니다. 먼저 저희의 마음을 성결케 하시고 하늘의 소망으로 가득 채워 주옵소서. 그래서 하나님의 의와 하늘의 참 소망을 세상 가운데 드러낼 수 있는 복음의 일꾼 되게 하여 주옵소서.

[교회를 위해] 주의 몸된 교회를 섬기기 위해 세우신 각 기관과 부서들을 기억하셔서 세우신 목적에 따라 열심으로 충성할 수 있도록 능력과 지혜를 더하여 주옵소서. 모든 기관과 부서가 균형있게 발전하게 하시며 합력하여 선을 이루게 하여 주옵소서. 이 일을 위해 말씀으로 훈련받는 교회가 되기를 원합니다. 기도하는 교회, 성령이 역사하는 성령충만한 교회가 되기를 원합니다. 주여, 함께하셔서 말씀과 기도와 성령의 다스림을 받는 교회 되게 하옵소서.

하나님 아버지, 예배의 모든 순서를 통하여 영광 받으시고 저희들에게는 위로부터 내리는 신령한 은혜를 맛보는 시간 되게 하옵소서.

거룩하신 예수님의 이름으로 기도드립니다. 아멘   (희)

주일낮예배 기도문

[예배와 참회] 거룩하신 하나님, 복된 주님의 날에 세상 가운데 흩어져 살던 주의 자녀들이 하나님을 예배하기 위하여 모였습니다. 이 시간 주께서 영으로 임재하셔서 예배를 받아 주옵소서. 하나님의 뜻을 따라 살고자 다짐했지만 순간순간 세상을 사랑하며 세상 풍조에 떠밀려 살았음을 고백합니다. 용서하여 주시고, 저희의 마음과 생각을 그리스도의 흘리신 보혈로 정결케 하여 주옵소서.

[나라를 위해] 고마우신 하나님 아버지, 많은 나라와 민족 가운데 특별히 우리 민족을 사랑하셔서 복음의 빛을 비춰 주시고 복받는 민족 되게 해 주시니 감사합니다. 우리 민족이 하나님의 은혜받은 백성으로서 하나님께 영광돌릴 수 있도록 하여 주시기 원합니다. 우리나라가 세계 열방 가운데 하나님의 뜻을 드러내게 해 주시고, 위정자로부터 모든 백성에 이르기까지 하나님을 경외하며 섬기게 해 주옵소서. 우상에 빠진 자들을 멸망의 수렁에서 건져 주시고 하나님 없이 사는 자들이 주께로 돌아오게 해 주옵소서.

교회가 이 일을 위하여 기도하게 하시고 이 나라와 민족을 주께로 인도하는 일을 잘 감당할 수 있도록 능력과 지혜를 더하여 주옵소서.

[예배에 불참한 자를 위해] 하나님 아버지, 이 시간 주님 앞에 나와야 할 주의 자녀들이 다 나오지 못했습니다. 어떤 형편과 처지에 있는지 알지 못하오나 저들에게 주의 날을 귀하게 여길 수 있는 믿음을 주시고 하나님을 예배하는 일을 삶의 최우선 순위에 둘 수 있게 해 주옵소서. 이 자리를 사모하지만 나올 수 없는 어려운 처지에 있는 자들의 심령을 위로하시고 각자 처한 자리에서 하나님을 예배하게 하소서.

이 시간 저희들 모두가 예배의 벅찬 감격에 빠지기를 원하며, 예수 그리스도의 이름으로 기도드립니다. 아멘

(희)

39
주일낮예배 기도문

[감사] 자비하신 하나님 아버지, 죄와 허물로 인해 멸망받을 수밖에 없는 죄인들을 사랑해 주시고 불러 주셔서 주님 앞에 서게 하시니 감사합니다. 감히 하나님 앞에 나아갈 수 없는 저희들이오나 예수 그리스도의 보혈의 공로를 의지하여 은혜의 보좌 앞에 나아갑니다. 크신 긍휼과 자비로 우리를 씻어 정결케 하여 주옵소서.

[간구] 이 시간 마음과 뜻을 다하여 주님의 이름을 높이기 원합니다. 우리의 마음문을 열어 주셔서 말씀을 들을 때에 그 말씀을 청종할 수 있게 하소서. 그리하여 말씀을 통하여 임하시는 주님의 능력을 덧입게 하시고, 각 사람 심령 속에 하나님의 거룩하신 뜻을 깨달아 각자의 부르심에 합당한 응답을 드리게 하옵소서.

하나님, 이 나라와 민족을 기억하여 주시기 원합니다. 이 민족이 하나님께서 베푸신 큰 은혜를 깨닫게 하시고 정치, 경제, 사회, 문화 전반에 걸쳐 편만해 있는 불신앙과 부정의 사슬이 끊어지게 하옵소서. 이 일에 저희들을 선한 도구로 사용하여 주옵소서. 우리 교회가 성령충만하며 입술을 통하여 주의 복음을 증거하며, 행실을 통하여 하나님의 나라를 드러내는 주님의 증인된 삶을 사는 교회 되게 하여 주옵소서.

[선교를 위해] 주님의 명령에 순종하여 세계 열방 가운데 주의 복음을 들고 나간 선교사들과 그들의 가족 그리고 그들의 사역 위에 크신 은혜와 복을 내려 주옵소서. 그들을 통해 땅 끝까지 복음이 증거되게 하시고, 열방이 주께로 돌아와 주님을 찬양하는 역사가 일어나게 해 주옵소서. 우리가 이 일에 기도와 물질로 동참하게 하옵소서.

이 시간 드려지는 예배가 온전히 하나님만을 영화롭게 하는 예배되기를 원하며, 예수님의 이름으로 기도드립니다. 아멘

(희)

40
주일낮예배 기도문

[감사] 살아계신 하나님 아버지, 거룩한 주의 날에 하나님 전에 나아와 예배할 수 있도록 은총을 베풀어 주심을 감사합니다. 매일의 삶 속에서 베푸시는 큰 은혜를 깨닫지 못하고 순간순간 헛된 세상에 마음을 빼앗기며 살아왔던 저희들의 어리석음을 용서하여 주시기 원합니다. 하나님, 우리의 어두운 눈을 밝혀 주시고 우리의 닫힌 귀를 열어 주옵소서. 그래서 하나님을 보게 하시며 하나님의 음성을 듣게 하여 주셔서 언제나 하나님 말씀 따라 사는 저희들 되게 하여 주옵소서.

[간구] 우리의 연약함을 아시는 하나님, 마음에 시험 든 자에게는 굳센 믿음을 더하여 주시고, 낙심한 자에게는 용기를 더하여 주시며 상처 입은 영혼에게는 위로의 손길로 어루만져 주옵소서. 여기 모인 모든 성도들에게 하늘의 신령한 은혜와 능력을 더하여 주사 새힘을 얻게 하여 주옵소서.

물질의 노예가 되어 하나님 섬기기를 기뻐하지 않는 이 패역한 세대를 용서하여 주시고 고쳐 주옵소서. 이 백성을 불쌍히 여기사 살아계시고 참되신 하나님을 알게 하시고 섬기게 하여 주옵소서. 이 민족이 하나님을 거부함으로 망하는 자리에 들지 않게 하시고, 범죄함으로 하나님께 버림받는 불행에 빠지지 않게 인도하여 주옵소서. 그래서 이 땅에 그리스도의 계절이 오게 하시고 하나님을 전심으로 섬겨 더 큰 은혜와 복을 받게 하옵소서.

목사님을 통해 선포되어지는 말씀이 우리의 양식이 되게 하시고, 하나님을 찬양하기 위하여 구별하여 세우신 성가대의 찬양이 하나님께서 받으실 만한 온전한 찬양이 되게 하여 주옵소서.

예수 그리스도의 이름으로 기도드립니다. 아멘 (희)

41
주일낮예배 기도문

[감사] 사랑의 하나님 아버지, 우리의 죄를 위하여 독생자를 십자가에 내어 주신 측량할 수 없는 놀라우신 은총 앞에 감사를 드립니다. 이 사랑으로 인하여 죄의 저주 아래서 신음하던 저희들의 영혼이 자유함을 얻었고 천국의 소망을 품고 살게 되었습니다.

[고백] 그러나 어리석게도 저희들은 이 크신 은혜를 입고도 은혜받은 자답게 살지 못했음을 고백합니다. 여전히 죄와 짝하며 사랑하기보다는 미워하고 시기하며 살았습니다. 용서하기보다 원수 갚는 일에 늘 마음이 앞서 있었고, 의를 행하기보다는 불의와 자주 타협하며 살았음을 고백합니다. 용서하여 주시고 저희의 심령을 새롭게 하사 그리스도의 은혜와 사랑을 따라 행하게 하시고, 거룩한 하나님의 백성다운 삶을 회복할 수 있도록 인도하여 주옵소서.

[교회를 위해] 하나님 아버지, 저희 교회를 성령으로 충만하게 하사 구원의 소망과 은혜로 든든히 선 교회 되게 하옵소서. 그래서 주님 전에 나아오는 자마다 은혜의 강물에 온 몸과 마음이 잠기게 하여 주시고, 받은바 은혜와 은사를 따라 하나님나라의 확장을 위해 헌신하며 충성하는 그리스도의 일꾼이 되게 하여 주옵소서.

저희 교회를 이 지역에 세우신 것은 저희 교회를 통해 이 지역 사회를 구원하며 변화시키기 위한 하나님의 뜻이 있는 줄 믿습니다. 저희 교회가 이 사명을 잊지 않게 하시고 그리스도의 사랑으로 이 지역 사회를 섬기며, 하나님이 공급하시는 능력과 지혜로써 이 지역을 변화시킬 수 있도록 은혜를 더하여 주옵소서. 그래서 저희 교회가 이 지역에 그리스도의 빛을 비추는 희망의 등대가 되게 하여 주옵소서.

예수님의 이름으로 기도드립니다. 아멘

(희)

42
주일낮예배 기도문

[감사와 고백] 우리 인생의 주인되신 하나님 아버지, 언제나 선하신 뜻을 따라 우리의 삶을 주관하시고 인도하여 주심을 감사드립니다. 그러나 저희들의 삶을 되돌아보면 나 자신이 삶의 주인인양 착각하여 하나님을 의지하기보다 인간의 얄팍한 지혜와 지식을 더 의지하며 살았음을 고백합니다. 우리의 교만을 물리쳐 주시고 주님의 인도를 따라 사는 겸손함을 배우게 하여 주옵소서.

[교회를 위해] 교회를 세우시고 교회를 통하여 역사하시는 하나님 아버지, 교회가 이 세상에 참된 꿈을 줄 수 있게 되기를 원합니다. 교회를 세우심은 교회를 통해 이 땅에 하나님나라를 전파하며 세상에 참 소망이 되신 예수 그리스도를 드러내기 위함인 줄 믿습니다. 그런데 교회가 하나님이 원하시는 본래의 사명을 망각한 채 세상에 대해 무관심한 듯하여 안타깝습니다. 하나님의 뜻이 하늘에서 이루어진 것같이 땅에서 이루어지길 위해 기도하라 하신 예수님의 말씀을 이루기 위해 기도하는 교회 되기를 원합니다.

우리 교회가 진리 위에 든든히 서며 말씀을 따라 행하여 주께서 교회에 당부하신 아름다운 일을 이룰 수 있도록 역사하여 주옵소서. 특별히 우리 교회가 하나님의 뜻을 따라 세상의 빛과 소금이 되는데 앞서가게 하옵소서.

[목사님을 위해] 말씀 전하실 목사님께 능력을 더하셔서 하나님의 말씀을 대언하실 때 이 자리에 모여 예배하는 무리들이 하나님의 임재를 체험케 하여 주시고, 그리스도의 사랑의 깊이와 넓이와 높이와 길이를 깨달아 응답함으로써 주님의 의를 이루는 도구가 되게 하여 주옵소서

예수님의 이름으로 기도드립니다. 아멘 (희)

43
주일낮예배 기도문

[감사] 역사의 주가 되시는 하나님 아버지께 영광과 찬송을 드리니 받아 주옵소서. 오늘도 저희들을 사랑하셔서 우리의 죄과대로 갚지 않으시고 우리의 생명을 보호하시어 거룩하신 주님 전에 나아와 예배할 수 있게 해 주시는 무한하신 은혜에 감사를 드립니다.

빛되신 하나님 앞에 설 때마다 드러나는 우리의 허물과 죄악으로 인해 하나님께 고개들 수 없지만 예수 그리스도의 십자가를 의지하여 주님 앞에 담대히 나아왔습니다. 우리의 죄악을 도말하셔서 예배하기에 합당한 심령으로 변화시켜 주옵소서.

[간구] 땅 끝까지 이르러 복음의 증인이 되라 하신 주님의 명령에 순종하여 세계 열방 가운데 나가 있는 선교사님들을 기억하여 주시기 원합니다. 그분들을 성령충만케 하시고 그분들의 가정도 지켜 주옵소서. 저희들 마음속에 하나님 말씀에 대하여 간절한 기대가 있게 하시고 영혼을 사랑하는 뜨거운 열정이 있게 하여 주옵소서. 그래서 저희들이 처한 환경에서 그리스도의 증인된 삶을 살게 하여 주옵소서.

은혜가 풍성하신 하나님, 오늘 이 자리에 머리 숙인 성도들에게 은혜를 내려 주셔서 사모하는 영혼들을 만족케 하여 주옵소서. 사랑하는 주의 사자를 통해 저희들에게 들려 주시는 그 말씀이 좌우에 날선 검과 같이 예리하게 하셔서 우리의 심령과 골수를 쪼개고도 남음이 있게 하옵소서. 또한 하나님 말씀 앞에서 우리 자신의 모습을 발견하고 주께로 돌아오는 시간 되게 하여 주옵소서.

매일의 삶이 예배가 되기를 원하오며, 예수님의 이름으로 기도드립니다. 아멘

(희)

44
주일낮예배 기도문

[감사와 예배] 생명의 주가 되시는 하나님 아버지, 허물 많은 저희들을 그리스도의 보배로운 피로 씻어 새생명으로 다시 태어나게 해 주신 그 크신 은혜를 진심으로 감사드립니다. 하나님의 한량없는 그 사랑에 감사하여 주의 은총 입은 자녀들이 하나님을 예배하기 위해 모였습니다. 오늘 저희들이 예배할 때에 예배하기에 합당치 못한 심령들 있으면 그리스도의 피로 씻어 정결케 하사 모두가 예배드리기에 합당한 심령 되게 해 주옵소서.

[나라와 민족을 위해] 이 나라와 민족을 주님께 의탁합니다. 위정자들에게 하나님을 두려워하며 백성들을 귀하게 여기는 마음을 주시고, 기업가들에게 정직함을 더하여 주옵소서. 노동자와 농어민들에게 은총을 베푸사 그들의 곤고한 형편을 살펴 주시고, 그들 속에 하나님을 알고 의지할 수 있는 지혜를 더하여 주옵소서. 나라의 부름을 받고 조국을 위해 전후방에서 젊음을 바치고 있는 군인들을 보호하시고 그들의 영혼을 지켜 주옵소서. 고난당하는 북한의 동포들에게 자비를 베풀어 주옵소서. 그들의 헐벗음을 외면치 마시고 그들에게도 일용할 양식을 허락하여 주옵소서. 특별히 하나님을 부정하는 악한 공산 정권이 무너지게 하시고 북한 땅에도 복음의 빛이 비치게 하여 주옵소서.

[간구] 하나님의 교회에 세우신 일꾼들에게 지혜와 충성된 마음을 주셔서 열심히 봉사하게 하시고 맡겨진 직분과 사명에 따라 합력하여 선을 이루게 하옵소서. 말씀의 대언자로 세우신 주의 사자에게 능력을 더하셔서 오늘도 하늘의 신령한 은혜와 비밀을 증거케 하여 주옵소서. 성가대의 찬양을 기뻐받으시고 모인 무리들의 마음을 받아 주옵소서.

거룩하신 예수님의 이름으로 기도드립니다. 아멘 (회)

45
주일낮예배 기도문

[감사]　거룩하신 하나님, 주께서 구별하신 복된 날 주님 앞에 나와서 예배드리며 천국 시민된 기쁨을 맛보게 하여 주시니 감사합니다. 여기에 모인 모든 심령들이 오직 주님만을 향하게 하시고 감사와 찬양으로 주님을 경배하게 하옵소서.

　[고백과 간구]　지난 한 주간을 돌이켜 보면 구원받은 성도답게 구별된 삶을 살지 못하고 오히려 세상에 마음을 빼앗겨 살아감으로 하나님의 영광을 가리울 때가 많았습니다. 저희들의 삶이 언제나 주님의 뜻을 따라 성별될 수 있도록 성령께서 저희의 마음을 다스려 주옵소서.
　사람의 제일 되는 목적이 하나님을 예배하며 그를 영화롭게 하는 것임에도 불구하고 많은 사람들은 인생의 참된 목적을 알지 못하고 헛된 일에 매달려 살고 있습니다. 하나님, 저들을 불쌍히 여기사 사람의 참된 본분을 깨닫게 하여 주시고 주께로 돌이킬 수 있도록 하여 주옵소서. 이 일에 저희들이 쓰임받기 원합니다. 저희들에게 담대함과 믿음을 주셔서 세상에 예수 그리스도의 생명의 복음을 증거하기에 부족함이 없도록 도와 주옵소서.

　[젊은이들을 위해]　이 세대가 하나님을 거스리며 하나님을 두려워할 줄 모르는 패역한 세대가 되어가는 것을 볼 때 심히 안타깝습니다. 이 세대를 고쳐 주시고 특별히 젊은이들과 청소년들이 하나님을 알게 하여 주옵소서. 그들 속에 하나님을 두려워하는 마음을 불어 넣어 주옵소서.
　하나님, 이 예배를 주장하여 주시고 하나님의 말씀을 대언하실 주의 사자를 능력으로 붙들어 주셔서 온전한 하나님의 뜻을 증거케 하여 주옵소서. 듣는 저희들은 말씀을 순전한 마음으로 받아 삶 가운데 실천하게 하옵소서. 예수님의 이름으로 기도드립니다. 아멘　　　　　　(희)

주일낮예배 기도문

[감사와 참회] 은혜가 무한하신 하나님 아버지, 죄와 허물 속에 살던 저희들을 멸망할 세상 가운데 버려두지 않으시고 불러 주셔서 생명의 길로 가게 하심을 감사드립니다.

저희들은 구원의 기쁨 속에 살지만 아직도 우리 주위에는 이 생명의 길을 알지 못해서 멸망의 길을 가면서도 그 길이 사망의 길인 줄조차 알지 못한 채 살아가는 이들이 너무도 많습니다. 저희들에게 먼저 구원의 길을 알게 하신 것은 저희들뿐만 아니라 이 영원한 생명을 알지 못하는 이들과 나누게 하시기 위함임을 믿습니다. 그러나 저희들은 우리의 기쁨과 만족에 도취되어 그들을 돌아보기에 게을렀음을 고백합니다.

하나님, 저희들을 용서하여 주시고 이 생명의 진리를 나누는 일을 위해 열심을 낼 수 있도록 저희들 마음속에 영혼을 사랑하는 마음을 주시고, 복음에 대한 뜨거운 열정을 허락하여 주옵소서.

[교회의 기관들을 위해] 세우신 기관과 부서들을 통하여 교회가 더욱 부흥되기를 원합니다. 교회와 이웃을 더욱 잘 섬기며 열심으로 봉사하는 기관들이 될 수 있도록 능력을 더하여 주옵소서. 특히 교회학교를 진리 위에 든든히 서게 하셔서 교회학교를 통해서 훈련받는 주의 자녀들이 올바른 주의 일꾼이 되게 하시며 이 세상을 변화시킬 훌륭한 인재들이 될 수 있게 하여 주옵소서. 그래서 그들로 인해 우리 민족의 장래와 교회의 장래에 희망이 있게 하여 주옵소서.

하나님 아버지, 이 시간 드려지는 예배를 통하여 영광 받으시고 저희들에게는 하늘로부터 내리는 신령한 은혜를 받는 시간이 되게 하옵소서. 세우신 주의 사자에게 능력을 더하셔서 하나님 말씀을 선포하실 때 그 말씀이 살아 역사하게 하옵소서.

생명되신 예수 그리스도의 이름으로 기도드립니다. 아멘 (희)

주일낮예배 기도문

[감사] 복의 근원되시는 하나님 아버지, 세상 분주함 속에 살던 저희들을 불러 주셔서 주님 전에서 예배하며 안식을 누리게 해 주시니 참 감사합니다. 오늘 드려지는 예배를 통하여 하나님 홀로 영광 받으시고, 저희들에게는 세상이 줄 수 없는 참된 기쁨을 맛보는 시간이 되게 하여 주옵소서.

[간구] 하나님 아버지, 저희들의 신앙이 형식과 습관에 빠지지 않도록 도와 주시며, 저희의 믿음이 이기적인 욕심에 사로잡히지 않도록 보호하여 주옵소서. 또한 저희들의 삶이 세상에 물들지 않도록 인도하여 주시기를 원합니다. 그래서 우리의 삶이 생명력 있는 삶이 되게 하시고 우리의 신앙이 깨어 있는 신앙 되게 하셔서 사단과의 영적 전쟁에서 날마다 승리하게 하여 주옵소서.

[은혜받기 위해] 말씀을 위하여 세우신 주의 사자를 붙들어 주셔서 주의 말씀을 온전히 선포할 수 있도록 능력으로 함께하여 주옵소서. 말씀을 듣는 중에 참 평안을 얻게 하시고 영육간에 병든 자들이 고침을 받게 하시며, 죄 짐에 눌린 자들이 죄의 사슬에서 벗어나는 체험을 하게 하여 주옵소서. 연약한 자들이 새힘을 얻게 하시고 상처받은 영혼들이 치유되는 은혜가 있게 하여 주옵소서. 성가대의 찬양이 믿음의 찬양, 영감있는 찬양되게 하셔서 하나님을 영화롭게 하기에 부족함 없게 하여 주옵소서.

사랑의 하나님, 예배를 통해서 누리는 기쁨과 감격이 날마다 새롭게 하시고, 예배를 통해서 공급받는 힘과 능력이 저희들의 일상의 삶을 지배하게 하여 주옵소서.

예수님의 이름으로 기도드립니다. 아멘 (희)

48
주일낮예배 기도문

[감사와 예배] 만왕의 왕이시며 만유의 주 되시는 하나님 아버지, 세세무궁토록 영광 받으옵소서. 독생자를 이 땅에 보내시어 인류의 죄를 대신하게 하시고, 누구든지 그 이름을 부르는 자에게 사망의 저주에서 풀려나 구원 얻는 생명의 길을 열어 주시니 감사합니다.

베푸신 그 놀라운 은총으로 아무 공로 없이 새생명 얻은 주의 백성들이 하나님 행하신 놀라운 일을 찬양하며 경배하기 위하여 여기 한자리에 모였습니다. 우리의 드리는 예배가 아벨의 제사 같게 하시고 솔로몬의 일천 번제 같게 하셔서 하나님께서 받으실 만한 참된 예배되게 하여 주옵소서. 그래서 하나님께는 영광이 되고, 예배하는 저희들에게는 큰 기쁨이 되게 하여 주옵소서.

[간구] 하나님 아버지, 여호와로 하나님 삼는 백성은 복되다 하였사오니 우리 민족이 하나님을 섬기므로 복받는 민족 되게 하여 주옵소서. 이미 복음을 받아들인 자들은 성실함과 경건함으로 주를 더 가까이하게 하시고, 아직 하나님을 알지 못하는 자에게는 하나님을 알 만한 지혜와 지식을 허락하여 주옵소서. 그래서 이 민족이 한마음으로 하나님을 영화롭게 하며 세계 열방 가운데 복음을 전하는 제사장 나라가 되게 하여 주옵소서.

하나님 아버지, 선교사님들에게 복을 더하여 주시고, 농어촌 미자립 교회와 소외되고 어두운 곳에서 그리스도의 사랑을 실천하고 있는 주의 종들에게 풍성한 것으로 채워 주옵소서. 저희들 마음속에도 언제나 주님 기뻐하시는 일에 귀한 것 드릴 수 있는 믿음을 허락하셔서 참 가치있는 일에 일생을 드리게 하옵소서.

예배하는 모든 성도들이 하나되어 하나님께 영광 돌리기 원하며, 예수님의 이름으로 기도드립니다. 아멘

(희)

2

주일찬양예배 기도문

50
주일찬양예배 기도문

[감사] 만물의 주인되신 하나님 아버지, 나그네 인생길을 지켜 주시고 주님의 날개 아래에 고이 품어 주셨다가 이 저녁에 주님 앞에 나아와 예배할 수 있게 하시니 감사합니다.

[간구] 내 영혼이 하나님을 사모하여 주의 제단에 나왔사오니 주님께 힘을 얻고 우리 마음에 시온의 대로가 열리게 하옵소서.

한 주간 세파에 시달리며 눈물 골짜기같은 길을 걸었습니다. 무릎 꿇고 기도하오니 이 자리가 맑은 샘의 자리가 되게 하시고, 은혜의 단비로 은택을 입는 복된 자리가 되게 하옵소서. 주여, 이 시간 우리 성도들의 기도의 문을 활짝 열어 주옵소서. 부르짖을 때에 응답받게 하시고 찾을 때에 찾게 하옵소서. 기도의 사람 다니엘이 하루 세번씩 예루살렘을 향하여 기도했듯이 나라와 민족과 교회를 위하여 깨어 기도하게 하옵소서. 기도를 쉬는 죄를 범치 말게 하옵소서.

주여, 저희에게 사랑을 주옵소서. 사랑은 오래 참는데 저희는 성급하며, 사랑은 자기의 유익을 구치 아니하는데 저희는 인색하며, 사랑은 시기와 자랑을 하지 않는데 저희는 시기하며 자랑하고파서 견디지를 못합니다. 주님의 몸을 버리신 헌신적 사랑을 배우게 하옵소서.

[선교사와 그의 가정을 위해] 하나님 아버지, 저희들에게 전도의 문을 열어 주시어 땅 끝까지 이르러 주님의 복음을 전하게 하옵소서. 내 이웃을 살피게 하시고 눈을 들어 세계 열방을 보게 하소서. 온 세계에 흩어져 주의 복음을 전하는 선교사와 그의 가정을 안위하시고 아름다운 복음의 발걸음이 든든하도록 지켜 주옵소서. 이 자리에 모인 성도들에게 신령한 복을 넘치도록 채워 주시고 예배를 방해하는 악한 영의 역사를 막아 주옵소서.

예수님의 이름으로 기도합니다. 아멘 (곤)

51
주일찬양예배 기도문

[찬양과 감사] 천지를 지으신 하나님 아버지시여, 저희가 성소를 향하여 손을 들고 하나님의 이름을 찬양합니다. 모든 이름 위에 뛰어나신 하나님께 감사드립니다.

여호와를 자기 하나님으로 삼는 백성은 복이 있다 하신 말씀에 의지하여 이 시간 하나님을 우리의 참 소망과 주인으로 믿고 나왔으니 은총을 내려 주옵소서. 오늘의 예배를 통하여 우리의 영혼이 자유를 얻게 하옵소서.

[나라를 위해] 우리 민족을 사랑하시는 하나님 아버지, 오천 년의 역사 속에서 우상숭배와 가난과 진노의 자식으로 살던 이 민족에게 주님의 피 흘리신 복음의 씨를 뿌려 주시고 구원의 도리를 붙잡을 수 있도록 인도하신 은혜를 감사드립니다. 그러나 아직도 이 나라 구석구석에는 우상을 섬기며 헛된 신을 구하는 어리석은 백성들이 있습니다. 스스로 지혜롭다 하며 자기 교만과 자랑에 빠진 불쌍한 이들, 하나님의 정의와 법을 무시하고 쾌락과 탐욕의 노예가 되어 살아가고 있는 자들도 있습니다. 주님의 자비롭고 전능하신 손을 드셔서 건져 주시며 잘못된 길에서 돌이키게 하옵소서. 아직도 북은 북대로 남은 남대로 서로 총칼을 들이대며 화해하지 못하는 이 나라를 불쌍히 여기사 하나님 안에서 하나가 되는 통일의 역사를 속히 보게 하옵소서.

[간구] 이 시간 신령한 젖을 사모하여 나왔으니 한 주간 이 세상에서 살아갈 넉넉한 영혼의 양식을 얻게 하옵소서. 가정에서, 직장에서, 어느 일터에서나 하나님의 사람으로 담대히 살아가며 하나님나라의 일꾼으로 일하게 하옵소서. 우리의 이웃들에게 주님의 아름다운 향기를 나타내게 하옵소서.

예수님의 이름으로 기도합니다. 아멘 (곤)

52
주일찬양예배 기도문

[감사와 고백] 우리의 예배를 받으시기에 합당하신 하나님 아버지, 이른 아침부터 예배를 통하여 내려 주신 하늘의 신령한 만나로 인하여 감사를 드립니다. 하나님 아버지, 우리의 속사람을 살펴 주시고 깨끗케 하여 주옵소서. 거룩하신 성령께서 오셔서 새 마음, 새 그릇이 되게 하여 주옵소서. 저희들은 입술이 부정했고 목이 곧았으며 불순종의 나날을 보내기도 했습니다. 입술로는 주여 주여 했지만 진실한 고백과 믿음의 삶을 살지 못했음을 고백합니다. 저희 모두를 용서하시고 말씀의 능력과 성령의 역사로 새롭게 하옵소서.

[간구] 저희들은 빈 손 들고 왔습니다. 빈 마음 가지고 왔습니다. 그러나 이 자리를 떠날 때는 하늘의 은총과 능력의 말씀을 가지고 일어날 수 있게 하옵소서. 이 시대에 필요한 자로 세워 주시고 이 시대를 변화시키는 자로 훈련시켜 주옵소서. 하나님과 사람을 사랑하고 자연과 생명을 사랑하고 어린아이처럼 순수한 믿음으로 살게 하옵소서.

[교회를 위해] 하나님 아버지, 우리 교회가 그리스도의 형상을 닮기를 원합니다. 많은 어린이들과 청소년, 그리고 젊은이들이 가득한 교회가 되기를 원합니다. 실패한 자가 힘을 얻고 상처받은 자가 치유되며 낙심한 자가 소망을 발견하는 교회가 되기를 원합니다. 모든 성도들이 그리스도 안에서 풍성한 삶을 누리며 성령의 열매를 맺을 수 있도록 도와 주옵소서. 아버지의 거룩한 뜻이 하늘에서 이룬 것같이 우리 교회를 통하여 풍성하게 이루어지게 하옵소서.

[이웃을 위해] 우리의 이웃을 불쌍히 여겨 주옵소서. 이 시간도 병으로 고통당하며 실직으로 아파하며 가난으로 가슴 졸이는 외롭고 소외된 주님의 백성들에게 은혜를 베풀어 주옵소서.

예수님의 이름으로 기도드립니다. 아멘 (곤)

53
주일찬양예배 기도문

[감사] 만유의 주재가 되시며 사랑과 질서로 우주 만물을 다스리시는 여호와 하나님, 그 크신 사랑과 은혜를 감사드립니다. 보잘것없는 저희를 잠잠히 사랑하시며 너는 내 것이라고 지명하여 불러주심을 감사하며 찬양을 돌립니다.

하나님 아버지, 저희는 주님을 사랑한다고 하면서도 언제나 미련하고 부족하였으며, 주님을 모른다고 세 번이나 부인한 베드로처럼 언제나 자책 가득한 심령으로 주님 앞에 나아옵니다. 그러나 어제도 오늘도 영원토록 변함없이 동일하게 저희를 사랑해 주시고 용납해 주시는 주님께 감사를 드립니다.

[교회의 각 기관을 위해] 하나님 아버지, 저희의 연약함을 도우시고 저희의 마음과 생각을 지켜 주셔서 주님께서 원하시는 길을 따라 행하게 하시며 언제나 주님의 기쁨이 되게 하여 주옵소서. 주님, 저희 교회의 모든 기관이 잘 연합하여 한마음이 되기를 원합니다. 모양과 생각은 다르지만 남을 나보다 낫게 여기고 모든 일을 주께 하듯 하며, 서로 돌아보아 사랑과 선행을 실천하는 저희가 되게 하옵소서.

[예배를 위해] 이 시간 말씀을 증거하실 주의 사자에게 함께하셔서 큰 권세와 영감을 더해 주시고, 선포하실 말씀이 저희에게 기름진 꼴이 되며 영생하도록 솟아나는 샘물이 되게 하여 주옵소서. 성가대의 찬양을 기쁘게 받아 주시며, 예배드리는 모두가 같은 마음으로 찬양하게 하시고 저희의 삶에서도 늘 향기로운 찬양의 제사가 있게 하여 주옵소서. 온 만물이 함께 찬양드리며 호흡이 있는 자마다 크게 기쁨으로 찬양드리는 시간되게 하옵소서.

예수님의 이름으로 기도드립니다. 아멘

(곤)

54
주일찬양예배 기도문

[감사와 고백] 사랑의 하나님 감사합니다. 이 시간 또다시 주님 앞에 나와 경배와 찬양을 드리게 하시니 감사합니다.

그러나 죽기까지 사랑하여 주시는 그 사랑 안에서 저희는 깨어 있지 못하고 하나님의 음성을 듣지도 깨닫지도 못하며, 주의 일을 할 때에 핑계거리를 찾으며 완악함과 짝하였고 게으름과 벗하였습니다. 아버지여, 저희를 위하여 다시 오실 주님을 생각하며 그 보혈을 의지하오니 저희를 용서하여 주옵소서. 저희의 심령이 믿음의 부요함에 처하게 하시고 애통하는 복 있는 자들이 되게 하옵소서.

[간구] 하나님, 분단의 아픔 속에 있는 이 나라를 불쌍히 여겨 주시고, 믿는 저희들을 아픔을 치유하며 회복시키는 사역자들로 써 주옵소서. 북한 땅의 무너진 제단도 저희 손으로 다시 쌓을 수 있는 복을 허락하여 주옵소서.

성도들의 아픔과 형편을 아시는 주여, 저들이 말씀 앞에 서며 주를 의지하여 구할 때에 그들의 기도를 들으시고 응답하옵소서. 초대교회 성도들처럼 하나님만 사랑하게 하시고, 주의 종들의 가르침을 받아 복음을 나누며 봉사와 참된 교제로 움직이는 교회가 되게 하옵소서.

[목사님을 위해] 주께서 기름 부어 세우신 목사님을 늘 하나님의 오른팔로 붙드시며 주어진 모든 일들을 능히 감당할 수 있도록 능력을 주옵소서. 하나님께만 영광돌리는 귀한 종이 되게 하옵소서. 말씀을 전하실 때 영육간의 강건함을 더해 주시고 오직 주님의 능력만 나타나게 하옵소서. 예배의 모든 순서를 통하여 하늘의 기쁨을 허락하시고 주님 홀로 영광 받으옵소서.

예수님의 이름으로 기도드립니다. 아멘 (곤)

55
주일찬양예배 기도문

[감사와 고백] 우리와 늘 동행해 주시며 함께하시는 하나님 아버지, 오늘 거룩한 성일에 베푸신 은혜로 인하여 감사와 찬양을 드립니다. 오늘 저녁에도 때를 따라 돕는 은혜를 받기 위해 이 자리에 나왔으니 크신 은총을 베풀어 주옵소서.

하나님, 구원은 받았지만 기쁨이 없고, 하나님의 자녀가 되었지만 자녀답게 살지 못했음을 고백합니다. 늘 염려와 근심으로 옛사람의 속성을 벗지 못하고 보이는 땅의 것을 추구하며 무엇을 먹을까, 무엇을 입을까에 매달려 살아온 불신을 용서하여 주옵소서.

[간구] 이 시간 아버지께서 저희의 영안을 밝히시어 우리를 부르신 하나님의 영광의 기업이 어떠한지를 알게 하시고 바라보게 하옵소서. 주께서 주시는 지혜로 살게 하시고, 이기적인 인간관계 속에서 평화를 이루며 살게 하옵소서.

지혜와 계시의 영을 저희에게 주셔서 마음을 강하게 붙드시고, 허락하신 약속의 분깃을 잡고 믿음으로 살게 하옵소서. 모든 위선과 비방하는 말을 버리고 갓난아이와 같이 순수하고 신령한 젖을 사모하여 아버지 보시기에 깨끗한 저희가 되게 하옵소서.

[한국교회를 위해] 이 땅에 세우신 교회를 도와 주옵소서. 한국교회가 주 안에서 일치를 이루게 하시고 그리스도의 몸으로서 사명을 잘 감당하게 하셔서 세상의 어두움을 몰아내고, 이 나라와 사회에 밝은 빛을 비추어 세상을 새롭게 하는 일에 쓰임받게 하옵소서.

이 시간 찬양과 말씀의 순서를 통하여 영광을 받으시며, 각 사람에게 필요한 신령한 은혜와 복을 맛보게 하옵소서.

예수님의 이름으로 기도합니다. 아멘   (곤)

56
주일찬양예배 기도문

[찬양] 만물을 창조하시고 인간의 역사를 주관하시는 하나님 아버지, 주님의 이름을 찬양하며 높여 드립니다. 오늘 드리는 찬양예배가 하나님의 크신 사랑을 체험하는 시간이 되기를 원합니다. 저희의 입에서 감사 찬송이 끊이지 않게 하시고, 날마다 구름기둥과 불기둥으로 인도하시는 아버지를 의지하게 하옵소서.

[참회] 하나님께서는 진노의 자식이었던 저희를 생명의 유업을 이을 하나님의 자녀로 삼아 주셨는데, 저희는 아버지께서 베푸신 그 자비와 사랑을 잊어버린 채 세상의 어두움과 부패 속에서 그 빛과 맛을 잃은 소금처럼 살았습니다. 주여, 저희의 믿음 없음과 무지를 용서해 주옵소서.

[간구] 이 시간 예배를 통하여 소금의 맛을 찾게 하시고, 빛을 등경 위로 옮기게 하옵소서.

저희들을 성령의 역사로 일으켜 세워 주셔서 기도하는 용사가 되게 하옵소서. 아브라함이 소돔과 고모라의 멸망을 붙잡고 중보기도한 것처럼 오늘의 이 나라 정치와 경제와 사회의 어려운 처지를 붙잡고 하나님께 간구하는 저희들 되게 하옵소서. 미스바의 회개운동처럼 이 나라 방방곡곡에서 회개하는 기도의 물결이 넘치게 하시어 이 민족이 회복되고 회생하며 새로워지게 하옵소서.

이 땅의 백성에게 진리와 생명의 말씀을 주시고, 주님의 사랑으로 얽매인 자와 상한 심령이 풀려나고 고침을 받게 하시며 자유와 평화가 강물처럼 흘러넘치게 하옵소서.

우리의 소망이시며 이 민족의 횃불이신 예수님의 이름으로 기도합니다. 아멘

(곤)

57
주일찬양예배 기도문

[찬양] 좋으신 하나님, 새벽부터 이 시간까지 성일의 기쁨을 누리게 하시고, 예배로 새로운 힘을 주시는 하나님을 찬양합니다. 우리의 힘이 되시는 여호와 하나님의 성호를 높여 드립니다.

[간구] 찬양예배 시간에도 신령한 복으로 함께하시어 오늘에 필요한 영의 양식과 은혜를 맛보게 하옵소서. 주님 앞에 설 때마다 우리의 모습이 정직하게 하시고, 이 전을 나설 때 믿음의 갑옷을 입고 나가게 하옵소서.

입으로만 주여 주여 하고 아버지의 뜻을 거슬리는 내 안의 옛사람의 습성을 끊게 하여 주옵소서. 그리하여 주님의 성품을 닮아가고 하나님의 형상을 회복하게 하옵소서. 우리를 미워하고 핍박하는 자도 사랑하라고 하셨으니 순종하게 하시고, 하늘에 계신 아버지의 온전하심을 닮게 하옵소서. 모든 것을 참으며 모든 것을 믿으며 모든 것을 바라며 견디는 사랑의 힘을 주옵소서.

[예배를 위해] 오늘 드리는 예배를 통하여 저희들에게 믿음의 전신갑주를 입혀 주옵소서. 우리의 삶 자체가 영적 싸움입니다. 불의와 대항하고 유혹과 미혹에 대적하며, 세상풍조를 거슬리는 이 싸움에서 진리와 의와 믿음과 말씀을 가지고 깨어 기도함으로 악한 자를 소멸하고 승리하게 하옵소서. 주님의 사자를 통해 살아 움직이는 하나님의 말씀을 들을 때에 우리의 심령과 골수를 쪼개는 역사가 있게 하옵소서. 찬양과 기도를 통하여 하나님의 은혜가 풍성히 넘치게 하시며, 마음의 선한 소원을 아뢰는 귀한 시간 되게 하옵소서.

예수님의 이름으로 기도합니다. 아멘 (곤)

58
주일찬양예배기도문

[감사와 영광] 전능하신 하나님께 찬송과 감사와 영광을 돌립니다. 오전에 주의 몸된 교회에서 예배하게 하시고 지금은 또 찬양예배로 모이게 하심을 감사드립니다. 진정으로 우리 마음이 여호와 하나님을 찬양하게 하옵소서. 주께서 주신 입술로 찬양하게 하시고, 마음으로 찬양하게 하시고, 영으로 찬양하게 하옵소서. 그리하여 우리의 찬양을 통해 아버지께서는 영광을 받으시며, 우리에게는 진정한 감사와 기쁨이 넘치게 하옵소서.

[교회를 위해] 하나님, 우리 교회를 위해 기도드립니다. 이 교회를 하나님께서 세우실 때는 마땅히 교회로서 해야 할 사명을 주신 줄 믿습니다. 신령과 진정으로 예배할 뿐만 아니라 주님의 말씀을 세계만방에 널리 전할 증인의 사명도 주신 줄 믿습니다. 여러모로 봉사할 것도 말씀하셨고, 서로 사랑하며 특별히 약한 지체들을 향한 참된 사랑도 감당하라 하셨습니다. 이 여러 가지 주께서 맡기신 일들을 우리로 하여금 잘 감당하게 하옵소서. 그리하여 이 교회가 주님의 놀라운 말씀의 실행자 되어 세상 앞에 빛처럼 드러나게 하시고, 소금처럼 녹아지게 하소서.

[예배를 위해] 하나님 아버지, 이 찬양예배 시간에도 생명의 말씀을 보내주셔서 우리의 심령이 말씀으로 회복되고, 상처가 치유되며, 새 힘을 얻는 놀라운 시간이 되게 하옵소서. 위험 많고 혼돈된 이 세상의 한복판에서 순례자로 살아가는 이 교회가 참으로 온 인류의 구원의 방주가 되게 하시며 참된 피난처가 되게 하실 줄 믿습니다.

성삼위 일체께서 주의 몸된 교회와 예배를 거룩하게 해 주실 줄 믿사옵고, 예수님의 이름으로 기도드립니다. 아멘.

(시)

59
주일찬양예배 기도문

[감사와 참회] 거룩하신 하나님, 죄많은 저희들을 구속하여 주셨음을 감사드립니다. 그러나 지금도 구원받은 주의 백성으로 합당하게 살지 못하고, 육신의 약함과 믿음 없음으로 인하여 저지르는 여러 가지 우리들의 잘못과 허물을 용서해 주옵소서.

[나라의 지도자들을 위해] 거룩하신 하나님, 이 시간 우리나라의 모든 지도자들을 위하여 기도드립니다. 정치, 경제, 사회, 문화 모든 영역의 지도자들을 주께서 지키시고 올바른 길로 인도해 주옵소서. 그들에게 옛날 여호수아와 다윗에게 주셨던 하나님의 지혜와 영을 부어 주셔서 이 나라가 주의 뜻 가운데서 인도되게 하옵소서. 우리의 산업이 번영속에서도 인도적인 모습을 잃지 말게 하시고, 우리의 과학기술이 주의 영역 안에서 잘 발전되며, 우리의 예술이 하나님의 영광을 가리우지 말고 품위있게 하시며 질서대로 모든 일들을 원만히 처리할 수 있는 은총을 허락하옵소서.

[교회의 지도자들을 위해] 아버지, 특별히 한국교회의 지도자들을 붙들어 주옵소서. 목사님들이 주의 말씀으로만 굳게 서게 하시고 하나님의 영감과 진리의 말씀으로 무장하여서 생명의 말씀을 전하기에 부족함이 없게 하여 주옵소서. 예수님의 선한 목자로서의 삶을 본받아 주의 백성들을 쉴 만한 물가, 푸른 초장으로 이끄는 데 부족함이 없게 하옵소서. 당회와 제직 모든 직분자들은 주의 말씀에 순종하고 주의 은총에 감사하며, 교회의 지체로서 잘 협력하게 하옵소서. 무엇보다 모든 교우들이 기도하게 하셔서 하나님께서 주시고자 하는 풍성한 복과 우리의 모든 문제들이 해결함을 받는 역사가 나타나게 하소서. 이 나라와 교회와 우리의 가정에 진정한 평화를 주옵소서.

예수 그리스도의 이름으로 기도드립니다. 아멘   (식)

주일찬양예배 기도문

[예배의 시작] 하나님 아버지, 우리의 삶이 진정으로 주님께 헌신하는 삶이 되기를 원합니다. 우리가 또 다시 주님 앞에 찬양의 예배로 모였습니다. 이 시간 성령께서 역사하셔서 온전케 하옵소서.

[회개] 하나님 아버지, 지금 우리가 사는 세상은 마치 폭풍을 만난 배같이 이리저리 요동치며 휩쓸리고 있습니다. 그 배 안에서 공포에 떨며 아우성치는 승객들처럼 우리도 지금 절규하며 죽음과 무가치와 혼동의 세력 속에서 떨고 있습니다. 악한 물질을 좇아 허덕이며 허망한 권력을 향해 질주하고, 하나님과 어긋난 명예임에도 차지하기 위하여 온통 야단법석입니다. 생명의 주여, 먼저 이러한 우리의 모습을 용서하여 주옵소서. 주님의 철저한 간섭하심으로 이제 우리가 새로운 자세로 변화되는 시간을 맞게 하옵소서.

[간구] 사도 바울이 타고 가던 배가 유라굴로라는 광풍을 만났을 때 그 배에 탄 사람이 모두 죽음 앞에 떨며 아우성쳤지만 조금도 흔들림이 없었던 바울의 모습을 기억합니다. 우리로 하여금 그 바울의 모습을 닮아가게 하옵소서. 바울처럼 하나님 안에서, 진리 안에서 사는 사람되게 하옵소서. 그리하여 이 어려운 세대 속에서도 주의 구원의 손길이 있을 것이라는 놀라운 하나님의 계시의 메시지를 전하게 하옵소서. 이 태풍이 몰아치는 세상에서도 우리가 섬기는 하나님이 우리를 능히 구원해 주실 것이라는 확신을 얻게 하옵소서. 의미없이 돌아가는 세상을 좇아 영원한 사망속에서 죽어갈 신세가 되지 말게 하시고, 주의 놀라운 은혜로 구원얻는 믿음, 새생명의 역사가 일어나게 하옵소서.

우리가 드리는 이 예배가 하나님이 받으시는 새 역사의 제사, 몸으로 드리는 진정한 산 제사 될 줄로 믿습니다. 이 모든 말씀을 주 예수 그리스도의 이름으로 기도드립니다. 아멘

(식)

61
주일찬양예배 기도문

[감사] 창조주 되시고 지금도 역사를 주관하시는 여호와 하나님, 그 크고 놀라우신 은혜와 사랑에 감사를 드립니다. 아버지께서는 우리를 때로는 품어 주시고, 때로는 격려해 주시고, 때로는 위로해 주시고, 때로는 업어 주시고, 때로는 꾸짖어 주시고, 또한 때로는 실패하게 하셔서 우리가 딴 길로 나가지 않고 진리안에서 아버지의 자녀로 살아가게 해 주셨음을 믿습니다. 주의 놀라우신 은총으로 지금 이 은혜의 자리에 있게 하시니 참 감사드립니다.

[간구] 사랑하시는 아버지, 이제 아버지의 은혜를 깨달은 자녀로서 우리가 아버지의 원하시는 합당한 삶을 살기 원합니다. 진리안에서 성숙한 삶을 통하여 거룩하신 아버지께 우리의 삶을 예물로 드릴 수 있는 진실된 자녀 되게 하옵소서. 우리의 삶이 빛되신 아버지의 능력이 이 땅위에 선포되고 확산되는 데 충분한 도구 되게 하옵소서. 아버지의 가르침을 받은 자녀로서 부족함이 없는 삶이 이 땅 위에 펼쳐질 때, 우리가 섬기는 주의 교회가 진실로 밝고 따뜻한 교회될 줄 믿습니다. 생명의 말씀이 살아 움직이는 역동적인 교회될 줄 믿습니다. 소금처럼 녹아지고 밀알처럼 썩어짐으로 교회가 살고, 주님이 만드신 세상이 사는 새 역사가 일어날 줄 믿습니다.

[예배를 위해] 하나님 아버지, 오늘 우리가 드리는 이 예배가 진실로 삶의 기쁨이 충만한 예배가 되기를 원합니다. 이 기쁨이 우리 교회 안에만 한정되게 마시고 우리의 가정과 이웃과 직장과 사회에 확산되게 하옵소서. 하늘로서도 바다로서도 다 헤아릴 수 없는 아버지의 그 넓은 사랑이 우리의 가슴으로부터 흘러넘쳐 진실로 아버지를 찬양하는 찬양의 예배가 되게 하옵소서.

예수님의 이름으로 기도드립니다. 아멘 (식)

62
주일찬양예배 기도문

[감사와 참회] 거룩하신 하나님, 이 시간 또 우리로 하여금 예배하게 하심을 감사드립니다. 저희들의 모든 허물과 죄악은 주의 십자가 뒤로 감추어 주시고, 오직 하나님이 원하시고 모든 교우들과 우리 교회가 마땅히 아버지께 아뢰어야 할 참된 기도를 드릴 수 있도록 성령께서 인도해 주옵소서.

[교우들을 위해] 주여, 이 시간 우리 교회의 모든 연약한 지체들을 위하여 먼저 기도드립니다. 마음이 가난한 자들을 불쌍히 여기시고 일으키시며 주께서 약속하신 천국의 주인되는 소망을 주옵소서. 물질의 부족과 육신이 병들고 사람들과의 관계의 단절속에서 애통해 하는 성도들 있으면 주께서 그 모든 문제를 해결하여 주옵소서. 무엇보다도 우리가 이런 것들로 슬퍼하며 애통해 하기보다는 하나님 앞에서 지은 죄악들을 슬퍼하고 고백하게 하옵소서. 그리하여 주께서 주시는 하늘의 위로가 나타나 참된 해방과 자유의 기쁨을 맛보게 하옵소서.

[기도하는 성도 되기를 위해] 사랑의 주님, 이 시간 우리에게 기도의 영을 내려 주시길 원합니다. 우리 교회의 모든 성도가 깨어 기도함으로써 하나님의 뜻을 이루게 하시고, 서로를 위하여 중보의 기도를 드림으로써 신뢰의 관계가 되게 하옵소서. 비록 연약한 저희들이지만 성령의 함께하심으로써 한손으로는 하나님 보좌를 붙들고, 다른 한손으로는 이 몸된 교회와 약한 지체들을 붙잡고 땀흘려 기도하게 하옵소서. 그 간구가 하늘에서 이룬 것과 같이 땅에서도 이루어짐으로써 하나님이 우리를 기뻐하시고, 우리 또한 그 놀라운 은총에 감사하며 일평생 주를 찬송하게 하옵소서. 이 시간도 성령의 역사하심을 믿사옵고, 예수 그리스도의 이름으로 기도드립니다. 아멘

(식)

63
주일찬양예배 기도문

[감사와 고백] 길이요 진리요 생명이신 예수님을 이 땅에 보내신 하나님 아버지의 크신 은혜와 사랑에 감사드립니다. 그 아들을 십자가에 못박으시기까지 우리를 사랑하신 하나님의 그 크고 놀라우신 사랑을 우리는 알고 있습니다. 또한 우리는 하나님을 사랑하고 이웃을 사랑한다고 고백도 하고 있습니다. 그러나 이 시간 진정으로 우리 자신을 돌아보게 하옵소서. 진실로 겸손하게 거짓없이 하나님의 사랑속에 거하면서 그 사랑을 실천하고 있다고 자신있게 말할 수 없는 부끄러운 우리 자신을 고백합니다. 우리의 이 모든 죄악을 용서하여 주옵소서.

[간구] 사랑의 하나님 그리고 의로우신 하나님, 이제 우리가 아버지의 말씀안에 거함으로 우리의 믿음이, 우리의 행동이 그리고 우리의 모든 삶이 날마다 변화되어 예수님을 닮아가게 하옵소서. 그리하여 우리의 모습을 통해 의로우신 하나님과 사랑의 하나님이 조금이라도 세상에 보여지게 하옵소서. 진실로 우리 교우들이 하나님의 진실된 자녀임을 깨달아 알게 하시고 또한 그렇게 살게 하옵소서.

불의하게 잘 사는 것보다 의로운 가난을 택하게 하시고, 죄인의 갈등과 번민속에서 지내기 보다는 하나님의 의로우신 사랑과 평강속에 거하는, 하나님이 의롭다 칭하는 삶이 훨씬 더 고귀하다는 것을 깨닫게 하옵소서. 세상에 보물을 쌓아두는 것으로 만족하지 말게 하시고 흔들림 없고 앗아갈 수 없는 하늘나라에 우리의 보물을 쌓음으로써 참된 배부름, 진실된 만족감이 넘쳐 흐르게 하옵소서. 그리고 그것이 가장 큰 우리의 재산임을 아는 지혜가 있게 하옵소서.

오늘도 사랑과 의로 우리를 보호하시며 단련하시는 하나님 아버지 앞에 예수님의 이름으로 기도드립니다. 아멘

(식)

주일찬양예배 기도문

[감사] 만왕의 왕이시며 진정한 우리의 왕이신 하나님, 우리가 하나님을 알기 전에 하나님께서 먼저 우리를 찾으시고, 부르시고, 품에 안으시고, 보호하시고, 지금까지 길러주셨습니다. 그 놀라우신 은혜에 감사드립니다.

[간구] 전능하신 주여, 우리가 어떤 상황에 있더라도 먼저 하나님을 생각하는 사람들이 되기를 원합니다. 하나님이 사랑하시는 사람들을 우리도 사랑하며 기도하게 하옵소서. 그들의 삶이 변화되고 그들의 가족이 구원받는 모습을 보면서 진정한 기쁨이 넘쳐 흐르게 하옵소서.

우리 교회가 주님의 심정이 되어서 길 잃은 한 마리 양을 찾아 기뻐하며 돌아오는 목자의 모습을 사모하게 하옵소서. 집 떠난 아들이 돌아올 때 환영하며 입맞추던 아버지처럼 잃어버린 자에 대한 사랑을 결코 잊어버리지 말게 하옵소서. 우리에게 어떠한 상황이 주어지더라도 하나님이 주신 말씀과 그 사랑을 잊어버리지 않게 하시고, 어려운 상황일수록 하나님의 영광을 바라볼 수 있는 자들이 되게 하옵소서.

[선으로 악을 이기기 위해] 악에게 지지 말고 선으로 악을 이기라고 가르쳐 주신 주님, 그 가르침을 받고도 우리는 우매하여 종종 죄악속에 거합니다. 그러나 이제부터라도 악에게 지지 않는 놀라운 믿음을 우리에게 더하여 주옵소서. 혹시 우리가 교우들이나 이웃의 허물을 보았을지라도 그 허물로 인하여 우리가 실족하지 않도록 하시고, 오직 주의 사랑과 교훈으로 바르게 하며 덮을 수 있는 은총을 더하소서. 무엇보다도 주의 크신 영광과 은총을 바라보며 오늘을 주의 주신 지혜와 총명속에서 살아가게 하옵소서.

영광과 찬양을 받으시기에 합당하신 하나님 아버지께, 예수 그리스도의 이름으로 기도드립니다. 아멘

(식)

주일찬양예배 기도문

[감사] 악은 미워하시고 의는 권장하시며 사랑하시는 하나님 아버지, 이 시간도 감히 머리들어 아뢸 수 조차 없는 죄인들이 나아왔습니다. 죄인임에도 불구하고 이 자리에 있게 된 것은 오직 아버지의 놀라우신 사랑과 은총 덕분인 줄 알고 감사드립니다.

[하나님의 사랑을 깨닫고 실천할 수 있기 위해] 의로우신 하나님이시여, 이 시간 우리가 하나님의 아버지되심을 깨닫고 그 크고 넓으신 하나님의 사랑을 알게 하옵소서. 부모의 사랑을 알지 못하고 방탕하며 부모의 마음을 아프게 하는 패륜아처럼 되지 말고, 어버지의 사랑을 아는 자로서 기쁨과 감사가 있게 하옵소서. 그 사랑을 체험함으로 이제 우리도 다른 형제와 이웃을 사랑할 수 있는 자리에까지 마땅히 들어가야 될 줄로 믿습니다. 우리 교회가 서로 사랑하여 이 사랑의 소식이 이 도시, 이 나라에 널리 퍼져서 정말 사랑이 넘치는 교회, 하나님 보시기에 아름다운 교회로서의 본이 되게 하옵소서.

들판에 자라며 열매맺는 곡식들을 바라보면서 우리의 믿음도 풍성한 열매를 맺어야 될 줄로 믿습니다. 자연 속에 나타나는 신비들을 보면서도 하나님 아버지의 위대하신 경륜과 뜻을 다시 한번 되새기게 하옵소서. 그리하여 우리에게 주신 하나님의 귀한 선물들을 나를 위한 것으로만 착각하여 사용하지 말고, 아직도 배고프고 가난한 이웃을 향해서 사랑의 손길을 베풀 수 있는 넉넉한 마음을 허락하옵소서.

이 시간에 다시금 조용히 앉아 말씀 앞에서 나 자신을 비추면서 진실로 나의 나됨이 어디서 비롯되어졌는지 밝히 깨달아 알고 돌아가게 하옵소서. 그리하여 한 주간 세상 속에서 밝은 모습으로 하나님께 영광돌리는 삶을 살아가게 하옵소서.

예수님의 이름으로 기도드립니다. 아멘   (식)

주일찬양예배 기도문

[예배] 영광 받으시기에 합당하신 존귀하신 하나님 아버지, 저희들의 마음과 입술로 드리는 찬양의 제사를 받아 주옵소서. 하나님께서 저희 가운데 행하신 그 놀라우신 일들을 생각하면 매일 매순간 찬양을 드려도 부족한데 분주한 세상에 살면서 하나님을 찬양하는 일을 잊고 살았습니다. 저희들의 허물을 용서하여 주옵소서.

이 시간 예배할 때 식어지지 않는 감격을 체험하는 시간 되게 하셔서, 다시 한 주간을 살 때에는 우리의 마음이 늘 주님을 찬양하는 나날들이 될 수 있게 하여 주옵소서.

[간구] 찬양을 즐거워하시는 하나님, 저희의 마음속에 있는 악한 생각과 불의와 불경건한 생각들을 제하여 주시고 의와 경건으로 채워 주셔서 우리 심령이 찬양하기에 합당한 정결한 심령이 되게 하옵소서. 날마다 기도로 주님과 교제함으로 하나님으로부터 오는 신령한 복을 받기에 부족함이 없게 하옵소서. 또한 말씀을 가까이하여 말씀으로 날마다 새 힘을 공급받는 저희들 되도록 인도하시고 받은바 은혜와 사랑을 세상 중에 나누게 하옵소서. 주님을 모르는 사람들을 하나님을 찬양하는 자리로 이끌 수 있는 능력도 허락하여 주옵소서.

이 자리에 함께 나와 예배하며 하나님을 찬양해야 할 형제들이 다 나오지 못했습니다. 그들 속에 모이기를 힘쓸 수 있는 믿음을 주셔서 예배시간 시간마다 나와서 주님께 예배하며 영광돌리게 하여 주옵소서.

하나님 아버지, 예배를 통하여 다시 한번 하나님의 은혜를 받는 시간 되게 하시고 온 교회가 성령으로 하나되는 시간 되게 하여 주옵소서. 주의 사자를 통하여 말씀하실 때 하나님의 말씀으로 듣게 하여 주옵소서.

우리 주 예수 그리스도의 이름으로 기도드립니다. 아멘 (희)

67
주일찬양예배 기도문

[감사와 예배] 은혜로우신 하나님 아버지, 새벽 미명부터 이 시간까지 시간 시간 하나님을 예배하며 구원받은 주의 백성된 기쁨을 누리게 하여 주시니 참 감사합니다.

주의 사랑을 입은 백성들이 주의 행하신 놀라운 일들을 찬양하며 존귀하신 하나님의 성호를 높여 드리기 위하여 찬양예배로 모였습니다. 이 시간 저희들의 마음이 주님께 있기를 원합니다. 저희의 눈이 온전히 주님만 바라보기 원합니다. 신령과 진정으로 예배하는 시간 되기를 원합니다. 저희 가운데 성령으로 임재하셔서 영광받아 주옵소서.

[간구] 이 세상을 바라보면 온통 하나님 없는 사탄의 문화가 이 세대를 사로잡고 망하는 길로 끌고 가고 있습니다. 그러나 어리석은 사람들이 이것을 깨닫지 못하고 죄와 더불어 먹고 즐기며 살아가고 있습니다. 하나님 아버지, 용서하여 주시고 저들에게도 하나님을 아는 은총을 허락하여 주옵소서. 그래서 그 어리석은 길에서 떠나게 하시고 하나님을 두려워하는 삶을 살 수 있도록 인도하여 주시기 원합니다.

이 일을 위해서 저희들을 먼저 부르시고 주의 증인 삼아 주셨는데 저희들조차 이 세상의 풍조에 휩쓸려 살지나 않았는지 심히 두렵습니다. 저희의 신앙과 삶을 돌아보게 하시고, 저희에게 맡겨진 사명을 다하기에 부족함 없는 믿음과 지혜와 능력을 회복하게 하옵소서.

이 시간도 하나님 말씀의 대언자로 세우신 사랑하는 목사님을 통해 말씀이 선포되어질 때에 저희의 귀를 열어 주셔서 하늘의 은혜를 깨닫는 복된 시간이 되게 하여 주시고, 말씀에 순종할 수 있게 하여 주옵소서. 한 주간도 세상에 흩어져 살 동안 말씀이 저희를 다스리게 하여 주옵소서. 예수님의 이름으로 기도드립니다. 아멘

(희)

68
주일찬양예배 기도문

[예배] 찬양 가운데 거하시는 하나님, 우리의 찬양과 경배를 받아 주옵소서. 세상에 살면서 우리의 입술과 마음이 온갖 불의와 거짓 속에 더럽혀져서 하나님을 찬양하기에 합당하지 못하오니, 예수 그리스도의 정결한 피로 다시 한번 깨끗하게 씻어 주셔서 주께 열납되기에 합당하게 하여 주옵소서. 이 시간 주의 백성들이 믿음으로 주를 바라게 하시고, 신령과 진정한 마음이 되어 하나님이 받으실 만한 온전한 예배를 드리게 하여 주옵소서. 그리하여 하나님의 거룩하신 영광이 드러나게 하시고, 저희들에게는 예배하는 즐거움이 충만하게 하여 주옵소서.

[말씀대로 살기 위해] 하나님의 말씀이 우리의 생명이요, 우리 길의 등불이요, 우리 삶의 능력임을 믿습니다. 저희들의 삶이 언제나 말씀의 다스림 아래 있기를 원합니다. 말씀을 사모하는 마음을 주시고 말씀을 가까이하는 것이 우리의 습관이 되게 하여 주옵소서. 말씀을 읽고 배우고 들을 때마다 말씀에 순종하고자 하는 헌신과 결단이 일어나게 하시고, 말씀을 통해서 주님과 동행하게 하여 주옵소서.

이 시간도 주의 사랑하시는 목사님께서 하나님 말씀을 선포하시기 위해 단에 섰습니다. 목사님께 은혜와 권능을 더하셔서 말씀이 선포되어질 때에 저희들 가운데 듣고 회개하는 역사가 일어나게 하시고, 여기 모인 모든 성도들의 마음이 뜨거워지며 새로워지는 복된 경험의 시간이 되게 하여 주옵소서.

사탄이 예배를 방해하지 못하도록 결박하여 주시며 오직 성령께서 이 시간을 주장하여 주옵소서. 모이기를 폐하는 자들의 습관을 좇지 않게 하시고 늘 모이기에 힘쓰며 주님을 가까이함으로 복받는 저희들 되게 하옵소서. 거룩하신 예수님의 이름으로 기도드립니다. 아멘 (회)

69
주일찬양예배 기도문

[감사] 거룩하신 만군의 주 여호와 하나님, 세상에 많고 많은 사람들 중에 부족한 저희들을 택하셔서 하나님을 아바 아버지라 부르며 주님 앞에 나아갈 수 있는 은총을 베풀어 주심을 진심으로 감사드립니다. 저희들 마음속의 주의 백성된 감격과 기쁨을 세상 중에 빼앗기지 않도록 항상 저희들의 생각과 삶을 지켜 주옵소서.

세상 사람들은 제각기 제 소견에 옳은 대로 행하면서 하나님 없이도 행복할 수 있을 것으로 착각하며 살아가고 있습니다. 저들의 어리석은 마음을 변화시켜 주시고, 저들도 인생의 참 주인이신 하나님을 알고 섬길 수 있도록 은총을 베풀어 주옵소서.

[교회를 위해] 저희 교회를 이 지역에 세우신 것은 이 지역을 위한 구원의 방주로, 또한 이 지역의 어두움을 밝히는 등불로 삼으시고자 하는 하나님의 계획이 있으신 줄 믿습니다. 우리 모두가 이 사명을 깊이 깨닫게 하여 주시고, 이 사명을 감당할 수 있도록 믿음과 열심을 허락하여 주옵소서. 그래서 이 지역을 덮고 있는 어둠의 세력들을 물리치고 그리스도의 구원의 빛을 드러내는 아름다운 교회 되게 하여 주옵소서.

[목사님을 위해] 이 시간도 주께서 귀히 쓰시는 목사님을 말씀의 대언자로 세워 주심을 감사합니다. 늘 성령과 지혜로 충만케 하셔서 생명의 말씀을 능력있게 증거케 하여 주시고, 듣는 저희들은 하나님의 말씀으로 받아 순종하게 하여 주시기를 원합니다.

저희들이 다시 한 주간을 세상에 나가 살아갈 때에 세상 풍조에 휩쓸리지 않고 세상을 변화시키는 삶을 살도록 저희들을 지켜 주옵소서.

이 예배를 주께 의탁하며, 존귀하신 예수님의 이름으로 기도드립니다. 아멘.

(희)

70
주일찬양예배 기도문

[참회] 만물을 창조하시고 선하신 뜻대로 다스리시는 창조주 하나님, 영광과 존귀와 찬양을 세세무궁토록 받으옵소서. 인간의 존재 목적이 하나님을 찬양하는 것이라 하셨는데 순간순간 이것을 잊어버리고 우리 자신들의 영화와 번영이 인생의 목적인양 착각하며 살아가고 있는 저희들의 어리석음을 용서하여 주옵소서. 우리의 삶의 참된 목적을 잊지 않고 살아갈 수 있도록 성령께서 우리의 생각을 주장하시고 걸음을 인도하여 주시기를 원합니다. 그래서 세상 사는 동안 우리의 삶이 항상 하나님을 영화롭게 하게 하옵소서.

[예배를 위해] 하나님, 거룩한 주일을 주님 전에서 예배하며 지내게 하여 주셔서 감사합니다. 구원받은 주의 자녀답게 서야 할 자리에 서게 하시고, 앉아야 할 자리에 앉게 하시며, 좇아야 할 길을 분별하여 좇아갈 수 있도록 지혜와 믿음을 더하여 주옵소서. 이 시간 예배를 통하여 다시금 주님을 만나며 하늘로부터 내려오는 신령한 은혜를 체험함으로 새힘을 덧입는 복된 시간이 되게 하여 주옵소서.

목사님을 더욱 강건하게 하셔서 교회를 섬기며 주의 백성들을 주께로 인도하시기에 부족함 없게 하시고 하나님의 말씀을 선포하실 때마다 하나님의 온전하신 뜻이 드러나게 하여 주옵소서. 저희들이 말씀 앞에 설 때에 사모하는 심령과 말씀에 순종하고자 하는 마음을 부어 주셔서 하나님 말씀 듣기에 합당하게 하시고, 듣는 데서 그치지 않고 말씀을 따라 살아감으로 우리의 삶 속에서 주의 뜻이 이루어지게 하여 주옵소서.

세계 만방에 흩어져 있는 선교사님들 위에 복을 더하여 주셔서 날마다 성령충만하게 하시고 건강과 안전을 지켜 주셔서 각자의 선교 현장에서 아름다운 열매를 맺게 하여 주옵소서.

예수님의 이름으로 기도드립니다. 아멘

(희)

71
주일찬양예배 기도문

[예배] 존귀하신 주님 앞에 경배와 찬양을 올려 드립니다. 성령께서 이 시간 우리 가운데 임재하셔서 다시 한번 주께서 베푸신 놀라운 사랑과 은혜를 체험하게 하시고, 구원받은 주의 백성된 감격을 새롭게 맛보는 시간 되게 하여 주시기를 원합니다. 그래서 그 감격으로 찬양하게 하시고 그 기쁨으로 예배하여 우리의 찬양과 예배가 하나님이 받으실 만한 것들로 온전하게 드려지게 하옵소서.

[순종하는 삶을 위해] 순종이 제사보다 낫다고 하신 주님, 우리의 믿음 생활을 되돌아보면 하나님 말씀에 순종하여 살기보다는 내 뜻과 세상을 따라 불순종과 외식으로 가득 찼던 삶이었음을 고백합니다. 용서하여 주옵소서. 우리 입술의 모든 말과 마음의 묵상과 일상의 행위가 주님 말씀의 다스림을 받음으로 그리스도를 닮게 하시고 그리스도의 향기가 되어 세상 가운데 드러나게 하여 주옵소서.

[교회를 위해] 교회를 사랑하시고 교회를 통해 역사하시는 주님, 주님의 교회가 세우신 목적대로 아름답게 그 사명을 다할 수 있도록 저희들에게 지혜와 능력을 더하여 주시기를 원합니다. 성령 안에서 교회가 하나되게 하시고 각자 받은바 사명과 맡은바 직분을 따라 합력함으로 그리스도의 몸된 교회를 온전히 세우게 하여 주옵소서. 우리 교회가 이웃에게 소망의 빛이 되게 하시고, 세계 열방 가운데 선교하는 교회 되게 하옵소서. 교회에 나와 예배하는 모든 성도들이 와서 주님을 만나며 은혜받고 새힘을 공급받는 복된 교회 되게 하여 주옵소서.

목사님께서 말씀을 전하실 때에 능력을 더하셔서 말씀 가운데 놀라운 역사가 일어나게 하여 주옵소서.

예수님의 이름으로 기도드립니다. 아멘

(희)

72
주일찬양예배 기도문

[예배] 거룩하신 하나님 아버지, 주의 사랑하는 백성들이 하나님의 거룩하신 이름을 높이고 예배하기 위해 이 자리에 나아왔습니다. 예배하는 우리의 마음과 생각이 온전히 주님께로 향하게 하시고 믿음으로 주님을 바라보며 주를 즐거워하는 시간 되게 하여 주옵소서. 예배의 모든 순서가 하나님께 영광이 되게 하여 주시고 저희들에게는 주님의 거룩하신 임재를 체험하는 복된 시간 되게 하여 주옵소서.

[전도하기 위해] 사람의 제일 되는 목적이 하나님을 찬양하며 그를 영원히 즐거워하는 것이라 하셨는데, 세상에 많은 사람들은 인간의 근본을 알지 못한 채 자신을 영화롭게 하는 일에 매달려 하나님 없는 삶을 살아가고 있습니다. 하나님 아버지, 저들의 어리석음을 용서하여 주시고 저들도 주님을 알고 주께 나아와 창조주 하나님을 찬양하는 복된 삶을 살아갈 수 있도록 인도하여 주옵소서.

교회가 저들과 세상에 늘 관심을 갖게 하여 주시고 저들 가운데 그리스도의 구원의 복음을 드러내는 일에 힘쓸 수 있도록 인도하여 주옵소서. 저희들 각자의 심령 속에도 저들의 영혼을 사랑하는 마음을 부어 주셔서 주께로 인도하기에 부족함 없도록 믿음과 열심을 더하여 주옵소서.

[간구] 하나님 아버지, 우리의 드리는 예배가 예배당에서만 끝나지 않게 되기를 원합니다. 우리의 삶이 찬양이 되고 예배가 되어서 세상 속에서도 하나님을 예배하는 시간이 계속 이어지게 하옵소서. 우리의 삶을 붙들어 주옵소서. 사랑하는 주의 사자를 통해 하나님 말씀을 들을 때에 그 말씀이 우리 속에 능력으로 임하게 하여 주옵소서. 그래서 말씀을 의지해서 한 주간을 살아갈 때에 승리하는 삶을 살 수 있도록 역사하여 주옵소서.

우리 주 예수 그리스도의 이름으로 기도드립니다. 아멘 (희)

3

수요예배 기도문

수요예배 기도문

[간구] 사랑이 많으신 하나님 아버지, 이 밤에도 주님 앞에 나왔습니다. 삼일 동안 세상에서 더럽혀진 심령을 정결하게 하여 주옵소서. 저희의 심령이 불신앙과 근심의 밧줄에 매여 있지 않게 하시고 주님의 평안으로 자유하게 하옵소서.

하나님 아버지, 이 시대는 물질만능으로 물들어 있습니다. 사람들은 허망한 생각과 허탄한 마음으로 살아가고 있습니다. 윤리와 도덕은 땅에 떨어지고 하나님의 정의는 온데간데 없습니다. 니느웨 성같이, 소돔과 고모라같이 죄악이 만연해 있는 이 땅을 불쌍히 여겨 주옵소서.

의인 10명이 없어 한탄하시는 하나님, 우리 믿는 자들이 하나님 앞에 의인으로 살게 하시어 이 땅을 건지고 새롭게 하는 일이 일어나게 하옵소서. 회개의 베옷을 입고 주님 앞에서 살게 하옵소서.

[이웃사랑을 위해] 서로 사랑하라 말씀하신 주님, 저희에게 먼저 사랑하려는 마음을 주옵소서. 성령으로 말미암아 하나님의 사랑이 우리 마음에 가득하게 하시어 그 사랑으로 이웃을 품게 하시고 미움의 대상까지 안게 하옵소서. 사랑하라는 명령에 순종할 수 있는 마음을 주옵소서. 섬김의 본을 보여 주신 주님의 사랑을 저희들도 행할 수 있게 하옵소서.

오늘도 목사님을 통해 말씀하시는 주님의 음성을 듣기 원합니다. 심령의 귀를 열어 주시고 속사람의 눈을 활짝 열어 주옵소서. 말씀 속에서 주님의 숨결을 느끼게 하시며 변화시키고 새롭게 하시는 주님의 영을 체험하게 하옵소서. 이 시간 병중에서 신음하는 우리 교우들을 돌보아 주시고 영육간에 강건함을 허락하여 주옵소서. 남은 삼일 동안도 기도와 찬송으로 살게 하시고 가정과 일터에서 빛으로 살게 하옵소서

우리를 살리신 예수님의 이름으로 기도드립니다. 아멘 (곤)

수요예배 기도문

[감사] 지난 삼일 동안도 지켜 인도하여 주신 하나님, 오늘 저녁 하나님의 전에 모여 주님의 이름을 찬양하며 그 크신 은혜를 다시 사모할 수 있게 하심을 감사합니다.

[간구] 이 시간 황무지같은 저희의 심령에 성령의 은사를 내려 주시고 진리와 은총으로 가득 채워 주시며, 하늘의 지혜와 용기를 얻게 하옵소서. 주님께서 우리 마음에 오시면 불평이 감사로 바뀌고 불순함이 순결로 맑아질 줄 믿습니다. 모든 죄와 슬픔은 사라지고 생명의 활기찬 힘이 충만해질 줄 믿습니다.

[성령의 열매 맺기를 위해] 저희 심령 가운데 함께하셔서 저희의 마음을 뜨겁게 하옵소서. 이 저녁에 말씀받고 기도함으로 우리 속에 남아 있는 불신앙의 찌꺼기들이 사라질 줄 확신합니다. 성령께서 오셔서 저희의 눈과 귀와 입을 열어 주옵소서. 하나님, 모든 성도들이 성령의 열매를 맺게 하옵소서. 사치와 낭비와 탐욕을 절제할 힘을 주시고, 거친 육의 본성을 바꾸어 줄 온유함을 주시며 거짓에서 깨어날 진실함을 주옵소서. 선함과 친절과 인내로 저희의 습관이 바뀌게 하시고, 분쟁과 다툼이 있는 곳에 평화를 심게 하옵소서. 희락과 사랑으로 살게 하시어 주님의 아름다운 성품을 닮는 성숙한 성도가 되게 하옵소서. 그리하여 가정과 직장과 사회에서 평강과 사랑의 향기를 드러내게 하옵소서.

[말씀으로 새로워지기를 위해] 하나님의 사자를 통하여 주시는 말씀으로 새로워지기를 원합니다. 성령의 기름 부으심으로 능력의 말씀을 선포하게 하시며 모든 성도들에게 은혜와 감동으로 충만케 하옵소서. 지혜와 계시의 영을 주셔서 주님을 더 깊이 알게 하옵소서. 주일에 다시 만날 때까지 이 말씀으로 세상을 이기는 삶이 있게 하옵소서.

예수님의 이름으로 기도합니다. 아멘 (곤)

수요예배 기도문

[고백] 자비로우신 하나님 아버지, 지난 삼일 동안 세상살이에서 상한 심령과 피곤한 몸으로 이 시간 아버지 앞에 나왔습니다. 마음은 원이로되 육신이 약하여 늘 넘어지는 저희를 용서하여 주옵소서.

[간구] 불확실한 오늘의 삶이 저희를 염려와 불안으로 몰아가려 합니다. 빛되신 주님을 꼭 붙잡고 이 어려움을 극복하게 하시며, 헤아릴 수 없는 주님의 능력으로 세상을 이기게 하옵소서. 불안과 두려움과 근심에서 자유하게 하시고 내게 능력 주시는 주님 안에서 담대하게 살아가게 하옵소서. 땅의 근심이 우리를 넘어뜨리려고 하나 위엣 것을 바라게 하시고 격랑의 파도 위를 담대히 걷게 하옵소서.

하나님 아버지, 이 시간 세우신 주의 종을 통하여 풍성한 영의 생수를 내려 주옵소서. 갈급한 심령이 흡족함을 얻고 은혜의 단비로 흠뻑 적시어 영혼의 초목이 무성하게 하여 주옵소서.

[서로 돕는 성도되기를 위해] 우리 교회의 모든 성도들이 믿음의 대열에서 낙오되지 않게 하시고 주님의 사랑을 덧입어 서로 나누며 교제함이 있게 하옵소서. 강한 자는 약한 자를 돕고, 가진 자는 없는 자를 도우며 서로 유무상통하는 초대교회의 아름다움이 저희에게 있게 하옵소서. 성령의 뜨거운 불을 교회 위에 내려 주셔서 교회가 부흥하고 세상을 향한 복음의 증인으로 담대히 서게 하옵소서. 지역사회와 나라를 위해 빛과 소금으로 살게 하옵소서. 온 세상 사람들에게 그리스도의 참 모습을 몸으로 보여 주게 하옵소서.

우리의 기도를 들으시고 응답해 주시는 예수님의 이름으로 기도합니다. 아멘

(곤)

수요예배 기도문

[감사] 빛과 진리되시는 하나님 아버지 감사합니다. 삼일 동안도 저희들을 지켜 주시고 소망 가운데 살게 하시다가 주님의 전으로 인도하여 주시니 감사를 드립니다.

[고백] 아버지 앞에 나올 때마다 저희들의 약함과 죄악됨을 깨닫고 주님의 긍휼을 간절히 구합니다. 자비로우신 하나님 아버지, 우리의 그릇된 잘못을 용서해 주시고 이 시간 성령의 불로 저희의 악을 태우셔서 저희를 깨끗케, 정결케 하여 주옵소서. 늘 넘어지는 저희를 불쌍히 여기시고 강건하게 하여 주옵소서.

[간구] 하나님 아버지, 주님의 보혈 위에 세워 주신 귀한 교회에 늘 함께해 주셔서 은혜와 진리가 가득한 교회가 되게 해 주옵소서. 믿음의 행위와 사랑의 수고와 인내의 소망을 가진 성도들로 삼아 주시고, 주님께서 오실 그때에 칭찬받으며 인정받는 저희들 되게 해 주옵소서.

이 시간 말씀을 전하실 목사님께 함께하셔서 하나님의 전신갑주를 입혀 주시고 성령의 검으로 저희의 악한 것을 치시며, 거룩하고 성결한 영으로 채워 주옵소서. 목사님께 늘 주님의 크신 권능으로 채워 주시고 강건함을 주시며 새힘을 부어 주옵소서.

저희 가정과 부모님, 자녀들을 보호하여 주시고 믿음으로 승리하게 하시며 화평을 허락하여 주옵소서. 질병과 여러 가지 어려움을 당하는 성도들에게 함께하셔서 능력이 무한하신 주님을 의지하고 더욱 열심히 간구하여 기도하는 제목들이 응답받게 하옵소서. 이 시간 하나님 앞에 예배드리는 모든 심령 위에 놀라운 은혜로 함께하시고, 알파와 오메가 되시는 하나님께 영광돌리는 시간 되게 하여 주옵소서.

예수님의 이름으로 기도합니다. 아멘 (곤)

수요예배 기도문

[감사] 우리의 힘이 되시고 환난날에 구원하여 주시는 하나님, 주를 즐거워하며 감사를 드립니다. 이 시간 주의 영이 도우셔서 주의 전으로 향하게 하심을 감사드립니다. 불러 주시고 기도할 수 있는 은혜 주시니 감사합니다.

[참회] 하나님 아버지, 이 세상은 심한 강풍에 흔들리고 있고 우리는 그것을 바라보며 불안에 떨고 있습니다. 이것이 우리의 죄악으로 인하여 온 것인 줄 아오니 용서하여 주옵소서. 주님은 우리가 주님 앞에 나아오기를 원하셨으나 세상을 좇아갔으며, 말씀을 심령에 삶에 두기를 원하셨으나 세상 잡다한 일들로 핑계하며 주를 멀리하고 주의 일을 감당치 못한 죄인들입니다. 지은 죄를 반복하며 사해 주시기를 반복하는 부끄러운 죄인들이오나 우리 주님의 보혈의 공로를 의지하여 구하오니 용서하여 주옵소서.

[간구] 주님, 저희의 싸움은 혈과 육의 싸움이 아니요 공중권세 잡은 자들과의 싸움이라 하셨으니, 저희를 미혹케 하는 영들을 대적하여 싸울 때 성령의 검과 믿음의 방패를 허락하여 주옵소서.

우리의 자녀를 위하여 기도하게 하시며 그 심령에 늘 말씀을 두게 하시고 그들이 어느 곳에 있든지 주의 전을 사모할 수 있게 하옵소서. 주님의 귀한 사자에게 권능으로 함께하시고 말씀의 권세를 주시어 능력의 말씀이 선포되게 하시고, 듣는 무리의 마음이 뜨거워져서 복되게 살게 하옵소서. 양들을 지도하실 때에 예수 그리스도의 사랑으로 이끌어 나가게 하옵소서. 해외 선교를 위하여 파송된 주의 종과 그 가정을 붙드시며 어려움 중에서도 주의 영광을 보게 하옵소서.

예수님의 이름으로 기도합니다. 아멘   (곤)

수요예배 기도문

[감사] 천지 만물을 지으신 하나님 아버지, 주님의 놀라우신 능력과 깊으신 사랑을 감사드립니다. 지난 삼일 동안도 여러 모양으로 저희들을 지켜 주시고, 이 시간 사모하는 주님의 성전으로 나아오게 하시니 감사를 드립니다.

[참회] 그러나 저희는 온전한 믿음으로 살지 못하고 악한 본성을 따라 제각기 행하다가 나아왔습니다. 주님의 피로 씻어 주시고 모든 불의에서 저희를 깨끗하게 하여 주옵소서. 의롭다 하심을 입은 대로 어둠 속에서 빛을 발하게 하시고, 썩어 냄새나는 곳에서도 그리스도의 향기를 발하게 하옵소서. 도움을 원하는 곳에 주의 이름으로 손 내밀게 하시고, 이 땅이 아닌 하늘의 생명책에 우리 이름이 기록되기를 기뻐하는 자들이 되게 하옵소서.

[간구] 주님의 말씀을 증거하실 목사님께 권세를 더해 주시고, 말씀을 듣는 저희의 마음밭이 옥토가 되어서 세상의 재리 때문에 말씀이 소멸되지 않게 하시고 근심과 두려움이 없게 하시며 주님이 주신 평안으로 살게 하옵소서.

저희 교회의 각 기관들이 지체로서 서로 연합하며 한마음이 되어 머리 되신 주님을 기쁘시게 해 드리게 하옵소서. 남녀노소가 한 믿음으로 서로 주님을 섬기듯 섬기게 하시고 기쁨과 슬픔을 함께 나누게 하시며 대가 없는 봉사와 헌신을 즐거워하는 자들이 되게 하옵소서.

이 예배를 통하여 거룩하신 주의 이름을 높이게 하시고, 저희에게는 영생하도록 솟아나 목마르지 않게 하시는 샘물을 마시는 귀한 영혼의 잔치가 되게 하옵소서.

예수님의 이름으로 기도드립니다. 아멘 (곤)

80
수요예배 기도문

[감사] 은혜로우신 하나님 아버지, 거친 세파 속에 살다가 기도할 수 있는 시간을 주셔서 사랑하는 형제 자매들이 모여 함께 기도하게 하시니 감사합니다.

[간구] 오늘 이 시간에 우리의 강퍅한 마음을 그리스도의 마음으로 변화시켜 주시어 주님의 죽기까지 낮추신 그 겸손과 순종을 배우게 하옵소서. 그리하여 낮아짐으로 높아지고 겸손함으로 하나님께 높임을 받는 제자의 삶을 살게 하옵소서. 디모데와 같이 복음을 위하여 수고하며, 에바브로디도가 병들어 죽게 되었어도 자기 목숨을 돌보지 않고 그리스도의 일을 한 것처럼 충성하는 일꾼들을 허락하여 주옵소서. 우리가 세상의 썩어질 것을 구하지 않게 하옵소서. 그리스도 예수를 아는 지식이 가장 고상한 줄 알아 푯대를 향하여 하나님이 부르신 부름의 상을 위하여 좇아가게 하옵소서.

[가정을 위해] 우리의 가정을 지켜 주옵소서. 가족간에 사랑을 허무는 마귀의 궤계를 무너뜨려 주시고, 서로 우애하며 대화의 벽이 생기지 않게 하시고 불신과 오해의 소지가 없도록 도와 주옵소서. 감사하는 마음으로 살게 하옵소서. 먼저 주님의 것을 구별하여 드리게 하시고, 물질적인 어려움이 없게 하여 주시는 자도 하나님이며 취하시는 자도 하나님이심을 알고 항상 자족하며 이웃을 돌아보고 구제하며 전도하는 가정이 되게 하옵소서.

이 시간 예배드리는 저희의 심령에 주님의 평화를 허락하시고, 교회 위에 말씀이 풍성히 넘쳐서 모든 지혜로 서로 세워 주고 시와 찬미와 신령한 노래가 울려나게 하옵소서.

예수님의 이름으로 기도드립니다. 아멘 (곤)

81
수요예배 기도문

[위로받기 위해] 좋으신 하나님 아버지, 오늘 저녁도 영혼의 샘솟는 은혜를 사모하는 마음으로 나왔으니 자비로우신 주님의 신령한 은혜를 내려 주옵소서. 세상살이에 지쳐서 피곤하며 몸도 마음도 굳어져 있는 저희들입니다. 주께서 오셔서 우리 마음의 문을 열어 주시고 독수리가 날개 치며 올라감 같은 새힘과 능력을 부어 주옵소서.

[굳센 믿음 갖기를 위해] 우리에게 믿음의 선진들이 가졌던 그 믿음을 허락하시어 하나님이 계신 것과 또한 그분이 자기를 찾는 자들에게 상 주시는 이심을 믿고 나아가게 하옵소서. 노아의 때와 같은 이 시대에 저희들이 항상 깨어 있게 하셔서 믿음으로 주님을 기다리게 하시고, 등잔의 기름을 준비한 슬기로운 다섯 처녀와 같이 예비하게 하옵소서. 매 순간마다 믿음의 주요 온전케 하시는 예수님을 바라보며 주님의 뜻을 부지런히 좇게 하옵소서.

[간구] 아버지여, 이 자리에는 실망에 젖어 있는 이들도 있고 슬픔을 당한 이들도 있으며, 불안해 하고 병들어 아파하는 성도들도 있습니다. 오셔서 소망을 주시고 하늘의 위로와 용기를 주시며 강건함과 담대함을 주셔서 새힘을 얻고 돌아가게 하옵소서. 남은 삼일도 주의 법도와 율례를 따라 살게 하시고, 주일을 맞이할 때까지 주님을 사모하며 깨어 기도하며 근신하며 범사에 감사와 기쁨으로 살게 하옵소서.

이 저녁에도 말씀을 대언하실 목사님에게 성령의 기름을 부어 주시고, 성도간에 서로 친밀한 교제와 중보기도가 있게 하옵소서. 하나님 홀로 영광 받으옵소서.

예수 그리스도의 이름으로 기도드립니다. 아멘 (곤)

수요예배 기도문

[감사] 하나님, 우리의 삶의 참된 근원이시며 진실로 구주가 되심을 감사드립니다. 우리들은 복잡한 세상의 소용돌이 속에서 빠져 헤매다가 지쳐서 죽을 수밖에 없는 죄인들이지만 주의 은혜로 하나님 아버지의 귀한 자녀가 되게 하시니 감사드립니다.

[고백] 하나님, 지난 삼일 간의 생활을 돌이켜보니 너무도 부끄러운 것이 많습니다. 하나님을 기억하고 하나님의 은혜와 경륜을 생각하며 살기 보다 그 은혜와 하나님의 존재마저도 잊어버리고 살았음을 회개합니다. 이 시간 주의 은혜로 정결케 되는 역사를 이루어 주옵소서.

[간구] 오늘 준비되어진 주의 말씀을 통해 죽어가는 영혼이 다시 살아나게 하시고, 슬퍼하며 낙심하는 사람들이 새소망과 새힘을 얻을 수 있게 하옵소서. 우리가 사는 세상에서 잠시도 주님의 눈길이 떠나시면 우리의 생명을 기약할 수 없습니다. 우리 모두로 하여금 이 사실을 분명히 알게 하옵소서.

하나님, 우리가 이 밤에 간절히 기도하게 하옵소서. 변하는 세상과 유한한 사람을 의지하거나 바라보지 말게 하옵소서. 오직 불변하시며 무한하신 하나님을 바라보고 주님만 의지하게 하옵소서. 그리하여 우리 각자의 상황이 어떠하든지 하나님의 영광과 존귀하심과 그 능력의 무한하심을 깨닫고 감사하며 기도하게 하시고, 그 기도가 이루어짐으로 아버지의 영광을 무한히 찬양하게 하옵소서. 이 밤도 말씀을 보내시사 우리를 위경에서 건지시며 또한 단련시켜 주옵소서. 그리고 그 생명의 말씀으로 위로가 필요한 모두에게 참된 하늘의 위로가 임하게 하옵소서.

우리의 죄를 위하여 십자가에 죽으신 예수 그리스도의 이름으로 기도드립니다. 아멘

(식)

83
수요예배 기도문

[감사] 하나님 아버지, 지난 삼일 동안도 지키시고 보호하심을 감사드립니다. 그리고 이 시간도 기도하게 하시니 감사드립니다. 우리는 진정 벌레만도 못한 존재이오나 원하옵기는 우리의 이기적인 욕심을 십자가에 못박으면서, 하나님의 긍휼하심을 구하면서 매시간 주께 기도하는 즐거움을 맛보게 하옵소서. 겉사람은 후패해져 가나 우리의 속사람은 날마다 새로워져서 풍성한 은혜를 체험하게 하옵소서.

[간구] 두세 사람이 모인 곳에도 함께하신다고 약속하신 하나님, 구하고 찾고 두드리면 반드시 주실 것이라고 약속하신 신실하신 주님 앞에 우리의 사정을 아룁니다. 사랑하는 교우들의 육신의 연약한 부분을 치료하여 주옵소서. 정신적, 영적으로 연약한 부분도 예수 그리스도의 능력으로 치유하여 주옵소서. 믿음이 연약하여 갈대와 같이 흔들리는 자에게는 굳센 믿음을 더하시고, 가정이 화목하지 못한 곳에는 주의 평강이 임함으로 부부가 화합하며 자녀를 사랑하고, 자녀들은 부모님을 공경하는 아름다운 가정으로 변모시켜 주옵소서. 주의 놀라운 능력이 우리 각자의 일터 위에도 임하사 그 자리가 번성할 뿐만 아니라 하나님의 복음이 증거되는 선교의 자리가 되게 해 주옵소서.

[교회를 위해] 우리 교회를 위하여 기도드립니다. 목사님을 비롯한 여러 주의 종들을 지켜 주시고 영적인 양식을 전달하시기에 부족하지 않도록 능력을 더하여 주옵소서. 진리의 터 위에 당회가 굳게 섬으로 교회의 모든 일들이 하나님의 뜻대로 잘 처리되게 하옵소서. 기도하는 권사님들 되게 하시고, 모든 제직들과 성도들은 합심하여 오직 주님을 바라보며 한마음 한뜻으로 교회에 헌신하게 하옵소서.

우리를 구원해 주신 예수님의 이름으로 기도드립니다. 아멘 (식)

수요예배 기도문

[감사] 여호와 하나님의 은혜를 감사드립니다. 하나님의 경륜속에서 우리를 세상 한가운데로 보내시고, 지난 삼일 동안도 지키시며 오늘 이 저녁도 아버지의 전에 나오게 하심을 감사드립니다. 이 시간도 그저 우리 주님의 피공로에 의지하여 간구할 뿐입니다. 우리들의 예배를 기뻐 받아 주시고 우리의 기도를 들어 주옵소서. 크고 놀라운 은총으로 채우시며 더욱 아버지의 영광을 나타내는 일에 앞장설 수 있는 우리들로 삼아 주옵소서.

[교회를 위해] 하나님 아버지의 뜻이 있어서 이 자리에 피로 값주고 주님의 교회를 세우신 줄 믿습니다. 그러므로 우리 교회가 아버지의 원하시는 일들을 할 수 있도록 도와 주옵소서. 아버지의 영광을 위하여 오직 충성된 종으로서 살아가기를 원합니다. 모든 물질주의 세계의 도전을 든든히 막아내며, 역사의 한가운데 우뚝서서 주님의 밝은 빛을 발하기에 부족함이 없는 교회로 삼아 주옵소서. 영원을 향해서 나아가는 구원선을 탄 자들로서 우리 모두가 긍지와 자부심을 가지고 살아가게 하옵소서. 이 교회의 모든 기관이 제자리에서 각기 할 일들을 감당함으로써 주님의 사역이 확장되는 은총을 허락하여 주옵소서. 오직 말씀으로 성령의 능력으로 뜨겁게, 보다 열렬한 기도로 나아가는 은총의 교회 되게 하옵소서.

[교역자들을 위해] 하나님, 이 교회의 모든 교역자들을 사랑하여 주옵소서. 영혼을 사랑하는 목자들로서 지켜 주옵소서. 아버지의 진리의 말씀을 전하기에 부족함이 없는 신령한 종들이 되게 하옵소서. 모두가 아버지의 사랑받는 자녀로서 살아가도록 지켜 주옵소서.

예수님의 이름으로 기도드립니다. 아멘 (식)

수요예배 기도문

[감사와 고백] 하나님 아버지의 이름을 찬양합니다. 오늘 우리를 아버지의 사랑 가운데서 부르시사 삼일 기도회로 모이게 하시니 감사드립니다. 지난 삼일 동안도 어둡고 험악한 세상에서 방황하며 살았습니다. 아버지의 영광과 뜻을 드러내기 보다는 우리의 육신의 안일과 평안만을 추구할 때가 많았습니다. 말씀을 가까이하고 말씀에 순종하며 살기보다는 인간의 생각과 인간의 지혜를 따르는 불신앙의 모습도 있었습니다. 그럼에도 하나님은 우리를 여전히 사랑하시고 자녀로 삼고 계심을 감사드립니다. 그 은혜에 감사하며 이 시간도 우리의 추한 모습을 고백하오니 주님의 십자가의 능력으로 용서해 주옵소서.

[간구] 전능하신 아버지여, 우리가 사는 세상의 모든 것이 아버지의 장중에 있음을 알면서도 우리의 삶의 모습은 그 뜻대로 따르지 못하고 세상을 좇아갈 때가 많습니다. 아버지의 지혜를 허락하소서. 그리하여 선과 악을 분별하게 하시고, 죄는 버리고 의를 취할 수 있는 용기를 허락하옵소서. 부활의 주님께서 무능력한 우리의 상태를 해방시키시고 새 생명의 감격을 맛보게 하옵소서.

하나님 아버지, 우리 교회 안에도 사업의 실패와 병마의 고통과 마음의 시험 등으로 괴로워하는 자들이 있습니다. 성령께서 위로하시고 도와 주옵소서. 아버지의 회복시키시는 은총이 함께하사 모든 어려움을 오직 믿음으로 이기고 담대하게 승리의 생활하게 하옵소서. 하나님의 베푸신 은혜안에서 새로운 소망을 가지며, 우리 주님의 피값으로 사신 교회를 온전하게 이룸으로써 하나님나라의 평강을 맛보게 하옵소서.

이 시간도 은혜 충만한 시간 되기를 원하옵고, 예수님의 이름으로 기도드립니다. 아멘

(식)

86
수요예배 기도문

[간구] 거룩하신 하나님 앞에 이 시간도 연약한 죄인이 감사하는 마음으로 기도드립니다. 주님의 십자가의 공로를 의지하여 기도하오니 이 기도를 들으시고 응답해 주실 줄 믿습니다. 주님은 우리에게 주님의 사랑으로 서로 사랑하고, 미움과 불신과 분열을 이겨내고, 서로 용서하며 용납하며 살라고 하셨습니다. 우리로 하여금 이 명령에 순종하는 믿음을 허락하옵소서.

[성도와 나라를 위해] 사랑의 주님, 이 교회에 속한 모든 성도들을 기억합니다. 주님이 우리 모두를 사랑하셨기에 우리도 사랑하며 기도합니다. 우리에게 맡기신 모든 기도의 대상인 줄 알고 그들의 이름을 부르며 힘차게 기도하게 하옵소서. 나라를 위하여 기도합니다. 책임 있는 자리에서 일하는 모든 이의 마음을 감동시키사 아버지의 뜻대로 나라를 다스리는 은총을 주시고, 단지 하나님께서 맡기신 일을 감당하는 청지기라는 사실을 잊지 말게 하옵소서. 모두가 평화와 정의와 자유를 위하여 섬기게 하옵소서.

[교회를 위해] 사랑의 주님, 주님의 몸된 교회를 위해서 기도합니다. 교회가 곁길로 가지 않도록 붙잡아 주옵소서. 더욱 굳센 믿음과 소망과 사랑을 지니고 아버지께서 맡기신 일들을 감당하는 주님의 교회가 되게 하옵소서. 의롭지 못한 일에 동조하거나 타협하지 말게 하시고, 더욱 열심히 주님을 찬양하고 선교하며 아버지를 나타내는 일에 앞장서게 하옵소서. 이 일에 우리 모두를 사용해 주옵소서. 주님의 능력의 도구로 삼으셔서 그 뜻을 이루어 주옵소서.

예수님의 이름으로 기도드립니다. 아멘. (식)

수요예배 기도문

[고백] 영원하신 하나님, 하나님은 은혜로우시며 자비하시며 의로우십니다. 하나님 아버지를 의지하여 오늘도 이 자리에 나아와서 기도합니다. 아버지의 말씀의 빛 앞에서 우리의 모든 부족함과 추함의 용서를 구합니다. 하나님께서 우리에게 새생명과 온전함의 은총을 부어 주셨음을 마음으로 감사하면서도 삶을 통해서는 응답하지 못하고 있는 부족한 모습을 이 시간도 고백하오니, 독생자의 피로 거듭나게 하시고 성령의 감화로 더욱 온전하게 하옵소서.

[교회를 위해] 하나님, 주님의 몸된 교회를 거룩하게 하시고 사랑과 진리로 가득하게 채워 주옵소서. 하나님이 세우신 이 교회에 목적하신 바를 이루어 주옵소서. 진실된 예배가 살아있고 선교하며 전도하는 교회 되게 하옵소서. 말없는 봉사와 헌신이 이루어지며 생명력있는 교육과 양육이 있게 하옵소서. 그리하여 주님의 지상명령인 복음의 선포와 제자삼는 사역이 밝히 이루어지도록 도와 주옵소서. 온 교우가 한마음 한뜻으로 하나되어 하나님의 뜻을 이루게 해 주옵소서.

[간구] 영원하신 하나님, 이 시대의 가난한 이들과 부모없는 고아들과 외로운 노인들과 갖가지 장애에 시달리는 이들과 아픈 이, 갇힌 이, 온갖 어려움속에서 억눌린 이들을 돌봐 주옵소서. 주께서 찾아가셔서 위로하시고, 용기를 주시고, 새로운 삶의 소망을 주옵소서. 이 시간도 신앙을 지키기 위해서 싸우는 모든 이들을 위하여 기도합니다. 그들의 영적인 전투가 성령의 도우심으로 승리하게 하옵소서. 그리하여 대장되신 그리스도를 의지하고 승리의 개가를 부르며 아버지의 나라가 건설되는 영광을 맛보게 하옵소서.

이 모든 말씀을 예수님의 이름으로 기도드립니다. 아멘 (식)

수요예배 기도문

[감사] 하나님의 사랑과 은혜를 감사드립니다. 우리를 죄에서 해방시키시려고 사랑하는 아들 예수 그리스도를 보내시고 그 구원의 은총을 우리로 하여금 누리게 하심을 감사드립니다. 그리고 보혜사 성령을 지금 우리와 함께하게 하시사 우리를 위로하시고 진리속으로 이끄심을 감사드립니다. 그 크신 은혜에 감사하여 오늘 수요일 저녁에도 주 앞에 나아왔습니다. 예배의 모든 순서마다 함께하시고 능력으로 역사하여 주옵소서. 돌같은 우리 마음이 녹아지게 하시고 모든 성도들의 마음밭이 옥토로 변하여져서 30배, 60배, 100배의 결실을 맺을 수 있는 은총을 내려 주옵소서.

[교회를 위해] 하나님이시여, 이 시간 부족한 입술이지만 교회를 위하여 기도드립니다. 오직 주님께서 교회의 주인이 되어 주시고, 성령께서 교회를 늘 인도하셔서 거룩하게 하옵소서. 세상의 단체와는 다른 아버지의 기도하는 집이 되게 하시고, 사랑의 교제가 살아있게 하시며, 하나님의 나라에 대한 꿈과 소망을 잃지 않는 공동체 되게 하옵소서. 이 교회에 속한 모든 성도들이 참된 믿음안에서 살아갈 때에 아버지께서 영광받으시는 귀한 역사가 드러나게 하옵소서.

[나라를 위해] 하나님 아버지, 이 나라를 기억하여 주옵소서. 각 분야의 지도자들에게 하늘의 복을 주시며, 주의 은혜 가운데서 산업이 번영하게 하시고, 문화 예술이 하나님을 모독하는 일이 없도록 하옵소서. 주님이 원하시는 시기와 때를 잘 아는 지혜를 허락하소서. 이 땅에 평화가 깃들고 갈라진 나라가 회복되며 저 이북에도 찬송소리가 울려 퍼지게 해 주옵소서. 오늘밤도 주님의 사랑과 은총을 내려 주실 줄 믿사옵고, 예수님의 이름으로 기도드립니다. 아멘

(식)

89
수요예배 기도문

[감사와 참회] 자비로우신 아버지여, 감사와 찬양과 영광을 받으옵소서. 오늘도 주님의 불꽃같은 눈동자로 지켜 주심을 감사합니다.

하나님의 그 불꽃같은 눈 앞에서는 우리의 모든 것이 감추임 없이 드러나는 줄 믿습니다. 이 시간 우리의 불결한 입술과 차가운 마음과 이웃에 대한 무관심과 지키지 못한 약속과 뉘우치지 못한 잘못들을 고백합니다. 또한 하나님께서 우리에게 주신 거룩한 은사들을 혹시 잘못 사용하는 죄를 범치는 않았는지 용서를 구합니다.

소유에 대한 필요 이상의 욕심을 부리고 서로를 속이고 이용하며, 사람의 영혼보다 물질적인 헛된 것들을 더 사랑하면서 살았음을 용서하여 주옵소서. 오직 주님의 영으로만 새로워지고 온전케 됨을 믿고 겸허하게 살아가게 하옵소서.

[고통받는 이들을 위해] 거룩하신 아버지여, 장애를 안고서 태어나 고통받는 이들을 기억하시며, 돌볼이 없는 외로운 노인들과 부모없는 고아들과 심한 질병으로 고통받는 이들과 너무 가난하여 하늘을 우러러 탄식하는 이들과 가족간의 불화로 상처받는 모든 심령들에게 찾아오셔서 위로하시고 힘 주시고 소망을 주옵소서. 이들을 돕는 자들이 많이 나타나게 하시며 회복되고 화해하는 은총을 허락하시고, 우리에게 능력 주시사 그 도구가 되게 하여 주옵소서.

우리에게 복 주시기를 원하시는 하나님을 찬양합니다. 태초부터 허락하신 번성하고 강건케 하시는 하나님의 은혜의 말씀이 오늘 예배하는 우리 모두에게 들려지게 하옵소서.

우리를 사랑하시사 죽기까지 사랑하신 예수 그리스도의 이름으로 기도드립니다. 아멘

(식)

수요예배 기도문

[감사와 예배] 사랑의 하나님 아버지, 날마다 베풀어 주시는 크신 은혜와 사랑에 감사와 찬양을 올려 드립니다. 부족하고 연약한 저희들을 주님의 전으로 인도하여 예배하게 하시니 감사합니다.

세상에 살 때에 하나님의 뜻을 좇아 성도다운 삶을 살기 보다는 오히려 거짓과 불의와 타협하며 육신의 욕심을 따라 살았음을 고백합니다. 용서하여 주시고, 이 시간 예수 그리스도의 보혈로 우리의 몸과 마음과 영혼을 정결하게 씻어 주시기를 원합니다. 거룩하고 순결한 몸과 마음으로 주님을 예배하게 하셔서 우리의 예배가 하나님이 받으실 만한 신령한 예배가 되게 하여 주옵소서.

[목사님을 위해] 하나님 아버지, 이 밤에도 주의 백성들이 사모하는 마음으로 주님의 말씀을 기다립니다. 말씀을 전하실 주의 사자에게 성령충만하게 하사 능력있게 하셔서 하나님의 말씀을 선포하실 때에 구원과 치료와 회복의 역사가 일어나게 하여 주옵소서. 말씀을 듣는 우리 모두가 말씀을 통해 이 세상을 이길 새힘을 얻게 하여 주시고, 말씀을 듣고 순종하여 삶 속에서 아름다운 열매를 맺게 하여 주옵소서.

[간구] 주님, 세상의 분주한 모든 일들을 내려놓고 이 시간 주님의 은혜를 사모하여 모였사오니 머리 숙인 저희들에게 은총을 내리사 예배할 때에 세상이 줄 수 없는 은혜와 기쁨을 맛보게 하시고 하늘에 속한 신령한 복으로 만족을 누리는 시간 되게 하여 주옵소서.

저희 교회가 진리 가운데 든든히 서게 하시고 사랑으로 성장하게 하여 주옵소서. 교회에 속한 가정들과 성도들에게 함께하셔서 하나님의 자녀들이 누리는 복된 삶을 살게 하옵소서. 그래서 믿지 않는 사람들에게 하나님의 영광을 드러낼 수 있게 하여 주옵소서.

예수 그리스도의 이름으로 기도드립니다. 아멘   (희)

수요예배 기도문

[감사] 자비와 긍휼이 풍성하신 하나님 아버지, 이 시간 저희들이 세상 가운데 있지 아니하고 거룩하고 복된 자리에 있게 하심을 감사드립니다. 저희들의 마음이 주님께로만 열려지게 하여 주옵소서. 주님만 바라보며 신령과 진정으로 예배하므로 하나님께는 큰 영광이 되며, 예배하는 저희들은 예배의 감격에 잠기게 하여 주옵소서.

[간구] 이 세상은 주의 뜻을 따라 살기가 점점 더 어려워지고 있음을 느낍니다. 주님, 저희들에게 하나님의 뜻을 분별할 수 있는 지혜와 능력과 경건한 믿음을 더하여 주옵소서. 그래서 불순종과 하나님을 거역하는 패역한 세대를 따라 살지 않게 하시고 이 세대를 거슬러 거룩한 주의 백성답게 살게 하여 주옵소서. 주님의 빛으로 이 어두운 세상을 비출 수 있도록 인도하여 주옵소서.

[복음 증거를 위해] 하나님 아버지, 이 땅에는 아직도 너무나 많은 영혼들이 하나님을 알지 못한 채 세상의 방탕함과 부패속에서 헛된 것에 소망을 두고 살아가고 있음을 바라봅니다. 저들을 불쌍히 여기시사 저들도 회개하고 주께 돌아와 그리스도 예수 안에 있는 영원한 생명과 소망을 아는 은혜가 있게 하여 주옵소서. 저들에게 복음 전할 사명이 우리들에게 있음을 믿습니다. 이 사명을 늘 잊지 않게 하시고 우리 삶의 중심에 복음 증거가 있게 하여 주옵소서.

오늘의 말씀을 통해서 저희 심령이 다시 한번 새로워지는 경험을 하기 원합니다. 목사님을 하나님의 능하신 오른손으로 붙들어 주셔서 하나님의 말씀을 온전히 증거하기에 조금도 부족함이 없게 하여 주옵소서. 말씀을 받는 저희들은 듣고 순종하여 각자 부르신 소명에 따라 헌신할 수 있게 하옵소서.

예수 그리스도의 이름으로 기도드립니다. 아멘 (희)

수요예배 기도문

[감사] 존귀하신 하나님 아버지, 죄와 허물로 죽었던 저희들을 그리스도 예수 안에서 거룩한 새생명으로 다시 살게 하시고, 하나님을 아바 아버지라 부를 수 있는 놀라운 은혜를 베풀어 주시니 참으로 감사합니다. 주께서 베푸신 그 크신 사랑에 감격하여 하나님을 예배하기 위해 모였사오니 저희 가운데 오셔서 예배를 받아 주옵소서.

[참회] 하나님의 변함없는 은총을 입고도 감사와 감격속에 주님께서 기뻐하시는 삶을 살기 보다는 우리의 욕심에 이끌리어 하나님과 세상 사이를 오가며 머뭇거리고 있는 우리의 부끄러운 모습을 용서하여 주옵소서. 날마다 성령의 인도를 받게 하여 주시고 하나님 말씀 앞에 우리 자신들을 비추어 봄으로 마음과 행위를 바르게 할 수 있도록 도와 주옵소서.

[간구] 하나님 아버지, 하나님의 뜻이 하늘에서 이룬 것같이 이 땅에서도 이루어지기를 원합니다. 이 땅을 변화시켜 주셔서 하나님나라가 널리 확장되게 하시고 세계 열방 가운데 복음을 증거하는 데 귀하게 쓰임받는 제사장의 나라 되게 하여 주옵소서.

교회를 통해 영광 나타내시기를 기뻐하시는 주님, 우리 교회가 맡은 바 직분과 은사에 따라 합력하여 하나님의 뜻을 이루는 교회 되게 하여 주옵소서. 성령님께서 우리들 가운데 임하셔서 주님의 거룩한 뜻을 좇아 믿음으로 순종하게 하여 주시고, 희생과 사랑의 수고를 다할 수 있는 열심을 더하여 주옵소서. 주님의 십자가를 바라보며 주를 위하여 받는 고난을 두려워하지 않는 담대함을 허락하시고, 주님의 명령 준행함을 생명보다 귀하게 여길 수 있는 믿음을 더하여 주옵소서.

목사님께서 하나님 말씀의 대언자로 섰습니다. 진리와 능력으로 함께 하셔서 주의 온전하신 뜻이 증거 되게 하옵소서.

귀하신 예수님의 이름으로 기도드립니다. 아멘 (희)

수요예배 기도문

[감사] 영광과 찬송을 세세토록 받으시기에 합당하신 하나님 아버지, 우리를 향하신 하나님의 선하심과 인자하심을 찬양합니다. 우리의 죄를 그리스도의 보혈로 씻으사 정결케 하셔서 멸망의 자녀였던 저희들이 하나님을 아버지라 부르며, 소망중에 천국을 바라며 살게 해 주시니 참 감사합니다.

[참회] 이런 놀라운 은혜를 입고도 저희들은 여전히 육체의 정욕과 안목의 정욕과 이생의 자랑을 좇아 사느라 우리에게 주어진 시간과 물질과 은사들을 하나님의 선하신 뜻대로 쓰지 못했음을 고백합니다. 용서하여 주시고, 우리의 삶이 하나님 은혜 가운데 주님이 기뻐하시는 일을 위해 드려질 수 있도록 인도하여 주옵소서.

[복음증거를 위해] 너희는 온 천하에 다니며 만민에게 복음을 전파하라 하신 주님, 세계 열방을 향하신 하나님의 안타까운 마음을 우리가 깨닫게 하여 주시고 우리 속에 선교에 대한 사명감이 있게 하여 주옵소서. 그래서 세계선교를 향하여 마음을 열며 각 민족과 족속에게 복음이 다 전파되는 날까지 몸으로, 물질과 기도로 선교에 동참하게 하여 주옵소서. 옥합을 깨뜨린 여인처럼 우리에게 귀하고 소중한 것들을 주를 사랑하므로 자원하여 드리게 하여 주옵소서.

아직 이 땅에는 예수 그리스도를 알지 못한 채 죄와 사망 가운데서 허덕이고 있는 수많은 사람들이 있습니다. 그들의 구원의 문제에 우리의 관심이 있게 하시고, 그들의 영혼을 주께로 인도하는 일에 우리의 정성과 시간과 정열을 쏟을 수 있게 하옵소서.

목사님께서 하나님의 말씀을 증거하실 때 큰 권능을 더하셔서 저희들 모두가 말씀 속에서 새힘을 얻게 하옵소서.

거룩하신 예수님의 이름으로 기도드립니다. 아멘 (희)

수요예배 기도문

[감사와 참회] 우리의 생명되시는 하나님 아버지, 지난 삼일 동안도 저희들을 주님의 은혜 가운데 지켜 주셨다가 이 시간 주님 전에 나와 예배할 수 있도록 인도하시니 감사합니다. "내가 원하는 바 선은 하지 아니하고 도리어 원치 아니하는 바 악을 행하도다"라고 탄식했던 사도 바울처럼, 돌아보면 저희들 역시 성령을 따라 하나님의 선한 일을 위해 살기 원했지만 세상 속에서 욕심과 정욕을 따라 살았음을 고백합니다. 용서하여 주시고, 저희 속에 성령으로 충만하게 채워 주셔서 우리의 삶이 하나님의 영광을 나타내는 삶이 되게 하여 주옵소서.

[교회를 위해] 우리 교회를 이 지역에 세우실 때에는 이 지역을 향한 하나님의 계획이 있으신 줄 믿습니다. 우리 교회가 이 지역에 하나님의 진리를 선포하며 복음을 드러내는 교회로서의 사명을 다하기에 부족함 없도록 도와 주시고 이 지역 복음화에 아름답게 드려지게 하여 주옵소서. 이 일을 위하여 먼저 저희들 속에 구원의 감격과 기쁨이 넘치게 하시고 하나님의 사랑을 더 깊이 깨달을 수 있는 은혜가 넘치게 하여 주옵소서. 또한 죽어가는 영혼들을 불쌍히 여기는 마음이 모든 성도들의 마음속에 불일 듯 일어나게 하여 주시며, 복음의 능력을 더하여 주셔서 믿지 않는 이웃들을 주께로 인도하기에 부족함이 없게 하옵소서.

하나님 아버지, 교회에 세우신 각 기관과 부서들이 있습니다. 모든 기관과 부서들이 세우신 목적을 따라 아름답게 교회를 섬기기에 부족함 없도록 하옵소서. 각 기관 부서를 섬기는 임원들과 책임 맡은 자에게 지혜와 열심을 더하여 주시고 겸손히 봉사하게 하옵소서.

우리 목사님에게 날마다 성령과 말씀으로 충만케 하셔서 교회와 성도들을 주님의 뜻대로 인도하시기에 부족함 없게 하옵소서.

예수님의 이름으로 기도드립니다. 아멘

(희)

수요예배 기도문

[감사와 예배] 우리의 힘이 되시는 하나님 아버지, 예수 그리스도의 크고 놀라우신 십자가의 사랑을 힘입어 오늘도 담대히 주님의 보좌 앞에 나아왔습니다. 우리를 어두운 세상 가운데서 불러 내셔서 주의 자녀 삼으시고 주님을 예배하는 복된 자리로 이끄시니 참 감사합니다. 예배하는 이 시간 하나님 홀로 영광 받으시고, 저희들에게는 하늘의 신령한 것을 맛보는 귀한 시간이 되도록 인도하여 주옵소서.

[직분을 잘 감당하기 위해] 부족한 저희들을 충성스럽게 여기시고 여러 가지 사명과 직분들을 맡기셨는데 저희들은 이 귀한 직분들을 잘 감당하지 못하고 있습니다. 용서하여 주시고 맡은 직분들을 잘 감당할 수 있도록 도와 주옵소서. 각자의 위치에서 섬길 때 직분에 합당한 은사를 내려 주시고, 주의 기뻐하시는 뜻대로 봉사할 수 있도록 믿음과 지혜를 허락하여 주시기 원합니다. 그래서 저희들의 직분을 통해서 교회가 든든히 서가게 하시고, 이웃과 지역사회에 그리스도의 빛을 드러내는 교회로서의 역할을 감당하기에 부족함 없게 하여 주옵소서. 교회가 생명되신 그리스도를 세상에 전해야 할 사명이 있음을 저희들로 하여금 늘 잊지 않게 하셔서 이 민족과 세계 열방 가운데 선교의 사명을 감당하기에 부족함 없도록 함께하여 주옵소서.

[말씀대로 살기 위해] 이 시간 말씀의 대언자로 세우신 주의 사자를 붙들어 주셔서 권능과 지혜를 더하여 주옵소서. 말씀을 선포하실 때에 주의 뜻을 온전히 드러내기에 조금도 부족함 없게 하시고, 말씀을 듣는 저희들에게는 말씀을 깨닫게 하시며 말씀에 순종할 수 있는 믿음을 더하여 주시기를 원합니다. 주의 영이 이 자리에 임재하셔서 우리를 깨끗케 하시며 새롭게 하셔서 신령과 진정한 마음으로 예배하게 하옵소서.

예수 그리스도의 이름으로 기도드립니다. 아멘 (희)

수요예배 기도문

[감사] 은혜와 사랑이 무한하신 하나님 아버지, 죄와 허물로 인하여 거룩하신 하나님 앞에 설 수 없었던 저희들을 그리스도의 보혈로 씻으사, 담대히 주님 앞에 나올 수 있게 하시고 하나님을 예배할 수 있도록 은총을 베풀어 주시니 감사합니다. 이곳에 임재하셔서 저희들이 드리는 감사의 제사를 받아 주옵소서.

[참회] 하나님 아버지, 저희들이 이 세상에 살면서 나름대로 주의 뜻을 따라 살아가고자 노력하였지만 힘과 결심이 약하여 자주 넘어지며, 주의 뜻을 따라 살기보다는 세상과 욕심을 따라 행동했을 때가 더 많았음을 고백합니다. 용서하여 주시고, 저희들의 삶을 성령께서 인도하여 주셔서 세상의 유혹과 악한 정욕을 이길 수 있도록 지혜와 능력을 더하여 주옵소서. 그래서 이 세상 살 동안에 악인의 꾀를 좇지 않게 하시고 죄인의 길에 서지 않게 하시며 오만한 자의 자리에 앉지 않게 하옵소서. 오직 하나님의 말씀과 성령을 따라 살아감으로 하나님의 영광을 드러내는 주의 백성다운 삶을 살 수 있도록 저희들의 마음과 생각과 걸음을 인도하여 주옵소서.

[간구] 이 시간 질병으로 고통당하는 성도들을 기억하여 주셔서 주님의 손길로 치료하여 주시며, 낙심한 자들에게는 용기를 더하여 주시고, 상처 입은 자들의 영혼을 어루만지사 회복시켜 주옵소서. 또한 마음에 시험든 자들에게는 힘과 능력을 더하여 주시고, 세상의 곤고함속에서 지친 영혼들에게는 새힘을 더하여 주시기를 원합니다. 그래서 온 성도들이 주님 주시는 힘으로 승리하며 하나님의 은혜 가운데 기쁨으로 살아갈 수 있도록 하옵소서.

예배의 시종의 주님께 의탁하오며, 거룩하신 예수님의 이름으로 기도드립니다. 아멘

(희)

4
새벽기도회 기도문

98
새벽기도회 기도문

하나님, 주님의 은총과 사랑 속에서 평안히 잠자게 하시고 새날을 허락하시어 하나님 앞에서 시작할 수 있게 하심을 감사합니다.

오늘 하루의 삶도 주님의 말씀 안에 거하게 하시어 바른 판단력과 분별력을 주시고 의롭다 칭함을 받은 자답게 살게 하옵소서. 우리 안에 정직한 영을 주시어 늘 새롭게 하시고, 경건의 모양을 가지고 누룩과 같이 풍성한 유익을 끼치며 살아가게 하옵소서. 세상의 헛된 소리에 귀기울이지 말게 하시고, 미혹에 빠지지 않도록 성령께서 걸음마다 동행하여 주옵소서. 오늘 하루가 주님 안에서 희락과 평강으로 이어지게 하시고 말씀을 증거하는 삶이 되게 하옵소서. 맡겨진 일에 성실과 최선으로 임하게 하시고 건강을 더하여 주시어 힘찬 하루를 보내게 하옵소서.

예수님의 이름으로 기도합니다. 아멘 (곤)

빛나는 새벽별 같으신 주님, 새로운 하루를 열어 주시고 먼저 주님의 성전에 나오게 하시니 감사합니다. 이 새벽에 만물을 새롭게 하시는 주님의 영이 저희 안에 충만케 하옵소서. 독수리가 날개 치며 올라감같이 달음박질하여도 곤비치 않고 걸어가도 피곤치 않은 하루가 되기를 원합니다. 무엇보다도 믿음의 주요 온전케 하시는 이인 예수를 바라보는 하루가 되게 하옵소서. 주님의 도를 행하며 믿음의 길로 가게 하시고, 아버지께서 기뻐하시는 산 제사를 온몸으로 드리기 원합니다.

이 시간 거룩하신 하늘의 말씀으로 저희의 빈 심령을 채워 주시고, 온전한 믿음과 하늘의 소망을 가지고 하루를 살게 하옵소서. 가정과 교회를 지켜 주시고 이 나라를 안보해 주시며 복음의 역사가 이 땅을 끊임없이 다스리게 하옵소서.

예수님의 이름으로 기도합니다. 아멘 (곤)

99
새벽기도회 기도문

은혜로우신 하나님 아버지, 주님의 음성을 기억하며 하루를 시작하게 하시니 감사드립니다. 오늘 하루 저희에게 맡겨 주신 시간을 낭비하지 않게 하시고, 주 안에서 맡겨진 모든 일들을 잘 감당하게 하옵소서. 전능하신 주께서 저희들을 인도하시어 바른 길로 가게 도와 주옵소서.
주의 말씀은 내 발의 등이요 내 길에 빛이십니다. 말씀 안에서 우리의 생각과 계획이 이루어지게 하옵소서. 가정에 평화를 주시고 서로 격려하며 사랑하고 화목하게 하옵소서. 우리의 일터에 복을 주시고 이 나라 백성들을 주님의 자비로 이끌어 주옵소서. 교회를 지켜 주시고 성도들이 주 안에서 하나되게 하옵소서. 우리의 짐을 주께 맡깁니다. 주님만 굳게 의지하게 하옵소서. 우리를 쉴 만한 물가로, 푸른 초장으로 인도하시는 예수님의 이름으로 기도합니다. 아멘 (곤)

우리의 피난처시요 힘이 되시는 하나님 아버지, 새벽을 깨워 기도할 수 있도록 건강과 믿음을 주셔서 감사합니다. 이 새벽에 하나님을 의뢰하여 기도할 때에 새힘을 주셔서 하루를 넉넉히 살아갈 수 있도록 역사하여 주옵소서. 세상에서 성공하고 부귀를 누릴 때에 주의 이름을 높이게 하옵소서. 주님의 구원하심을 인하여 삶의 환희와 감격을 노래하게 하시며, 만물을 창조하시고 섭리하시는 하나님을 찬양하게 하옵소서. 말씀 안에서 좌로나 우로나 치우치지 않게 하시고, 게으르지 말고 열심을 품고 주님을 섬기게 하옵소서.
이 나라를 사랑하셔서 연단하시는 주님의 손길을 바라보게 하시고 주님의 이름을 높이 찬양하는 백성 되게 하옵소서. 주님과 동행함으로 강하고 담대하여 세상을 이기며 살아가는 저희들 되게 하옵소서.
예수님의 이름으로 기도합니다. 아멘 (곤)

100
새벽기도회 기도문

하나님, 이 새벽 시간에 주를 향하여 마음을 열고 나아오게 하시니 감사드립니다. 지난 밤 평안히 쉬게 하시고 이 아침에 주의 말씀을 들으며 우리의 소원을 아뢰게 하시니 참으로 감사드립니다.

하나님, 첫 시간을 주와 교통함으로 시작하오니 오늘 하루가 우리에게 더 기쁘고 복된 날이 되게 하옵소서. 주께서 친히 우리의 발걸음을 인도하셔서 주님께서 지시하시는 일들을 할 수 있게 하옵소서. 그 일들을 통하여 아버지께서는 영광받으시고, 우리에게는 넘치는 기쁨으로 충만하게 하옵소서. 저녁에 잠자리에 들기 전에 저녁기도를 드리면서 하루를 되돌아볼 때, 오늘 하루도 주께서 함께하셨음을 바라보고 진정으로 감사하게 하옵소서. 새벽을 깨워 주신 하나님께 감사드리며, 예수님의 이름으로 기도드립니다. 아멘 (식)

진리와 생명되시는 하나님 아버지, 하루의 첫 시간을 드릴 수 있도록 부르심을 감사드립니다. 이 시간 불러 주셨사오니 아직도 주께 고하지 못하고 용서받지 못한 죄를 자복하게 하옵소서. 성령의 불꽃같은 눈동자로 보시고 태우시며 정결하게 하옵소서. 우리 죄를 자백하면 의로우신 주님의 보배피로 깨끗하게 될 줄 믿습니다.

사랑의 하나님, 이 시간 놀라운 주의 임재와 역사를 체험하고, 이제 또 밝은 아침이 오면 주께서 주신 일들을 할 것입니다. 우리에게 건강과 지혜를 주옵소서. 세상에 부끄럽지 말게 하시고 우리의 불의한 행위로 주님의 영광 가리우지 않도록 주께서 지켜 주옵소서. 믿음으로써 모든 어려움을 이기게 하시고, 우리의 삶으로 보여 주는 증거가 곧 하나님의 역사를 드러내는 전도가 되게 하옵소서.

예수님의 이름으로 기도드립니다. 아멘 (식)

101
새벽기도회 기도문

하나님의 그 크고 놀라운 사랑을 다시 기억하게 하시니 감사합니다. 미련하고 연약한 저희에게 새날, 새아침을 주셔서 맑고 신선한 공기 속에서 주님을 찬양하고 부를 수 있는 은혜를 허락하시니 참 감사합니다. 감사하는 우리의 마음에 생명의 말씀으로 찾아오셔서 깨우쳐 주옵소서.

이 시간 아침을 밝히고 우리로 찾아오게 하신 아버지여, 우리의 소원에 귀를 기울여 주옵소서. 이 땅을 살면서, 어두운 세상에 살면서, 우리는 잠시 잠깐이라도 주의 보호와 인도하심이 계시지 않으면 가야 할 길을 잃고 맙니다. 주의 말씀이 우리를 잠시라도 떠나시면 우리는 세상의 죄가운데 빠져서 헤매일 것입니다. 주여, 우리를 도우셔서 말씀대로 오늘 하루도 빛 가운데로 걸어가게 하옵소서. 우리도 주님의 빛을 받아 세상을 따뜻하고 밝게 하는 도구되기를 원합니다.

참 빛되신 예수님의 이름으로 기도드립니다. 아멘　　　　(식)

거룩하신 아버지여, 감사와 찬송과 영광을 돌립니다.

주님의 창조질서와 섭리 가운데서 살면서도 아직도 주님을 다 깨닫지 못하는 우리의 우둔함을 용서해 주옵소서. 아직도 완전히 주님을 신뢰하지 못하는 우리의 믿음 없음을 용서해 주옵소서.

이제 주께서 허락하신 하루를 살아가려 합니다. 오늘 하루도 말의 실수 없게 하시고 불의한 자리에 들거나 악한 행위로 주님의 영광을 가리우지 않게 하옵소서. 좀더 겸손하고 선한 말과 행실로 하나님의 자녀됨을 드러내게 하시고, 말씀을 전파하는 놀라운 은총을 베풀어 주옵소서. 모든 성도의 삶이 날마다 거룩해지게 하시고, 우리의 자녀들과 사랑하는 가족 모두가 평강과 진리 가운데서 오늘 하루도 살게 하옵소서.

구원자되신 예수님의 이름으로 기도드립니다. 아멘　　　　(식)

새벽기도회 기도문

참 좋으신 하나님 아버지, 새벽 첫 시간을 주님 전에서 예배하며 기도로 시작할 수 있도록 은혜를 베풀어 주시니 감사합니다. 이 시간 성령께서 저희들 가운데 임재하셔서 저희들의 예배를 받아 주시고 저희의 기도에 응답해 주시기를 원합니다. 오늘 한 날을 믿음으로 승리할 수 있는 지혜와 능력을 더하여 주옵소서. 순간 순간 하나님을 의지함으로 잘못된 판단과 어리석은 생각에 빠지지 아니하고, 바르고 정직하게 행할 수 있도록 주님의 선하신 손길로 인도하여 주옵소서.

하나님, 부름받은 주님의 제자로서의 사명을 다하지 못한 저희들의 허물을 고백합니다. 용서하여 주시고, 하나님나라의 확장을 위해 삶을 드릴 수 있도록 우리의 생각과 뜻을 주장하여 주옵소서.

이 새벽 주님과 만나는 복된 시간 되게 하여 주실 줄 믿사옵고, 예수님의 이름으로 기도드립니다. 아멘 (희)

생명의 주관자가 되시는 하나님 아버지, 지난 밤도 하나님 은혜 가운데 편안한 안식을 누리게 하시고 또 한 날을 살아갈 수 있도록 생명 주심을 감사합니다. 저희들에게 허락하신 이 날과 생명을 하나님 영광을 드러내는 일에 아름답게 쓸 수 있도록 인도하여 주옵소서.

하나님, 하루를 예배와 기도로 시작할 수 있도록 은총을 베풀어 주시니 또한 감사합니다. 우리의 삶 속에서 늘 주님을 예배하며 의지함이 습관이 되게 하시고, 모든 삶을 주님께 맡김으로 주님의 인도를 따라 바른 길 가게 하여 주옵소서. 일평생 주님 안에서 세계와 이 민족을 품고 기도하게 하시고 교회와 어려운 이웃과 성도들을 위한 중보기도자의 삶을 살게 하옵소서.

예수 그리스도의 이름으로 기도드립니다. 아멘 (희)

103
새벽기도회 기도문

사랑의 하나님, 오늘도 하루의 첫 시간을 하나님께 드리며 주님과 더불어 시작할 수 있도록 인도하여 주시니 참 감사합니다. 오늘뿐 아니라 평생 살아가는 동안 늘 우리의 첫 시간을 주님께 드리게 하시고 하루의 첫 만남이 하나님과의 만남이게 하여 주옵소서. 그래서 저희들 삶의 첫 자리에 언제나 주님을 모시고 살아가게 하옵소서.

하나님, 참소망이 없고 진정한 기쁨이 없는 이 세상에서도 저희들에게 새소망을 주셔서 세상이 알지 못하는 기쁨을 맛보며 살게 하시니 감사합니다. 구원받은 천국 백성으로서 주님 안에서 누리는 즐거움이 더하게 하여 주시며, 이 소망과 기쁨을 알지 못하는 사람들과 나눌 수 있는 믿음과 사랑을 주옵소서. 하나님 말씀이 우리의 생명이요 빛임을 믿습니다. 말씀을 따라 바른길 가게 하시고 세상 중에 진리를 드러내는 삶을 살게 하옵소서. 예수님의 이름으로 기도드립니다. 아멘 (희)

역사의 주관자이신 하나님 아버지, 어제의 어두운 기억들을 떨치고 새로운 소망 중에 다시 시작할 수 있게 하여 주시니 감사합니다. 주님께서 허락하신 날늘이 의미있고 가치있는 삶으로 채워질 수 있도록 인도하여 주옵소서. 그래서 우리의 삶이 하나님의 선하신 섭리를 따르며 이 땅을 향하신 하나님의 그 계획을 이루는 데 쓰임받을 수 있게 하옵소서.

교회를 사랑하시는 주님, 교회가 세상을 향한 사명과 책임을 잘 감당할 수 있도록 그리스도의 사랑과 복음으로 덧입혀 주옵소서. 오늘 한 날도 주의 백성들이 세계를 품고 기도하며 민족의 아픔을 함께 나눌 수 있게 하시고, 이 땅에 복음의 씨를 심고 열매 맺을 때까지 정성으로 가꾸는데 열심과 믿음의 수고를 아끼지 않도록 힘 주옵소서.

예수님의 이름으로 기도드립니다. 아멘 (희)

104
새벽기도회 기도문

하나님 아버지, 이 고요한 새벽에 주님 앞에 불러 주시니 감사합니다.
이 하루를 주님과 함께 시작하오니 주님과 함께 일하게 하시고 주님과 함께 끝맺게 하옵소서. 이 아침에 나온 모든 심령들이 주의 은총을 받아서 이 하루를 그 은총을 먹으며 살게 하옵소서.
이 새벽에 주 앞에 가지고 나온 짐들이 많습니다. 개인적인 짐, 가정의 짐, 나라의 짐이 있습니다. 이 무거운 짐들을 다 주 앞에 내려 놓으니 주님께서 대신 져 주시길 원합니다.
우리의 기도가 인간의 욕심대로 구하지 말게 하시고 하나님의 뜻 안에서 구하여 이뤄지기를 원합니다. 우리의 생명, 가정의 장래, 나라의 운명까지도 주님의 손에 달려 있음을 믿사오니 주여, 우리의 기도에 응답해 주옵소서.
예수님의 이름으로 기도드립니다. 아멘 　　　　　　　　(희)

하나님 아버지, 하루를 시작하며 먼저 하나님 앞에 머리 숙여 기도하게 하시니 감사합니다.
사랑의 주님, 우리의 더럽고 추한 마음을 주님의 보혈로 정결케 하사 하나님으로 가득히 채워 주옵소서. 주님을 사랑하고 말씀에 복종하려는 마음으로 충만하게 하옵소서. 죄에서는 멀리 떠나 살게 하시고, 환난과 시련은 믿음으로 참아 견디게 하옵소서.
모든 성도들에게 믿음과 능력을 주시어 맡겨 주신 일들을 신실하게 감당하는 일꾼이 되게 하옵소서. 오늘 하루도 주님과 같이 생각하고 주님과 같이 걸어가고 주님과 같이 행하게 하옵소서.
예수님의 이름으로 기도드립니다. 아멘 　　　　　　　　(희)

5

개회 기도문

106
개회 기도문

"너희 목마른 자들아 물로 나아오라 돈 없는 자도 오라 너희는 와서 사 먹되 돈없이 값없이 와서 포도주와 젖을 사라 너희는 귀를 기울이고 내게 나아와 들으라 그리하면 너희 영혼이 살리라."

하나님이시여, 우리의 영혼이 하늘의 양식으로 배부르게 하시고 오늘의 예배로 좋은 것을 먹으며 마음이 기름진 것으로 즐거움을 얻게 하옵소서. 다윗에게 허락한 은혜를 저희들에게도 베풀어 주옵소서.

예수님의 이름으로 기도합니다. 아멘 (곤)

"일어나라 빛을 발하라 이는 네 빛이 이르렀고 여호와의 영광이 네 위에 임하였음이니라 보라 어두움이 땅을 덮을 것이며 캄캄함이 만민을 가리우려니와 오직 여호와께서 네 위에 임하실 것이며 그 영광이 네 위에 나타나리니 열방은 네 빛으로 열왕은 비취는 네 광명으로 나아오리라."

할렐루야! 만물을 새롭게 하시는 여호와여, 저희에게 오셔서 주의 인자와 긍휼로 관을 씌우시고 영광의 빛으로 밝히 비추시어 모든 심령이 하나님의 은총속에 있게 하옵소서. 슬픔과 근심이 달아나며 기쁨과 찬송의 옷으로 덧입게 하옵소서.

예수님의 이름으로 기도합니다. 아멘 (곤)

107
개회 기도문

"너희 의인들아 여호와를 즐거워하라 찬송은 정직한 자의 마땅히 할 바로다 온 땅은 여호와를 두려워하며 세계의 모든 거민은 그를 경외할지어다 여호와는 그 경외하는 자 곧 그 인자하심을 바라는 자를 살피사 저희 영혼을 사망에서 건지시며 저희를 기근시에 살게 하시는도다."

하나님 아버지시여, 우리의 마음과 정성을 모아 새노래로 주를 찬송하며 전심으로 주를 즐거워하오니 오늘 우리의 찬양을 받아 주옵소서. 여호와여, 우리가 주께 바라는 대로 주의 인자하심을 우리에게 베푸소서.

예수님의 이름으로 기도합니다. 아멘   (곤)

"여호와 우리 주여 주의 이름이 온 땅에 어찌 그리 아름다운지요 주의 영광을 하늘 위에 두셨나이다 주의 손가락으로 만드신 주의 하늘과 주의 베풀어 두신 달과 별들을 내가 보오니 사람이 무엇이관대 주께서 저를 생각하시며 인자가 무엇이관대 주께서 저를 권고하시나이까."

예배를 받으시기에 합당하신 하나님 아버지, 오늘 모인 성도들이 주의 베풀어 주신 은혜로 인하여 감사와 찬양을 올리오니 받아 주옵소서. 이 백성에게 영광으로 임하셔서 우리를 환난에서 보호하시고 구원의 노래로 우리를 에워 주옵소서.

예수님의 이름으로 기도합니다. 아멘   (곤)

개회 기도문

　영광과 존귀를 세세무궁토록 받으실 하나님 아버지, 오늘 연약하고 부족한 우리들이 주님 전에 나왔습니다. 하나님 아버지의 부르심의 은총속에서 이 자리에 나왔습니다. 세상 속에서 살면서 때묻은 우리의 모습 그대로 가지고 나왔습니다. 오직 아버지의 독생자의 보혈로 깨끗하게 하옵소서. 십자가의 은총으로 사해 주실 줄 믿습니다.
　하나님 아버지, 우리가 믿음으로 합당한 예배를 드릴 수 있도록 성령께서 주장해 주시고 하나님께서 예비하신 사랑과 평화와 기쁨을 허락해 주옵소서. 예배하는 저희들에게 생명의 말씀으로 채우시고, 문제가 해결되고 우리의 믿음이 자라나는 놀라운 은총의 시간이 되게 하옵소서.
　지금도 역사하시며 능력 주시는 예수 그리스도의 이름으로 기도드립니다. 아멘　　　　　　　　　　　　　　　　　　　　　　　　　(식)

　만물의 창조자되신 하나님이시여,
　우리를 사랑하심으로 복 주시기 위하여 오늘도 이 은혜의 자리로 불러 주심을 감사드립니다. 태초에 천지만물을 지으시고 하루를 안식하신 하나님, 그리고 독생자를 보내시고 십자가에 달려 죽게 하심으로 우리 죄를 사하시고 또다시 부활시키사 우리로 하여금 부활의 기쁨을 안고 살아갈 수 있도록 주의 날을 허락하심을 감사드립니다. 그 은혜 놀라워 저희가 이 날을 기뻐하고 즐거워합니다. 이 즐거운 우리의 심령에 더욱더 아버지의 은총을 부어 주옵소서. 이 시간도 우리의 찬송과 기도와 헌물을 받아 주시고 주께서 생명의 말씀을 보내시사 우리의 영적인 삶이 풍성하게 하옵소서.
　생명의 근원되시는 예수님의 이름으로 기도드립니다. 아멘　　(식)

109
개회 기도문

진리와 생명되신 여호와께 이 시간도 감사와 찬송과 영광을 돌립니다. 하나님 앞에서 죄인이지만 그 크신 사랑으로 용서하시고 인도하심으로 하나님의 자녀로 삼아 주심을 감사드립니다. 이 시간도 주의 영이 인도하셔서 참된 예배를 드리게 하옵소서. 회개하는 마음으로 기도하게 하옵소서. 해방과 자유의 기쁨을 가지고 찬송하게 하옵소서. 능력있는 주의 말씀이 선포되게 하옵소서. 그리하여 예배하는 저희들의 심령에 하나님의 위로와 평화가 임하기를 원합니다. 오직 신령과 진정으로 예배하고 사랑과 은총으로 화답하는 귀한 시간이 되게 하옵소서. 하나님 홀로 영광받아 주옵소서.

예수님의 이름으로 기도드립니다. 아멘 (식)

영원하신 하나님이시여,

오늘 우리는 하나님의 위대하심을 찬양합니다. 하나님의 지혜가 하나님께서 하시는 모든 일 속에서 나타납니다. 하나님의 은혜와 진리가 성자 예수 그리스도 안에서 드러났습니다. 하나님께서는 성령을 통하여 지금 예배하는 우리에게 역사하시고 능력을 주실 줄 믿습니다. 복되신 삼위일체 하나님이시여, 우리를 더욱 거룩하게 하시사 영원토록 하나님께 경배를 드리게 하옵소서. 내 의지적인 걸음이 아니라 주의 은총의 인도하심 아래서 살아가며, 세상적인 나의 자랑이 아니라 오직 주의 영광을 드러내는 진실된 청지기 되게 하옵소서. 죄의 용서와 아버지께서 받으시는 찬송과 기도 그리고 진실되고 의로우며 잠자는 우리의 영혼을 깨우쳐 주시는 주의 말씀이 넘쳐 흐르는 예배가 되게 하옵소서.

예수님의 이름으로 기도드립니다. 아멘 (식)

110
개회 기도문

　예배를 받으시기에 합당하신 하나님 아버지, 우리 마음의 감사와 찬양과 경배를 받아 주옵소서. 죄와 허물로 인하여 영원한 형벌을 면할 수 없었던 저희들을 그 무한하신 자비로 구원하여 주시고, 예수 그리스도 안에서 믿음으로 영생을 누리며 살 수 있게 하여 주시니 감사합니다.
　이 시간 하나님의 크신 사랑을 입은 주의 자녀들이 주님 행하신 그 놀라우신 은혜에 감격하여 예배하고자 모였사오니, 주께서 성령으로 저희들 가운데 임재하여 주셔서 저희의 드리는 예배가 신령과 진정으로 드려지게 인도하여 주옵소서. 예배를 방해하는 모든 악한 것들은 예수의 이름으로 물러가게 하시고 온전한 영광과 기쁨만이 가득한 시간이 되게 하여 주옵소서. 예배의 시종을 주님께 의탁하옵고, 예수 그리스도의 이름으로 기도드립니다. 아멘 　　　　　　　　　　　　　　　　　(희)

　우리의 생명되시며 참 소망과 힘이 되시는 하나님 아버지, 아버지의 이름에 합당한 영광과 찬송을 올려 드립니다. 이 시간 저희들이 드리는 예배를 받아 주시고 저희들 가운데 하나님의 거룩하신 영광을 나타내 주옵소서. 이 시간 예배할 때에 우리에게 향하신 놀라운 하나님의 사랑과 은혜를 다시 한번 깨닫게 하시고, 주님 주시는 신령한 은혜를 맛봄으로써 예배하는 즐거움과 감격 속에 잠기는 복된 시간 되게 하여 주옵소서. 예배의 순서 순서마다 주의 성령께서 함께하심으로 매순간 주님의 임재를 체험하며 말씀 속에서 주님의 음성을 듣고 주님 앞에 순종하는 결단이 있게 하여 주옵소서.
　예배하는 순간이 가장 귀하고 값진 시간임을 고백하옵고 감사하오며, 예수 그리스도의 이름으로 기도드립니다. 아멘 　　　　　　　　　(희)

6
절기예배 기도문

신년감사주일/종려주일

고난주간/부활주일/어린이주일

어버이주일/성령강림절/종교개혁주일

추수감사주일/성서주일/성탄절/송년

부흥회/총동원주일/창립기념일

국가를 위한 기도

절기예배 기도문 (신년감사주일)

[감사] 우리의 소망이 되시는 하나님 아버지, 새해 첫 시간을 맞이하여 아버지께 나아와 경배와 찬송을 드립니다. 지난 한해 동안도 주의 은혜로 지켜 주시고 건강하게 하심을 감사드립니다.

[새로운 한해를 위해] 새해도 주님께 의탁합니다. 새로운 피조물로 살도록 도와 주옵소서. 주님의 말씀에서 떠나지 않게 하시고 성령의 충만을 덧입게 하옵소서. 하나님의 임재하심이 우리 삶에 넘치게 하옵소서. 여호수아처럼 담대한 믿음으로 무장하여 어떠한 일에나 상황에도 두려워하지 않고 전진하게 하옵소서. 우리의 희망이 되시는 하나님 아버지, 저희로 하여금 분과 시기와 질투로 인하여 범죄하는 자리에 이르지 않게 하시고, 평화와 사랑을 마음속에 간직하여 주님으로 말미암아 모든 이와 화평을 나누게 하옵소서.

[직분 감당을 위해] 새해에는 맡은 바 직무에 충성을 다하게 하옵소서. 교사로서 성가대원으로서 구역장으로서 제직으로서 온 정성을 다해 주님의 몸된 교회를 섬기게 하옵소서. 금년 한해 교회의 여러 사업을 인도하여 주옵소서. 주님의 지상명령을 순종하는 교회가 되어 선교의 기치를 높이 드는 한해가 되게 하옵소서. 주의 사자에게 영력과 건강으로 함께하옵소서. 모든 가정이 주님 안에서 평안의 복을 받게 하시고, 각자가 간구하는 기도제목들이 응답받게 하옵소서. 타성에 젖은 삶을 버리고 단 한번의 기회요 한번 주신 한해의 시간과 순간들을 열심히, 신실하게 살게 하옵소서.

전능하신 하나님 아버지, 주님의 위대하시고 놀라운 통치가 우리의 삶 전체를 지배하여 주시고 이 땅의 어둠을 물리쳐 주옵소서.

예수님의 이름으로 기도합니다. 아멘

(곤)

113
절기예배 기도문 (신년감사주일)

[감사와 참회] 새해를 주신 하나님 아버지, 새해 첫 제단에 저희들을 불러 주시고 예배드릴 수 있는 은총을 주시니 감사드립니다.
 "너희는 이전 일을 기억하지 말며 옛적 일을 생각하지 말라 보라 내가 새 일을 행하리니 이제 나타낼 것이라"고 하신 말씀을 기억합니다. 묵은 찌꺼기를 다 던져 버리게 하옵소서. 주님의 말씀대로 순종하며 살지 않고 이기심과 욕심 가운데 행하며 주님의 마음을 아프게 해 드린 것을 용서하여 주옵소서. 두 마음을 품지 말게 하시고 열심을 다하여 주를 섬기게 하옵소서.

[새로운 한해를 위해] 사랑하는 주님, 새해에는 새롭고 좋은 것으로 가득찬 한해가 되게 하옵소서. 건강과 진실함으로 채워 주옵소서. 새해에는 더욱 모이기에 힘쓰며 주님의 일에 부지런하게 하옵소서. 믿음의 첫사랑을 회복하게 하시며, 형제의 마음을 아프게 하는 일이나 남을 실족케 하는 일이 없도록 인도하옵소서. 주님의 말씀을 양식으로 삼아 영이 살찌며 목마르지 않게 하시고 성령의 아름다운 열매를 맺게 하옵소서. 기쁨으로 봉사하게 하시고, 주님께서 제자들의 발을 씻기셨으니 저희도 먼저 섬기기를 즐거워하게 하옵소서.

[교회와 나라를 위해] 교회가 성령충만하여 사랑이 넘치게 하시며, 서로 돌아보아 격려하며 도와 주고 협력하게 하옵소서. 주께서 저희를 창조하시고 기뻐하셨던 그때처럼 하나님의 형상을 되찾게 하옵소서. 그리하여 교회가 풍성한 은혜 가운데 성장하게 하옵소서. 이 나라 이 백성 위에 하나님의 인자와 성실로 행하여 주시기를 간절히 원합니다. 진정 하나님의 제사장 나라가 되게 하시고, 전쟁과 대립이 없는 주의 평화를 허락하여 주옵소서.

 예수님의 이름으로 기도합니다. 아멘 (곤)

114
절기예배 기도문 (신년감사주일)

[감사] "이전 것은 지나갔으니 보라 새 것이 되었도다." 주의 말씀과 같이 묵은 해를 보내고 새해를 맞았습니다. 지난 한해 동안도 보호하시고 인도하신 은혜에 진심으로 감사드립니다. 그리고 새해 첫 시간 먼저 주일을 성수하며 예배하게 하심을 감사드립니다.

[간구] 새해의 아침에 어김없이 떠오른 해를 바라보면서 다시 한번 주님의 크신 섭리를 생각해 봅니다. 하나님은 변함없이 한번도 그 만드신 질서를 어기지 않으시므로 신실하심을 보여 주셨습니다. 어제도 우리를 있게 하셨고, 오늘의 우리를 보호하시며, 내일도 아니 영원히 성도를 있게 하실 전능하신 아버지 앞에 지금 서 있습니다. 하나님은 불꽃같은 눈동자로 우리가 아름답게 변화되어 영원히 주님 앞에서 살아갈 그 모습을 보실 줄 믿습니다. 이 놀라운 주의 질서와 섭리 앞에 더욱 순종할 수 있는 믿음을 주옵소서.

[나라·교회·가정을 위해] 전능하신 아버지여, 이 한해를 주께 의탁합니다. 우리 민족을 도와 주옵소서. 죄와 사망의 올무에서 벗어나 진정 하나님이 기뻐하시는 모습으로 부강하게 하옵소서. 우리 교회를 지켜 주옵소서. 주님이 원하시는 아름답고 귀한 교회의 참 모습으로 날마다 성화되게 하옵소서. 주여, 우리 가정을 사랑해 주옵소서. 인가귀도되지 못한 가정이 있으면 가족 모두가 함께 믿음의 길을 달려가게 하시고, 서로 합심하여 한마음 한뜻되어 주님 바라시는 복된 가정이 되게 하옵소서. 모이면 기도하고 흩어지면 전도하며 또한 주의 사랑을 실천하고 말씀에 순종함으로써 더 큰 믿음으로 성장하는 한해 되게 하옵소서. 이 모두 간구를 들어주실 줄 믿습니다.

우리를 사랑하시는 예수님의 이름으로 기도드립니다. 아멘 (식)

115
절기예배 기도문 (신년감사주일)

[감사] 하나님 아버지, 우리에게 새해 새날을 맞게 하시니 감사드립니다. 무엇보다 아버지의 선택받은 백성으로서 오늘 이 자리에 서게 하시니 감사드립니다. 이 모든 것이 주의 은혜인 줄 믿습니다.

[참회] 이 크고 놀라운 은혜에 보답하면서 살아야 하는데, 지난 한 해를 돌이켜 보니 부끄러운 것 뿐입니다. 우리의 삶이 주님의 뜻과 너무 달랐습니다. 수시로 불평하고 한탄하며 보잘것없는 믿음으로 살았습니다. 기쁨을 주셨음에도 감사하지 못하고 불평하며, 슬픔속에도 회개하지 않으며 세상과 타협하며 적당히 살아왔습니다. 또 주님을 제일로 여기며 온몸과 마음을 다하여 사랑하지 못할 때가 너무 많았습니다. 주여, 이 모든 허물을 이 시간 회개하오니 용서해 주옵소서. 주님의 보배피로 씻어 주옵소서.

[간구] 이제 이 시간 후로는 좀더 열심히 주님을 사랑하기 원합니다. 이 한해는 좀더 주의 뜻을 기리며 기쁨으로 살게 하옵소서. 이제부터는 하나님의 교회에 충성하며 세상에서도 주께서 맡기신 일을 잘 감당하고, 주의 은총속에 살면서 형제와 이웃을 돕고 사랑하며 살게 하옵소서. 그리하여 작은 그리스도인이지만 우리가 가는 곳마다 주의 빛과 영광이 드러나게 하옵소서. 우리가 하는 일마다 주의 역사가 함께 일어나게 하시고, 주께서 주시는 능력으로 모든 일들을 감당함으로써 설레임과 기대를 가지고 임하게 하옵소서. 모든 성도들에게 영혼이 잘됨같이 범사에 잘되게 하시고 생활 속에 감사가 넘치게 하옵소서. 이 모든 소원을 들어주실 줄 믿습니다.

구원자되신 예수님의 이름으로 기도드립니다. 아멘 (식)

116
절기예배 기도문 (신년감사주일)

[감사와 찬송] 사랑과 은혜가 충만하신 하나님 아버지, 이 시간도 감사와 찬송을 올립니다. 지난 해에도 하나님의 은혜 가운데 지내게 하시고 새해를 우리에게 허락하시니 감사드립니다. 주여, 이 한해를 인도해 주옵소서.

[참회] 이 시간 지난 해를 돌아봅니다. 여전히 부패하고 소행이 가증했던 우리의 죄가 생각납니다. 쉽게 다른 사람을 판단하고 정죄하며, 형제와 이웃을 속단하고 미워했습니다. 참지 못하고 성급하며, 행동으로 보여 주기 보다는 여전히 말만 앞세운 또 하나의 말 많은 그리스도인이었습니다. 겉과 속이 다른 위선이 나타날 때도 있었습니다. 나누어 주는 것보다 받는 것을 더 좋아했습니다. 그리스도인으로서 세상을 변화시키기 보다 세상과 타협하며 지내왔습니다. 이 모든 잘못을 용서해 주옵소서.

[간구] 이 한해 동안에 우리가 혹시 잘못하여 죄악의 길에 잠시 빠지더라도 주께서 얼른 건져 주옵소서. 우리의 옷을 찢지 말고 마음을 찢으며 진정으로 회개하는 신앙의 길을 걸어가게 하옵소서. 내 모든 죄를 뉘우치는 마음으로 겸허하게 이제 주님의 더 큰 은총을 약속받는 복된 삶을 살게 하옵소서. 주님이 주셨던 참사랑에 눈을 뜨고, 죽음으로써 다시 사는 부활의 진리를 깨달으면서 살게 하옵소서. 그래서 한해를 출발하는 이 귀한 시간의 아름다운 결심이 주 앞에서 열매맺게 하옵소서. 이 한해가 가고 또다시 새해가 올 때는 부쩍 자란 신앙의 모습에 더욱 감사하는 시간이 있게 하옵소서.

예수님의 이름으로 기도드립니다. 아멘 (식)

117
절기예배 기도문 (신년감사주일)

[감사와 고백]　생명의 주가 되시는 하나님 아버지, 새로운 한해를 맞이하게 해 주심을 감사드립니다. 돌아보면 무엇하나 주님의 은혜가 아닌 것이 없건만 불평하고 조그마한 시험에도 낙심하며 살았던 지난 해는 마치 광야를 지나던 출애굽한 이스라엘 백성같은 부끄러운 모습이었습니다. 그래서 새해를 맞는 우리의 마음은 설레임보다 죄송스러움과 또다시 부끄러운 모습으로 살지나 않을까 하는 두려움이 앞섭니다.

　주님, 이 새해 아침 우리의 가슴속에 새로운 소망과 새로운 결심이 생기는 것은 다시 한번 시작할 수 있도록 힘 주시며 격려해 주시는 아버지 하나님께서 계시기 때문임을 믿습니다.

[간구]　저희들을 붙들어 주셔서 새해에는 더 진실하고 열심으로 주님의 뜻을 좇아 충성하는 해가 되게 하소서. 받는 것에 매달려 살던 우리의 모습이 베풀고 나눔으로 더 큰 기쁨을 누리는 성숙한 모습으로 변하게 하여 주옵소서. 세상에 의해 영향을 받는 삶이 아니라 주님 주시는 능력으로 세상을 변화시킬 수 있는 삶을 살게 하옵소서.

　우리 교회가 진리와 그리스도의 복음으로 무장하여 세상을 향해 적극적으로 나아가게 하옵소서. 세계선교를 위해 몸과 물질과 기도로 나아가게 하시고 지역 복음화를 위해 말씀과 경건한 삶으로 또한 구제와 봉사를 통해 나아가게 하옵소서. 그리스도의 빛으로 나아가게 하시고 성령의 능력으로 나아가게 하옵소서. 그래서 사탄의 세력을 몰아내고 이 땅에 하나님의 통치와 다스림이 충만한 하나님나라를 이루게 하여 주옵소서. 주님과 더불어 시작하는 이 한해를 주님과 동행하다가 주님의 은혜로 잘 마무리할 수 있도록 인도하여 주옵소서.

　예수님의 이름으로 기도드립니다. 아멘　　　　　　　　　　(희)

절기예배 기도문 (신년감사주일)

[감사] 만유의 주재시요 인간의 생사화복을 주관하시는 하나님 아버지, 사랑과 은혜로 지난 한해도 지켜 주시고 또 소망 가운데 새로운 한해를 맞이하게 하여 주심을 감사드립니다.

[고백] 새해를 맞이하면서 지난 한해를 돌아보면 하나님께서 주신 그 귀한 시간들을 하나님 뜻대로 사용하지 못하고 우리의 욕심을 채우며 세상의 것을 얻는 데 더 많이 사용하였음을 고백합니다. 저희들의 연약함과 부족함을 용서하여 주시고, 새로 시작하는 올해는 주님의 영광과 하나님나라의 확장을 위해 더 많은 시간을 사용할 수 있도록 도와 주소서.

[간구] 올 한해는 저희 교회가 영적인 대부흥을 이루는 한해가 되기를 원합니다. 하나님, 교회와 저희들의 가정과 삶을 새롭게 하여 주옵소서. 모든 성도들이 하나가 되어 모이기를 힘쓰게 하시고 하나님 말씀에 순종하며 거룩한 삶을 위한 경건의 훈련이 이루어지는 교회 되게 하옵소서. 모든 성도들이 주님을 더 가까이하며 주님을 더 깊이 체험하여 주님과의 관계가 더욱 생명력 있는 관계로 세워지게 하옵소서. 또한 사명과 직분에 따라 맡겨진 일에 믿음으로 헌신하며 열심히 충성함으로 합력하여 선을 이루게 하시고 풍성한 열매 맺게 하소서. 이 지역과 세상을 향해 그리스도의 복음을 드러내는 빛된 교회의 사명을 다하게 하옵소서.

특별히 세우신 주의 사자에게 능력을 더하시고 날마다 말씀과 성령으로 충만케 하셔서 주의 몸된 교회를 섬기며 성도들을 인도하기에 조금도 부족함 없게 하옵소서.

새해를 시작할 때의 이 감격과 결심으로 올 한해를 지내게 하옵소서. 이 한해를 살 동안 주님의 선하신 손길이 저희들과 함께하시길 원하며, 예수님의 이름으로 기도드립니다. 아멘

(희)

119
절기예배 기도문 (신년감사주일)

[감사] 공의로우시며 사랑이 많으신 하나님 아버지, 주님의 은혜 가운데 또 한해를 보내고 새로운 한해를 맞이하는 감격을 맛보게 하시니 감사합니다. 어둡고 암울한 세상에 살지만 소망중에 새해를 맞이할 수 있도록 새힘 주시고 격려해 주심으로 저희들은 위로를 얻으며 희망을 안고 새출발을 다짐합니다. 우리의 연약함을 아시는 주님, 이제로부터 올해를 마감하며 하나님께 감사의 기도를 드리는 그 시간까지 우리의 이 다짐과 결심이 흔들리지 않도록 저희들을 붙들어 주옵소서.

[교회를 위해] 저희 교회를 복되게 하셔서 지난 해에도 은혜 가운데 든든히 서게 하신 하나님, 수고하고 충성한 모든 주의 백성들에게 좋은 것으로 갚아 주옵소서. 올 한해는 더욱 열심히 주를 섬기며 맡겨진 직분과 사명을 아름답게 잘 감당할 수 있도록 능력을 더하여 주옵소서. 교회의 모든 기관과 부서들이 주의 뜻을 온전히 분별할 수 있게 하시고 주님의 뜻을 따라 서로 합력하여 하나님께 영광돌리게 하소서.

목사님을 더욱 강건하게 하셔서 교회와 양떼들을 푸른 초장으로 잔잔한 시냇가로 인도하기에 부족함 없게 하시고 하나님의 말씀을 선포하실 때마다 말씀의 능력이 나타나게 하옵소서.

[간구] 하나님 아버지, 이 민족을 불쌍히 여겨 주셔서 이 민족이 주께로 돌아오는 역사가 있게 하시고 더 많은 사람이 주의 도에 복종하는 한해가 되게 하옵소서. 세계 열방 가운데 예수 그리스도의 이름이 더 높이 들리게 하시며 각 족속에게 복음의 문이 더 넓고 더 깊이 열릴 수 있도록 하여 주옵소서. 이 일을 위하여 우리 교회와 성도들의 가정이 귀하게 쓰임받게 해 주옵소서.

예수 그리스도의 이름으로 기도드립니다. 아멘 (희)

절기예배 기도문 (종려주일)

[예배] 긍휼과 자비가 한량없으신 하나님 아버지, 하나님의 은혜로 구원받은 주의 백성들이 주님의 사랑에 감격하여 주님을 찬양하며 예배하기 위해 모였습니다. 이 시간 성령으로 저희들 가운데 임재하셔서 우리의 예배를 받아 주시고, 다시 한번 그리스도로 말미암아 우리에게 임한 구원의 감격을 깊이 체험할 수 있는 시간 되게 하여 주옵소서.

[간구] 예수 그리스도께서 인류에게 평화를 주시기 위하여 2천년 전에 예루살렘에 입성하시던 모습을 기억합니다. 저희들 마음속에 그리스도의 사랑이 다시금 충만하게 채워지기를 소원합니다. 우리 몸은 주님이 거하시는 성전이라고 했습니다. 온 성도가 깨끗한 성전으로 주님을 맞이할 수 있도록 우리 속에 있는 온갖 불의와 탐욕과 거짓을 제거하여 주옵소서.

[복음화를 위해] 인간과 하나님 사이의 원수된 관계를 화해시키기 위해 화목제로 드려지신 주님, 주님의 죽으심으로 하나님과 인간 사이에 막혔던 벽이 허물어졌습니다. 그러나 세상에는 아직도 주님의 몸을 산 제물로 주님께서 친히 대제사장이 되어 드리신 이 제사를 알지 못해서 여전히 죄의 아래서 신음하며 하나님과 원수된 삶을 사는 많은 사람들이 있음을 봅니다.

하나님, 저들을 불쌍히 여기사 저들도 십자가에서 이루신 속죄와 화목의 은혜를 함께 누릴 수 있도록 인도하여 주옵소서. 먼저 이 십자가의 놀라운 은혜와 사랑을 알게 된 저희들이 십자가의 증인되게 하셔서 주님 행하신 놀라운 일들을 전하게 하여 주옵소서.

귀하신 예수님의 이름으로 기도드립니다. 아멘   (식)

121
절기예배 기도문 (종려주일)

[감사] 사랑의 하나님, 독생자를 세상에 보내사 우리의 허물과 죄악을 사하여 주시고, 십자가에 달려 죽게 하시사 구속의 사역을 완성하기까지 보여 주신 그 놀라우신 사랑을 이 시간도 기억합니다. 하나님의 그 사랑이 없었다면 오늘 우리가 어떤 모습으로 살아갈지 우리는 능히 짐작하고도 남습니다.

죄를 부끄러워하기 보다는 오히려 자랑하는 어리석은 자요, 마지막 때에는 심판받고 영원한 형벌속에서 살아갈 멸망받는 자일 것입니다. 그러나 우리 주님의 사랑과 은총으로 이제 하나님의 백성으로서, 자녀로서의 길을 걸어가게 하시니 참 감사합니다.

[간구] 사랑의 하나님, 주님께서 고난받으시기 위해 예루살렘에 입성하신 종려주일을 맞이하여 우리들 자신이 옛 예루살렘의 어리석은 무리가 되지 않기를 원합니다. 주님이 이 땅위에 만백성을 죄에서 구속하시기 위해 오셨음을 저희들이 잊지 말게 하여 주옵소서. 저희 마음 가운데 그리스도의 구원의 믿음을 주셔서 주님의 십자가의 길을 가게 하시고 주님의 십자가를 함께 지므로 영생의 복을 얻게 하옵소서.

이제 주님을 더 잘 믿음으로써 그 은혜에 보답하게 하옵소서. 하나님 아버지의 말씀을 더 사모하고 듣고 따름으로써 그 도리를 다하게 하옵소서. 형제와 이웃을 더 사랑함으로써 주의 사랑을 깊이 깨닫게 하옵소서. 오늘을 사는 모든 그리스도인이 주님의 고난의 의미를 깊이 묵상하며 자기의 것으로 받아들이게 하옵소서.

예수님의 이름으로 기도드립니다. 아멘 (식)

절기예배 기도문 (종려주일)

[감사] 영원토록 찬송받으시기에 합당하신 하나님 아버지, 인류에게 평화를 주시기 위하여 이 땅에 오심을 감사합니다. 자신이 죽음으로써 그 사랑하는 백성을 건지시고자 했던 주님, 오히려 자기를 배신하고 돌아서는 자들까지도 용서하시고자 했던 주님의 그 사랑에 진심으로 감사드립니다.

[간구] 하나님 아버지, 종려주일을 맞이하여 가장 낮은 목소리로 기도하게 하소서. 가장 가난한 심정으로 주님을 부르게 하옵소서. 나귀 새끼를 타신 주님의 겸비와 겸손을 저희도 본받고자 합니다. 그러나 아직도 내 고집과 내 주장이 살았고, 내 교만이 형제를 멸시하며, 내 독단이 교회를 어렵게 만들지는 않았는지요. 이 시간 깊이 회개함으로 주님을 닮아 진실한 사랑의 도를 행하게 하옵소서.

성령의 크신 능력으로 저희들의 모든 인격과 생각을 사로잡아 주옵소서. 그리하여 분열보다는 일치를, 갈등보다는 화해를, 상처보다는 치유를 배우게 하소서.

우리가 섬기는 교회가 아버지의 뜻을 온전히 받들어 세상에 나타내기에 부족함이 없도록 하옵소서. 죽음의 밤을 이기시고 새로운 부활의 아침을 맞으셨듯이 오늘 절망하고 사는 모든 사람들이 다시 일어나고 깨어나는 소망의 새 아침이 오게 하옵소서. 더 기도하고 말씀보며 더 순종하며 살게 하옵소서.

예수님의 이름으로 기도드립니다. 아멘 (식)

123
절기예배 기도문 (종려주일)

[간구] "호산나 다윗의 자손이여 찬송하리로다 주의 이름으로 오시는 이여 가장 높은 곳에서 호산나 하더라." 종려나무 가지를 들고 호산나를 외치던 무리들의 찬미가 오늘 저희들의 입술에도 있게 하옵소서. 평화의 왕으로 오신 주님을 우리 심령에 영접하는 성도들이 되게 하여 주옵소서.

이 시간 우리 자신의 모습을 좀더 정직하게 바라볼 수 있는 은총을 허락하옵소서. 감사와 아울러 진실로 회개의 눈물을 흘리게 하옵소서. 자신을 정직하게 바라볼 수 있는 자가 하나님을 바로볼 수 있을 것입니다. 십자가에서 피흘리신 주님을 보는 자가 자기의 참모습을 깨달을 것입니다. 이 참된 인식이 오늘 우리에게 있게 하셔서 참믿음의 길을 깨닫고 걸어가게 하옵소서.

[교회를 위해] 사랑의 주님이시여, 우리 교회의 모습을 다시 생각하게 하옵소서. 진정 주님이 원하시는 방향으로 걸어가고 있는지요. 아직도 외적인 크기와 건물의 아름다움에 사로잡혀 내적으로 있어야 할 믿음의 내용을 멸시하고 있지는 않은지요. 화려한 말의 잔치만이 풍성하고 스스로의 수준에 만족하여서 아버지가 원하시는 희생과 섬김의 도리를 저버리지는 않았는지요. 주여, 우리 한국교회를 긍휼히 여기시사, 요나의 회개의 메시지를 전달받고 왕으로부터 백성에 이르기까지 모두가 회개했던 니느웨의 교훈을 본받게 하여 주옵소서.

종려주일을 맞이하여 참생명의 말씀으로 무장하여 사탄의 권세를 굴복시키는 십자가의 정병이 되게 하여 주옵소서. 우리 모두가 부활주일을 맞았을 때에 승리의 개가를 힘차게 부르게 하옵소서.

예수님의 이름으로 기도드립니다. 아멘 (식)

절기예배 기도문 (고난주간)

[감사] 마땅히 죽어야 할 죄인들을 대신하여 세상 죄를 십자가에 홀로 지고 걸어가신 주님, 주님의 말할 수 없이 크신 사랑에 감사드립니다. 이 세상을 구원하시기 위해 고초당하시고 피흘려 주신 주님의 놀라운 은혜에 진정 감사를 드립니다.

[참회] 주님께서는 저희의 죄와 허물을 말끔히 도말시키기 위해 십자가를 묵묵히 지셨는데 저희는 그 고난과 사랑을 잊어버린 적이 한두 번이 아니었음을 고백합니다. 저희의 어리석은 모습을 불쌍히 여겨 주시고 크신 은총으로 용서하여 주옵소서.

고난의 십자가를 지신 주님, 이 세상은 어둡고 죄악이 관영합니다. 사람들은 마음에 하나님 두기를 싫어하고 그 마음은 물질과 권력과 명예와 우상으로 가득차 있습니다. 십자가의 보혈로 죄악과 잘못된 마음들을 깨끗하게 씻어 주옵소서. 십자가에 달려 죽기까지 보여 주신 사랑과 강물처럼 흐르는 구속의 은혜로 상하고 지치고 죄악의 수렁에 빠져 가는 영혼을 건져 주옵소서.

[교회를 위해] 사랑하는 주님, 주님의 귀한 보혈로 세워진 교회를 위하여 기도합니다. 이웃과 사회와 민족의 고난을 짊어지고 십자가의 길을 걷게 하옵소서. 이 나라와 백성들의 잘못과 허물을 끌어안고 십자가 앞으로 인도하게 하옵소서. 저희 교회가 결코 불의나 악한 권력과 권세에 타협하지 않고 오직 주님 걸어가신 길을 묵묵히 따르게 하옵소서. 세상에 빛과 소금의 역할을 감당하는 교회가 되게 하옵소서. 지역사회에 주님의 사랑을 나타내는 교회가 되게 하옵소서.

온 세상 죄를 홀로 지고 십자가에서 승리하신 예수님의 이름으로 기도합니다. 아멘

(곤)

절기예배 기도문 (고난주간)

[간구] 사랑하는 주님, 십자가에 매달려 죽기까지 보여 주신 사랑과 은혜를 바라봅니다. 사랑하던 제자들은 뿔뿔이 흩어지고 호산나 환호하던 무리들의 음성은 변하여 분노로 가득 찼는데 주님 홀로 빌라도 앞에 서 계심을 바라봅니다. 희롱하던 군병들과 채찍의 그 아픔과 쓰라림 속에서도 연민의 눈길로 바라보시는 주님의 그 모습을 생각합니다.

주님, 그 상하신 머리와 찢기신 몸을 무지한 저희들이 보게 하여 주시고, 십자가 고난의 참혹함 앞에 떨고 있는 우리 심령의 문을 열어 주옵소서. 하나님의 거룩한 심판을 홀로 담당하신 어린양 예수를 진정 깨달을 수 있도록 저희 영혼의 눈을 열어 주옵소서. 수난의 계절에, 2000년 전 골고다에서 자기 목숨을 부지하기 위해 달아난 제자들처럼 되지 않도록 우리를 붙들어 주옵소서. 두려움과 떨림 속에서도 주님의 십자가 굳게 붙잡고 지키는 강건한 믿음을 더하여 주옵소서.

[복음을 전하기 위해] 주님께서 피흘려 구속해 주신 그 사랑을 저희들 혼자 부둥켜안지 말게 하옵소서. 우리가 받은 사랑을 세상 사람들에게 전하게 하옵소서. 온 세상 위한 십자가임을 밝히 드러내게 하옵소서. 주님의 보혈이 결코 헛되지 않도록 한 알의 밀알이 되어 땅에 떨어져 썩음으로 열매맺는 우리의 삶이 되게 하옵소서. 우리 삶 속에서 주님의 뜻을 이루어 드리게 하옵소서.

보혈로 세우신 저희 교회가 십자가의 도리를 온 세상에 선포하는 일에 최선을 다하게 하옵소서. 모든 성도들이 십자가 군병되어 세상을 이기고, 정복하는 자가 되게 하옵소서.

예수님의 이름으로 기도합니다. 아멘

(곤)

절기예배 기도문 (고난주간)

[간구] 십자가를 지신 주님, 고난주간을 보내며 아파하시던 주님을 생각하고, 주님의 고난에 함께 참여하려 이 자리에 모였습니다. 주님의 인내와 용기와 침묵과 고독을 느끼게 하옵소서. 인간들의 반역과 무지 앞에서 오래 참으심과 자비를 보여 주신 주님, 이 시간 저희들이 그 십자가 앞에서 우리의 참모습을 알게 하시고 아직 남아 있는 우리의 불순종과 거역의 모습을 깨닫게 하옵소서.

아직 십자가의 도를 깨닫지 못하는 심령이 있다면, 우리를 위해 고난당하신 어린양 예수 그리스도를 믿지 못하는 심령이 있다면 이 시간 성령께서 오셔서 그 마음을 녹이시어 변화받게 하옵소서. 새로워지게 하옵소서. 우리의 심령속에 하나님의 그 사랑으로 충만하게 하옵소서.

[십자가를 지는 삶을 위해] 사랑하는 주님, 저희들은 주님을 온전히 따르기를 원합니다. "아무든지 나를 따라 오려거든 자기를 부인하고 날마다 제 십자가를 지고 나를 좇을 것이니라" 말씀하신 대로 제 십자가를 지게 하옵소서.

우리 안에 불순종하며 하나님 두기를 싫어하는 육의 못된 성품을 버리게 하옵소서. 그리하여 내 몫에 태인 십자가의 최후 승리를 얻을 때까지, 빛난 면류관 받기까지 사랑할 수 있게 하옵소서. 험한 십자가를 달게 지고 죽도록 충성하게 하옵소서.

이 시간 우리의 고백과 기도가 헛되지 않게 하옵소서. 주님께서 사랑과 섬김과 봉사와 헌신의 삶을 사신 것처럼 우리도 순교할 각오로 주님 가신 그 길을 기쁨으로 따라가게 하옵소서.

예수님의 이름으로 기도합니다. 아멘 (곤)

절기예배 기도문 (고난주간)

[감사] 자비와 긍휼이 풍성하신 하나님 아버지, 그리스도께서 인류의 죄를 대신하여 고난당하신 계절에 다시 한번 그 놀라운 사랑을 기억하며 주님 앞에 나아갑니다. 주님의 보혈로 우리를 깨끗케 하사 십자가 앞에 나아가는 자마다 구원 얻는 길을 열어 주심을 감사합니다.

[간구] 예배를 통해 예수 그리스도를 이 땅에 보내셔서 고난당하게 하심으로 우리를 대속하신 측량할 수 없는 하나님의 크신 은총과 자비를 깊이 체험하게 하소서. 골고다 언덕 위에 세워졌던 그리스도 십자가의 신비를 깨닫는 복된 시간 되게 해 주옵소서.

우리가 당할 조롱을 대신 당하시고 우리가 맞아야 할 채찍을 대신 맞으시며, 우리가 져야 할 형벌을 대신 지심으로 절망과 사망의 수렁에서 우리를 건져 주신 사랑을 기억하게 하옵소서. 그 구원의 감격으로 우리 삶이 새로워지며 세상과 죄악을 이길 수 있는 힘을 얻게 하옵소서.

[복음 전하는 사명을 위해] 주님의 죽으심은 나의 죄를 위한 죽음이요 우리의 죄를 위한 죽음이며 또한 온 인류를 죄에서 건지시기 위한 죽음임을 믿습니다. 하나님, 우리가 십자가의 의미와 대속의 사랑을 절망과 죽음 가운데서 살아가는 사람들에게 나누고 있는지 이 시간 우리 자신을 살필 수 있게 하옵소서. 죄를 죄로 여기지 않고 살아가는 많은 사람들에게 죄를 깨닫게 하며 구원에 이르는 길로 인도하기 위해 힘쓰게 하옵소서.

주의 사자를 통해 하나님의 말씀을 들을 때에 우리 속에 십자가의 사랑으로 가득 차게 하시고, 그 사랑을 안고 땅 끝까지 나가는 복음의 증인된 삶을 살 수 있게 하여 주옵소서.

우리의 생명되신 예수님의 이름으로 기도드립니다. 아멘 (희)

절기예배 기도문 (고난주간)

[감사와 찬양] 거룩하신 하나님 아버지, 영광과 존귀와 찬양을 온전히 주님께만 돌려 드립니다. 우리를 위해 고통을 당하신 고난의 절기에 다시 한번 십자가에서 이룩하신 위대한 승리를 바라봅니다.

주님의 십자가의 승리가 아니었다면 죄중에 태어나 세상을 따라 살다가 멸망으로 끝날 저희들이었습니다. 그러나 골고다 언덕 위에 높이 들리셨던 그 십자가의 능력으로 인해 저희들이 사함을 입고 영생의 소망을 품고 살게 되었습니다. 주님의 당하신 조롱과 멸시와 고통과 죽으심이 우리의 인생을 저주와 한숨과 절망에서 축복과 환희와 승리로 바꾸어 놓았음에 그 놀라우신 은혜를 진심으로 감사드립니다.

[참회] 주님, 저희들의 삶을 돌아보면 이런 사랑을 입고도 여전히 불의와 짝하며 죄와 허물 속에서 살아가는 연약한 모습임을 고백합니다. 용서하여 주시고, 주님의 십자가에서 흘리신 보혈로 날마다 저희들을 정결케 하셔서 거룩한 삶을 살아갈 수 있도록 인도하여 주옵소서.

[간구] 그리스도께서 십자가에서 흘린 피가 저희들만 아니라 세상 모든 족속들까지 구원하기 위하여 흘리신 온 인류를 위한 대속의 피임을 믿습니다. 아직도 예수 그리스도를 알지 못해서 죄 가운데 살아가는 많은 나라와 민족에게 이 피의 복음이 증거되어지게 하시고, 그들도 믿음으로 십자가 앞에 나아옴으로 죄사함 받는 감격과 구원의 은혜를 누릴 수 있게 하여 주옵소서.

자기 몫의 십자가를 지라 하신 주님, 우리에게 주어진 우리 몫의 십자가를 잘 감당해서 예수님 십자가의 은혜와 사랑과 능력을 증거하기에 부족함 없게 하옵소서.

예수 그리스도의 이름으로 기도드립니다. 아멘 　　　　　(희)

129
절기예배 기도문 (고난주간)

[감사와 찬양] 거룩하신 아버지 하나님, 죄의 형벌로 인해 절망 가운데 죽을 수밖에 없었던 저희들을 긍휼히 여기사 예수 그리스도를 이 땅에 보내 주셔서 우리의 죄와 허물을 담당케 하심을 감사합니다. 믿음으로 주를 바라보는 자마다 멸망치 않고 영생을 얻게 하신 그 측량할 수 없는 은혜와 사랑에 감사와 찬양을 드립니다. 세상과 마귀의 종노릇하며 하나님과 원수되었던 저희들이 주님이 행하신 이 놀라운 은총으로 말미암아 하나님의 보좌 앞에 담대히 나아갈 수 있게 되었으며 하나님을 아바 아버지라 부르는 특권을 누리게 되었습니다.

[간구] 주님의 거룩한 사랑으로 주신 이 생명과 삶을 주님의 영광을 위해 온전히 드림으로써 그 은혜에 조금이라도 보답하며 사는 저희들이 되게 하옵소서. 하루하루 살아갈 때에 구원의 감격이 우리 마음에서 날마다 새로워지게 하시고, 십자가의 능력으로 세상을 이기며 나갈 수 있도록 저희 속에 보혈의 능력을 더하여 주옵소서.

[복음 증거하는 삶을 위해] 사랑의 하나님, 우리는 이렇게 주님의 십자가의 은총을 입어 새로운 생명으로 살아가지만 아직도 세상에는 이 은혜를 알지 못한 채 사망의 저주 아래 살아가는 많은 사람들이 있습니다. 골고다 언덕 십자가에서 흘리신 그 보혈이 온 세상을 적셔 저들도 예수 그리스도의 보혈의 공로를 덧입을 수 있도록 은혜를 더하여 주옵소서. 교회와 저희들 속에 십자가의 사랑과 능력으로 충만하게 하셔서 그리스도의 십자가에서 이루신 은혜와 사랑을 세상 중에 증거하게 하소서. 그리고 고난을 통하여 구원을 이루신 주님을 본받아 우리에게 맡겨진 사명을 감당하는 일에 수고와 열심을 다할 수 있도록 도와 주옵소서.

예수 그리스도의 이름으로 기도드립니다. 아멘 (희)

130
절기예배 기도문 (부활주일)

[감사] 할렐루야! 사망 권세를 이기고 부활하신 주님, 부활의 첫 열매가 되셔서 우리에게 산 소망과 기쁨이 되어 주심을 감사드립니다. 주님께서 다시 사시지 않았다면 여전히 죄 가운데 있었을 것이요 영원히 멸망했을 우리에게 생명의 문을 열어 주시니 감사 찬양을 드립니다.

주님은 십자가의 보혈로 영생의 길을 열어 주셨습니다. 용서함으로 배신과 보복을 이기시고, 사랑으로 미움을 이기셨으며 고난으로 승리하신 주님을 믿습니다. 주님, 부활의 영으로 저희에게 오셔서 우리의 굳은 마음을 부드럽게 하시고 소망의 삶을 살게 하옵소서.

[나라를 위해] 지금 우리 사회는 서로 미워하고 서로 불신하고, 거짓이 진리를 대체하며 불법이 성행하는 모습을 감출 수가 없습니다. 남쪽과 북쪽은 서로 총부리를 겨누며 원수지간으로 지내고 있습니다. 서로 비방하며 파괴하는 일들이 자행되고 있는 이 나라, 이 겨레에 부활의 주님께서 오셔서 만져 주시고 주님의 피 묻은 손으로 화해하며 신뢰하며 서로 감싸안는 역사가 일어나게 하옵소서. 이 나라와 사회에 오직 주님만이 소망이 되심을 믿습니다. 역사의 물줄기를 붙잡아 주시고 사람의 마음을 주장하시어 사랑과 화평이 넘치는 복된 나라가 되도록 도와 주옵소서.

오늘 부활주일로 지킬 때에 이 자리에 모인 모든 성도들에게 부활의 소망과 은총을 충만하게 내려 주옵소서. 주님의 다시 살아나심을 믿음으로 고백하고 찬양하는 심령 가운데 좌정하셔서 우리의 삶을 다스려 주옵소서. 우리의 삶에 기쁨이 충만하게 하옵소서.

주 예수 그리스도의 이름으로 기도드립니다, 아멘 (곤)

131
절기예배 기도문 (부활주일)

[찬양] 무덤 문을 여시고 사망을 이기신 주님, 주님의 다시 사심과 승리하심을 찬양드립니다. 주님은 참 생명이시며 밝으신 빛이요 진리이심을 믿습니다.

[간구] 부활하신 주님, 우리 가운데 오셔서 저희도 부활의 산 소망 가운데 살아갈 수 있도록 은총을 베풀어 주옵소서. 우리의 어두워진 심령을 밝히 비춰 주시고, 진리의 길을 잃어버린 이 백성 가운데 오셔서 참 길과 진리로 인도하여 주옵소서.

주님께서 낙심과 절망 가운데 빠져 있던 제자들에게 부활의 기쁨과 확신을 주심같이 우리의 발걸음이 옛생활로 돌아가지 않도록 역사하여 주옵소서. 성령충만하여 마음이 뜨거워져 삶의 모든 일에 열심을 내게 하옵소서. 행함이 있는 믿음을 주시고 뛰어가는 감사 찬양의 믿음을 주옵소서. 부활의 능력을 덧입어서 주의 백성들이 오늘의 이 사회와 역사와 세계를 새롭게 변화시키는 하나님의 일꾼으로 서게 하여 주옵소서. 우리의 신앙이 주님을 죽은 자 가운데서 찾지 않게 하시고, 부활하신 주님 안에서 살아 세상 만민에게 이 복된 소식을 증언하게 하옵소서.

[사회를 위해] 다시 사신 주님이시여, 이 땅 구석구석에는 아직도 어두움이 있습니다. 거짓이 있습니다. 독선과 아집과 편견이 있습니다. 이 어두워진 사회 각처에 주님이 나타나시어 부활의 빛으로 고쳐 주시고 치유하여 주옵소서. 이 시간 주님께 경배를 드리는 우리 모두에게 그리스도 예수 안에서 영생의 삶이 있음을 확신하게 하옵소서. 말씀의 빛으로 인도하여 주시어 견고하며 흔들리지 말며 주의 일에 더욱 힘쓰는 자들이 되게 하옵소서.

예수님의 이름으로 기도합니다. 아멘 (곤)

132
절기예배 기도문 (부활주일)

[감사] 부활의 첫 열매가 되신 주님, 힘없고 어리석은 저희들에게 하늘의 소망을 주심을 감사드립니다. 죽기까지 자신을 낮추어 순종의 본을 보여 주시고, 다시 사심으로 사망 권세를 이기시고 생명의 길을 열어 주시니 감사를 드립니다.

보혈로 저희를 구속하시어 죽을 수밖에 없는 저희들을 살려 주신 주님, 세상 사람들은 신비한 부활의 소식을 믿지 못하나 저희에게는 믿게 하시고 부활의 소망을 가지고 살게 하시니 감사를 드립니다. 십자가의 고난을 이기시어 우리에게 승리하는 삶을 누리게 하시니 감사드립니다.

[간구] 잠자는 자들의 첫 열매가 되시고 사망을 이기신 주님, 저희도 예수 그리스도로 말미암아 아무 두려움없이 이김을 주시는 주님만 따라 살게 하옵소서. 부활의 능력 안에서 믿음을 지키며 저희들이 거하는 곳마다 어두움이 사라지고 광명의 역사가 일어나게 하옵소서. 부활의 증인이 되어 이 복된 소식을 이웃에게 전하고 목마르고 답답한 뭇 심령들에게 영원히 목마르지 아니할 생수이신 그리스도를 소개하게 하옵소서.

또한 복음 선교의 과업을 저희들이 감당하게 하옵소서. 소망이 사라져 가는 이 나라에 부활의 소망으로 밝은 여명의 역사를 주시고 하나님께로부터 힘을 얻어 세계에 우뚝 서는 제사장 나라, 복의 근원이 되는 나라 되게 하여 주옵소서.

하나님, 우리의 북한 동포들을 긍휼히 여겨 주옵소서. 저들은 참생명과 소망을 모른 채 죽어가고 있습니다. 그 땅에도 자유롭게 신앙생활할 수 있는 날이 속히 오게 하옵소서.

우리에게 승리를 주시는 예수님의 이름으로 기도합니다 아멘 (곤)

133
절기예배 기도문 (부활주일)

[감사] 오늘도 살아계셔서 역사하시는 하나님, 이 감격스럽고 놀라운 아침에 부활의 주님을 찬양합니다. 고난의 잔을 마시고 죽음의 굴레를 벗어던지고, 다시 부활하시사 죽어가고 소망없이 살아갈 우리들에게 새로운 부활의 소망과 믿음을 주시니 감사드립니다.

부활하신 주님의 은총으로 우리도 다시 살아, 아니 영원히 살아 하나님을 찬양할 줄로 믿습니다. 이 시간도 주님의 부활을 기뻐하는 성도의 무리에 죄인을 부르시고 기도하게 하시니 너무나도 감사합니다. 이 시간 입술로 감사와 찬양을 하게 하옵소서. 온 마음과 온 몸으로 주님의 영광을 노래하며 기뻐하게 하옵소서.

[간구] 전능하신 하나님, 이 부활의 아침에 먼저 우리로 하여금 나를 위해 목숨을 버리신 주님의 사랑을 보게 하옵소서. 그리고 그 엄청난 고난의 흔적 위에서 우리 주님이 다시 살아나시고, 그 은총으로 말미암아 오늘 우리가 기쁨을 누리는 것을 알게 하옵소서. 이 기쁨을 우리가 함께 나누게 하옵소서. 나 혼자 만족하지 말고 제자들처럼 저 거리로 나아가서 "주님 부활하셨네"하며 함께 모여 주를 믿고 찬양하자고 외칠 수 있는 모든 성도들 되게 하옵소서.

이제 우리는 주님의 부활을 목격한 부활의 증인이오니 그 부활의 은총 앞에서 하찮은 일로 불평하지 않으며, 부차적인 일로 낙심하지 아니하는 용기있고 담대한 그리스도인이 되게 하옵소서. 주님의 부활하심과 이후에 아름답게 변화될 우리 자신의 모습을 바라보면서 진정 기쁨이 충만한 삶을 살아가게 하옵소서.

어둠을 물리치고 밝은 새날이 올 줄 믿으며, 예수님의 이름으로 기도드립니다. 아멘

(식)

134
절기예배 기도문 (부활주일)

[감사] 사랑의 하나님, 하나님께서는 우리를 구원하시려고 독생자를 보내시어 십자가에 달려 죽게 하셨습니다. 그리고 다시 살리시사 영광스러운 부활로써 우리를 해하려는 모든 원수의 세력으로부터 구원하셨습니다. 또한 하나님께서는 우리를 죄에 대하여 날마다 죽게 하시고, 의에 대하여는 날마다 살게 하셔서 예수님의 부활을 기뻐하는 사람으로 살게 하시니 진정 감사드립니다. 이제 주님과 함께 사는 것을 가장 큰 기쁨으로 여기며, 주의 인자하심과 사랑에 감동받은 마음으로 하나님이 원하시는 삶을 살 수 있도록 도와 주옵소서.

[간구] 하나님 아버지, 우리가 주님의 부활을 기뻐하면서 잊지 말고 기억해야 할 것을 기억하게 하소서. 고난과 죽음의 아픔이 없이는 결코 부활의 새아침이 올 수 없었다는 것을 말입니다. 빈 무덤이 없이는 부활의 장소가 확인될 수 없다는 사실을 깨닫고, 이제 주 앞에서 부활의 기쁨을 노래하기 전에 주를 위해서 십자가를 지는 삶을 살아가게 하소서. 그리하여 진정한 부활의 영광이 우리 각자의 삶에 펼쳐질 때에 그 어떤 것과도 바꿀 수 없는 소중함으로 받아들이게 하소서.

하나님, 우리 모두는 다시 사신 주님의 부활을 증거하는 부활의 증인입니다. 이 사명을 세상 끝날까지 잊지 말고 영원토록 성령과 함께 증거하는 성도의 삶을 살아가게 하옵소서.

[목사님을 위해] 오늘도 말씀을 전하시고자 단 위에 서신 목사님을 주님의 오른팔로 붙잡아 주셔서 생명력 있는 말씀을 전하게 하옵소서. 그리하여 그 말씀으로 모든 성도들이 은혜받고 치유함받게 하옵소서.

주 예수 그리스도의 이름으로 기도드립니다. 아멘 (식)

절기예배 기도문 (부활주일)

[감사] 진리의 영으로 지금도 우리를 인도하시는 하나님 아버지시여, 부활주일에 아버지께 기도를 드리게 됨을 감사드립니다. 우리는 지금 유한한 육의 생명속에서 살고 있으나 영원히 죽지 않을 영원한 생명도 지니고 있음을 믿습니다. 우리의 육신은 첫사람 아담의 흙의 세계에 속해 있지만, 우리의 영은 예수 그리스도의 불멸의 세계에 속해 있기 때문입니다. 이것은 진실로 먼저 죽음을 맛보시고 다시 사신 구주 예수 그리스도의 전적인 은혜인 줄 믿기에 감사를 드립니다. 그 구세주의 은총으로 오늘 예배하는 우리 모두를 감싸 주옵소서.

[간구] 하나님 아버지, 이 부활주일에 다시 한번 우리 자신이 어떤 존재인가를 생각합니다. 우리 모든 성도와 교회는 부활에서 시작하여 부활을 선포하며 그리고 부활을 향해서 나아가는 희망의 공동체인 것을 기억합니다.

우리는 어두운 밤 속에서도 새벽의 광명을 노래하며, 죽음의 암흑 속에서도 생명의 빛을 바라보는 소망에 찬 생명들입니다. 그러므로 어떤 어려움과 핍박도 우리를 넘어뜨릴 수 없고 그 어떤 세력도 주의 놀라운 사랑에서 우리를 끊을 수 없습니다. 이 놀라운 믿음이 우리 안에 거하는 줄 믿습니다. 이 믿음을 가지고 우리 교회가 담대히 역사 앞에 서서 그 책임을 다하게 하옵소서.

우리의 주위에도 하나님을 모른 채 육의 소욕만 좇다가 절망하는 이들이 많습니다. 이들을 참생명의 주님 앞으로 인도하는 데 우리가 앞장서게 하옵소서. 그리하여 절망하고 아픈 이들에게 소망과 치료의 은총이 깃들게 되기를 원합니다.

예수 그리스도의 이름으로 기도드립니다. 아멘 (식)

절기예배 기도문 (부활주일)

[감사와 예배] 우리의 산 소망되시는 하나님 아버지, 사망 권세를 이기시고 승리하신 부활의 주님을 찬양합니다. 죄의 저주 아래 매였던 저희들을 건지시기 위해 죽으셨다가 다시 살아나심으로 우리의 생명을 영벌에서 영생으로, 어둠에서 빛으로, 절망에서 소망으로 바꾸어 주시니 감사합니다. 주님 부활하신 이 아침에 감사와 기쁨으로 드리는 예배가 하나님께는 영광이 되고, 예배하는 저희들에게는 썩지 않을 하늘의 소망을 맛보는 시간 되게 하옵소서.

[부활신앙을 갖기 위해] 하나님 아버지, 저희들 가운데 혹 부활하신 주님을 아직 믿음으로 만나지 못한 영혼 있으면 이 시간 예배하는 중에 부활의 주님을 만나게 하시고, 부활신앙을 소유한 주의 백성들에게는 이 소망을 더욱 든든히 붙잡는 시간 되게 하여 주옵소서.

여러 가지 시험으로 인하여 낙심하고 무거운 짐진 자들을 돌아보시고 실패와 좌절의 밤이 지나면 부활의 찬란한 새벽이 있음을 믿어 잘 이길 수 있도록 힘을 더하여 주옵소서. 부활하신 주님으로 인해 우리 삶이 새로워지기를 원합니다. 성령께서 우리 속에 사라지지 않는 소망으로 가득 차게 하셔서 이 세상에 살 동안 어떤 상황과 환경 속에서도 인내하며 든든히 서갈 수 있게 하여 주옵소서. 또한 부활하신 주님으로 인해 주어지는 참소망을 증거하는 부활의 증인으로 살게 하여 주옵소서.

[목사님을 위해] 하나님 아버지, 목사님께서 말씀을 선포하기 위하여 단에 서셨습니다. 주님의 능하신 손으로 붙들어 주셔서 담대히 하나님의 말씀을 증거하게 하시고 말씀이 선포되어질 때 상한 심령, 지친 영혼, 하나님과 멀어졌던 영혼들이 말씀으로 회복되어지는 역사가 일어나게 하옵소서. 예배의 시종을 주님께 의지하며, 영원한 소망되시는 예수 그리스도의 이름으로 기도드립니다. 아멘

(희)

절기예배 기도문 (부활주일)

[찬양과 간구] 우리의 소망이 되시는 하나님, 십자가에서 죽으심으로 우리의 모든 죄를 담당하시고 죽음에서 부활하심으로 영생의 소망을 주신 주님을 찬양합니다. 이 시간 부활하신 주님을 찬양하며 예배로 나아가오니 부활의 복된 소식이 예배하는 모든 심령들 가운데 감격과 기쁨으로 들려질 수 있도록 저희 마음과 귀를 열어 주옵소서.

이 시간 주님을 바라며 주님 앞에 머리 숙일 때에 사망 권세를 이기시고 승리하신 주께서 성령으로 우리 가운데 임재하셔서 우리를 만나 주시고 어루만져 주옵소서. 그리하여 주님의 부활하심이 절망과 낙심 가운데 빠져 있던 제자들에게 산 소망이 되어 제자들의 삶을 새롭게 했던 것처럼, 오늘 믿음으로 주님의 부활을 맞이하는 모든 이들에게 인생의 참소망과 능력이 되어 주옵소서.

[감사와 고백] 저희들을 사랑하셔서 죄악의 세상에서 불러 내신 주님, 저희들을 예수 그리스도 안에 있는 영원한 생명에 참여하게 하시고 이 세상에 살지만 이 세상이 줄 수 없는 소망을 주셔서 하늘 백성된 즐거움을 누리게 하여 주시니 감사합니다. 그러나 우리의 모습을 되돌아보면 여전히 세상의 것에 매여 세상을 따라 살아가는 부끄러운 삶임을 고백합니다. 우리의 연약함을 용서하여 주시고, 하나님나라 백성답게 영원한 것에 소망을 두고 살아갈 수 있도록 우리에게 죄와 세상을 이길 수 있는 힘과 능력을 더하여 주옵소서.

이 세상에는 부활하신 주님을 알지 못해서 여전히 죽음의 저주 아래서 살아가고 있는 많은 영혼들이 있습니다. 저들도 우리와 함께 구원받고 영생의 소망 가운데 살아갈 수 있도록 긍휼을 베풀어 주옵소서.

부활의 첫 열매되시는 예수님의 이름으로 기도드립니다. 아멘   (희)

138
절기예배 기도문 (부활주일)

[감사] 생명의 주관자이신 하나님 아버지, 죄와 사망의 권세를 깨뜨리시고 주님께서 생명으로 부활하신 부활절 아침에 주의 백성들이 벅찬 감격과 기쁨으로 주님 앞에 예배하며 나아갑니다. 이 시간 우리의 예배를 받아 주시고 저희들 심령 속에 부활하신 주님의 영광으로 가득 채워 주옵소서. 죄악으로 인해 절망 속에 살아가던 저희들을 구원하시려 이 땅에 예수 그리스도를 보내 주시어 그 보배로운 피로 저희를 정결케 하셔서 거룩한 주의 백성 되게 하시고, 죽음을 이기시고 부활의 첫 열매가 되심으로 영원한 소망을 갖게 해 주심을 감사드립니다.

[간구] 이 세상 살 동안 우리 속에 그리스도 예수로 말미암아 얻어진 구원의 은혜와 영생의 소망이 늘 새롭게 경험되게 하셔서 하나님나라 백성된 기쁨으로 가득 차게 하여 주옵소서.

[세계 복음화를 위해] 하나님 아버지시여, 이 영광으로 가득 찬 부활의 아침에 저희들은 즐거운 부활의 찬송을 부르고 있지만 부활의 복된 소식을 알지 못하는 많은 사람들은 멸망으로 끝나고 말 생애를 살아가고 있습니다. 저들에게도 구원의 복된 소식이 들려질 수 있도록 저들의 귀와 마음을 열어 주시고, 먼저 이 소식을 듣고 하나님나라의 소망을 품고 사는 저희들에게 주의 복음을 전할 수 있는 믿음과 열심을 더하여 주옵소서. 그래서 주님의 부활하심으로 완성된 구원의 놀라운 소식이 더 많은 사람에게 전해져서 이 기쁨이 온누리에 충만하게 하여 주옵소서. 세계 모든 족속에게 이 기쁨을 허락하여 주옵소서.

목사님을 주님의 능하신 장중에 붙드셔서 하나님의 말씀을 선포하실 때에 능력있게 하시고 말씀을 받는 저희들은 말씀에 순종하게 하옵소서. 부활하신 승리의 주님을 찬양하며, 우리 주 예수 그리스도의 이름으로 기도드립니다. 아멘

(희)

절기예배 기도문 (부활주일)

[찬양] 사탄의 권세를 멸하시고 부활하신 주님을 찬양하며 이 놀라운 일을 이루신 하나님 아버지께 영광과 존귀와 찬송을 올려 드립니다. 주님 부활하신 이 복된 날 저희들이 기쁨으로 드리는 찬양의 제사를 받아 주옵소서. 이 시간 드리는 예배가 하나님을 영화롭게 하는 신령과 진정의 예배 되게 하시고, 예배하는 모든 사람들이 부활하신 주님을 믿음으로 만나는 복된 시간 되게 하여 주옵소서.

[감사] 은혜가 무한하신 하나님 아버지, 하나님의 크신 은혜와 사랑을 받을 만한 아무런 자격이 없는데도 저희들을 사랑하셔서 주님의 십자가와 부활을 통해 구원해 주시니 감사합니다. 또한 연약하고 미련한 저희들에게 직분과 사명을 맡겨 주셔서 주님의 거룩한 사역에 동참케 하시니 참으로 감사합니다. 이런 크나큰 사랑과 은혜를 입고도 저희들은 여전히 세상을 사랑하며 세상 것에 얽매여 부끄러운 삶을 살아가고 있습니다. 주님, 용서하여 주시고 저희들을 권고하셔서 은혜받은 자로서 하나님을 영화롭게 하는 삶을 살 수 있도록 믿음과 능력을 더하여 주옵소서. 부활의 증인되게 하옵소서.

[승리하는 삶을 위해] 하나님 아버지, 이 땅에는 실패와 좌절을 겪으며 실의와 낙심 속에 살아가고 있는 많은 사람들이 있습니다. 무거운 짐을 지고 고통 속에서 살아가는 인생들이 있습니다. 이들을 불쌍히 여기셔서 찾아가 주옵소서. 그래서 저들이 주님 안에서 위로받고 새힘을 얻으며 소망을 품고 일어나 승리의 삶을 살아가게 하여 주옵소서.

단위에 세우신 목사님께 능력과 은혜를 더하여 주셔서 이 시간 주의 말씀을 들을 때에 하나님의 거룩한 임재를 체험케 하옵소서.

우리의 생명되신 예수 그리스도의 이름으로 기도드립니다. 아멘 (희)

절기예배 기도문 (어린이주일)

[감사와 고백] 어린이를 사랑하시는 하나님 감사합니다. 어린이를 품에 안으시고 손을 얹어 복 주시는 하나님의 사랑을 감사드립니다. 순전하지 못하고 깨끗하지 못한 저희를 하나님의 자녀로 불러 주시고 의롭다 칭하여 주시니 감사를 드립니다.
  그러나 하나님 앞에서 주의 자녀답게 살지 못하고 때로는 우리의 생각대로, 우리의 고집대로 행하였음을 고백합니다. 이 시간 우리의 곧은 목과 뻣뻣한 마음을 고쳐 주시고 저희의 심령을 어린아이와 같은 순결함과 거룩함으로 채워 주옵소서.

[가정을 위해] 어린이를 통하여 천국의 비밀을 가르쳐 주신 주님, 겸손히 자신을 낮추며 전적으로 주님만 의뢰하는 어린이와 같은 믿음을 주옵소서. 각 가정에 하나님이 함께해 주셔서 말씀으로 자녀들을 양육하게 하시고, 자녀들은 부모님께 순복하게 하시며, 주님을 가정의 주인으로 모시고 온 가족이 하나님께 영광돌리게 하옵소서. 그래서 우리 가정을 통하여 그리스도의 복음의 향기가 전파되게 하시고 구원 얻는 이웃들이 늘어나게 하옵소서.

[어린이를 위해] 하나님 아버지, 교회학교의 어린이들을 기억하여 주옵소서. 이들의 믿음이 그리스도의 장성한 분량에 이르기까지 성장하게 하시고, 예수 그리스도를 아는 일과 믿는 일에 하나가 되어서 신앙의 뿌리 깊은 그리스도인들이 되게 하옵소서. 성전의 사무엘같이, 용감한 믿음의 다윗같이, 말씀으로 양육받은 디모데같이 잘 배우고 훌륭하게 자라서 교회와 나라를 이끌어갈 수 있는 귀한 일꾼들 되게 하옵소서.
  어린이의 친구이신 예수님의 이름으로 기도합니다. 아멘 (곤)

141
절기예배 기도문 (어린이주일)

[감사와 고백] 어린이들을 사랑하시는 주님, 오늘 어린이주일을 맞이하여 하나님 앞에 나오게 하심을 감사드립니다. "누구든지 내 이름으로 어린아이 하나를 영접하면 곧 나를 영접한 것이라"고 하신 주님의 말씀을 기억합니다. 순수한 마음으로 주님을 사랑하는 보배같은 어린이들의 예배를 받아 주옵소서.

하늘나라의 보물같은 아이들을 저희에게 맡겨 주셨는데 이들을 진리의 말씀으로 철저하게 먹이지 못하고 우리의 뜻대로, 우리의 생각대로 기를 때가 더 많았음을 고백합니다.

[간구] 주님께서 지으시고 사랑하시는 이들을 하나님의 형상을 지닌 귀한 보배로 여기며, 그들 속에 주께서 형성하신 깨끗한 믿음과 정직한 영과 자신을 낮추는 겸손한 마음이 잘 성장하도록 돕는 저희가 되게 하옵소서. 교회와 나라를 생각하며 믿음으로 꿈꾸는 어린이들의 소망을 잘 발견하여 주님께서 이들을 통하여 하나님의 뜻을 이루어가실 수 있도록 돕는 저희가 되게 하옵소서.

특별히 이들을 위해 기도하며 수고하시는 교회학교 선생님들과 함께 하셔서 그들의 노고를 위로하시고 하늘나라의 상급을 허락하여 주옵소서. 부모들은 자녀들에게 참 믿음의 본이 되게 하시고, 온 집으로 더불어 하나님만 섬기는 고넬료의 가정과 같이 믿음의 가정이 되게 하여 주옵소서. 하나님, 이 땅 위에는 소외받고 눈물 흘리는 많은 어린이들이 있습니다. 또 먹을 양식이 없어서 쓰러져 가는 북한의 아이들도 있습니다. 주님의 교회를 통하여 이들이 빛을 보게 하시고 기쁨을 발견하게 하시고 도움을 받을 수 있는 문을 열어 주옵소서.

예수님의 이름으로 기도합니다. 아멘 (곤)

142
절기예배 기도문 (어린이주일)

[찬양] 어린아이들이 다가올 때에 성가시다고 내쫓으려는 제자들을 향하여 우리 주님은 "너희가 어린아이들같이 되지 아니하면 결단코 하늘나라에 들어가지 못하리라"고 말씀하셨습니다. 그만큼 어린이를 사랑하신 우리 주님을 이 시간 찬양합니다.

[참회] 어린이주일을 보내면서 주님의 말씀을 기억하며 우리가 진정 어린이를 사랑하였는지 돌아보게 하옵소서. 아니 우리 자신이 어린아이와 같이 마음이 겸손하고 순수하였는지 돌아보니 실로 부끄러운 것뿐입니다. 우리의 마음은 죄악과 욕심으로 얼룩져 있습니다. 높은 마음으로 교만의 봉우리를 넘나들고 있습니다. 주님, 주님의 말씀처럼 어린이의 모습에서 우리의 신앙을 배우게 하옵소서. 다시 우리의 믿음이 정립되게 하옵소서.

하나님 아버지, 또 한편 아버지께서 맡겨주신 우리 어린이들을 잘 양육하였는지 돌아봅니다. 이 역시 주 앞에 송구한 마음 금할 수 없습니다. 주의 말씀과 교훈으로 이들을 잘 양육할 책임이 있음에도 우리는 그것을 다하지 못했습니다. 말과 행위와 신앙에 모범이 되어야 함에도 불구하고 그러지 못했음을 인정하오니 우리를 긍휼히 여겨 주옵소서.

[간구] 이제는 주께 더욱 그들의 모든 것을 의탁합니다. 주께서 친히 가르치시고 키워 주옵소서. 이 어린이들이 험악한 세상에서 믿음으로 자랄 수 있도록 인도해 주옵소서. 바울이 디모데를 기른 것 같이 이 어린생명들을 주님의 든든한 일꾼으로 세워 주옵소서. 이들이 자라나서 나라와 교회의 일꾼이 될 때 지금과 같은 불의와 부정, 부패와 가식이 줄어든 보다 아름다운 세상이 되게 하옵소서.

예수님의 이름으로 기도드립니다. 아멘

(식)

143
절기예배 기도문 (어린이주일)

[예배와 감사] 영광과 찬송을 받으시기에 합당하신 하나님, 이 시간 우리의 마음과 정성을 다하여 기도드립니다. 우리의 찬송을 받으시고 우리의 간구에 능력으로 역사하여 주옵소서. 성령의 강한 역사가 일어나게 하시며 주께서 받으실 만한 향기로운 예배가 되게 하옵소서.

하나님, 오늘은 특별히 우리가 어린이주일로 지키게 하심을 감사드립니다. 어린이를 사랑하시고 어린이를 우리에게 허락하신 하나님께 감사드립니다.

[순수한 믿음 얻기를 위해] 보리떡 다섯 개와 물고기 두 마리를 주님께 바치던 벳새다 들판의 어린이의 순수한 믿음과 헌신을 배우게 하옵소서. 우리 어른들은 스스로 계산하고 또한 이기적인 욕심으로 가득 차서 하나님의 영광을 바라보지 못할 때가 많습니다. 그리하여 주께 드려야 할 것을 드리지 못함으로써 기적을 체험하지 못하는 어리석음에 머무를 때가 많습니다. 내 자신의 경험과 상식과 이성에 매여 하나님의 역사를 바라보지 못하는 자가 되지 말게 하옵소서. 그저 부모님을 믿으며 그 부모는 모든 것을 할 수 있으리라고 생각하며 평안히 웃으며 사는 어린이처럼, 우리 하나님만 계시면 모든 것이 잘 되리라는 믿음으로 감사와 평안의 삶을 살아가게 하옵소서.

[말씀으로 은혜받기 위해] 하나님, 오늘 이 어린이주일에도 주의 말씀을 강물처럼 흐르게 하옵소서. 말씀으로 역사하시어 말씀이 부족하여 기갈된 이 세상에 풍성한 주의 은혜가 넘쳐 흐르게 하옵소서. 우리의 영이 살게 하옵소서. 참된 회개의 역사가 일어나게 하옵소서. 성령의 기름부음이 나타나게 하옵소서.

예수님의 이름으로 기도드립니다. 아멘 (식)

144
절기예배 기도문 (어린이주일)

[감사] 거룩하신 하나님, 하나님의 이름에 합당한 영광을 올리기를 원합니다. 사랑하는 외아들을 이 땅에 보내사 우리의 죄악을 사하여 주시고 우리를 영원히 살아가게 하심을 감사드립니다.

[어린아이와 같은 믿음을 갖기 위해] 수고하고 무거운 짐을 지고서 허덕이며 살아가는 우리들에게 평안과 기쁨과 안식을 주신 주님, 이제 우리가 어린아이처럼 순종하는 모습으로 주의 품에 안기기를 원합니다. 주께서 허락하시는 말씀의 꿀을 먹고 주께서 인도하시는 길을 걸어가며, 주께서 허락하신 생명수를 마시는 진정 행복한 하나님의 어린이가 되게 하옵소서.

거룩하신 아버지 하나님, 우리는 순종하지 못하고 인내하지 못하고 아버지 품에 온전히 안기지 못하여서 아이만한 믿음도 가지지 못하였음을 고백합니다. 주님의 음성을 듣고 마음문을 열고서 그 품에 안기게 하옵소서. 우리들에게 새로운 힘을 주셔서 진정 주님이 원하시는 삶을 살아가게 하옵소서. 부모가 말씀하면 그대로 지키는 어린아이처럼 늘 말씀보고 늘 기도하며, 복음을 증거하여 진실로 아버지의 원하시는 생활이 이어지게 하옵소서.

아이가 장성하는 것처럼 우리의 믿음도 자라고, 우리의 사랑도 자라고 우리의 소망도 이루어지게 하옵소서. 이 어린이주일에 드리는 기도와 간구가 후년의 어린이주일을 맞이하여 되돌아볼 때 이루어져 기쁨이 충만하게 되기 원합니다. 그리하여 더욱 하나님 아버지 안에서 기쁨이 충만한 생활을 하게 하옵소서.

예수님의 이름으로 기도드립니다. 아멘 (식)

절기예배 기도문 (어린이주일)

[감사] 사랑이 풍성하신 하나님 아버지, 죄와 허물로 죽을 수밖에 없었던 저희들을 다시 살리사 영원한 생명으로 새롭게 태어나게 하시니 감사와 영광을 돌려 드립니다.

[참회] 하나님 아버지, 주께서 우리에게 새생명을 주셔서 새사람으로 살게 하셨는데 아직도 구습을 버리지 못하고 세상과 하나님 사이를 오가며 살고 있는 우리의 연약함과 허물을 용서하여 주시기를 원합니다. 이 시간 주님 전에 모여 예배할 때에 주께서 저희 가운데 성령으로 임재하셔서 주님 안에 있는 새생명의 은혜를 다시금 풍성히 누리는 복된 시간 되게 하여 주옵소서. 그래서 세상 헛된 것들을 버리게 하시고 영원한 것으로 소망을 삼고 살아갈 수 있도록 인도하여 주옵소서.

[자녀들의 믿음을 위해] 하나님, 오늘은 어린이주일로 구별하여 지키는 날입니다. 예수님께서 이 땅에 계실 때 어린이를 안고 축복하시고 어린아이가 내게 오는 것을 금하지 말라 하신 말씀을 기억하며 어린이를 기뻐하셨던 주님의 뜻을 되새기는 날이 되게 하여 주옵소서. 우리 속에 주님께서 기뻐하시는 어린아이같은 순전함과 정직하고 깨끗한 마음을 부어 주시고, 우리의 믿음이 어린아이같이 주님만을 바라며 따라가는 믿음 되게 하여 주옵소서.

성도들 가정의 자녀들을 복되게 하셔서 믿음 안에서 잘 자라서 하나님나라 건설을 위한 좋은 일꾼들로 쓰임받게 하옵소서. 이 일을 위하여 자녀들을 믿음 안에서 말씀과 교훈으로 바르게 양육하도록 도와 주옵소서. 기도하는 부모 되게 하시고 믿음의 본이 되며, 말씀 속에서 신앙의 바른 길잡이가 되게 하여 주옵소서. 이 시간 주의 사자를 통하여 하나님 말씀을 들을 때 우리의 심령이 새로워지게 하옵소서.

귀하신 예수님의 이름으로 기도드립니다. 아멘

(희)

절기예배 기도문 (어린이주일)

[감사와 찬양] 우리의 소망이시요 기쁨 되시는 하나님 아버지, 계절은 하나님의 섭리에 순응하여 날로 푸르름을 더해가고 있습니다. 하나님의 뜻을 거스리며 불순종 속에 살아가고 있는 인생들이 하나님의 뜻에 순종하는 자연에게서 교훈을 얻게 하여 주옵소서.

오늘은 어린이들을 귀한 선물로 주심을 감사하며 축복하는 어린이주일로 지키는 날입니다. 새로운 계절들을 허락하셔서 우리를 풍성케 하실 뿐 아니라 새로운 생명들을 저희들 가운데 보내 주심으로 희망 속에 살게 하신 하나님의 은혜와 사랑에 감사와 찬송을 드립니다. 오늘 저희들이 날마다 새로운 은혜를 베풀어 주시는 하나님 앞에 감사의 예배를 드릴 때 기뻐 받으시고 예배하는 저희들 가운데 하나님의 영광을 나타내 주옵소서.

[신앙에 본이 되는 부모가 되기 위해] 하나님 아버지, 저희들 가정에 맡기신 하나님의 귀한 선물을 믿음 안에서 말씀으로 가르치며 양육할 수 있도록 지혜와 믿음을 더하여 주옵소서. 저들이 자라갈 때에 하나님을 영화롭게 하는 것이 가장 값지고 가치있는 삶인 것을 알게 하시고, 믿음 안에 깊이 뿌리를 내리며 평생을 주님과 동행하게 하옵소서.

이 일을 위하여 먼저 가정에서 부모들이 신앙의 모범을 보일 수 있도록 도와 주시고, 교회가 저들의 영혼에 깊은 관심과 책임감을 가지고 가르치고 훈련시키기에 부족함 없도록 하여 주옵소서. 이들을 가르치는 교사들에게 지혜와 사랑으로 충만하게 하시고 성령으로 함께하셔서 주님의 마음으로 아이들을 지도할 수 있도록 도와 주옵소서. 믿음의 자녀들이 바르고 곧게 자라서 이 땅에 그리스도의 계절이 오게 하는 소망의 꽃들이 되게 하여 주옵소서.

하나님의 말씀을 들을 때 저희의 마음밭이 옥토되어 30배, 60배, 100배 결실을 맺길 원하며, 예수님의 이름으로 기도드립니다. 아멘 (희)

147
절기예배 기도문 (어린이주일)

[감사] 생명의 주가 되시는 하나님, 오늘도 주님 앞에서 예배하는 복된 날을 주시니 감사합니다. 그러나 거룩한 주님 전에 설 때마다 드러나는 저희들의 허물과 죄로 인해 부끄럽고 죄송스러운 마음을 금할 수 없습니다. 용서하여 주시고 그리스도 예수의 보배로운 피로 정결케 하셔서 거룩하신 하나님 앞에 예배하기에 합당한 심령되게 하옵소서.

[하나님만 의지하는 삶을 위해] 오늘은 어린 생명들을 선물로 주신 것을 하나님께 감사하며 어린이주일로 지키는 날입니다. 아이를 품에 안으시고 누구든지 이 아이와 같지 아니하면 결단코 천국에 들어갈 수 없다고 하셨던 예수님의 말씀을 기억합니다. 엄마의 젖을 의지하여 생명을 보전하는 어린아이처럼 저희들의 삶이 주님의 말씀을 의지하는 삶이 되게 하시고, 부모의 그늘 아래서 평안을 누리는 아이들처럼 주님 안에서 참 평안을 누리는 저희들이 되게 인도하여 주옵소서. 부모의 사랑 하나로 만족함을 누리는 아이처럼 하나님 한 분으로 만족을 누리며 사는 저희들이 되게 하여 주옵소서.

[어린이들의 장래를 위해] 하나님, 오늘 이 땅의 어린이들이 처해있는 환경과 상황들을 바라보면 참으로 염려가 됩니다. 하나님 없는 사탄의 문화에 무방비 상태로 노출된 채 하나님을 배우기 보다는 세상의 타락되고 악한 것들을 먼저 배우고 있습니다. 교회가 이 땅에 그리스도의 문화를 세우지 못한 것을 회개합니다. 용서하여 주시고 이제라도 교회가 세상의 빛과 소금되어 이 땅의 썩어짐을 막을 수 있도록 능력을 부어 주옵소서. 그리스도의 가정에서 또 교회에서 말씀과 신앙으로 훈련받으며 자라나는 아이들을 복되게 하셔서 이들이 그리스도 안에서 장래에 이 땅의 희망이 되게 하소서.

예수님의 이름으로 기도드립니다. 아멘   (희)

148
절기예배 기도문 (어버이주일)

[감사] 은혜로우신 하나님 아버지, 5월의 화사한 햇빛과 신록의 나무와 온갖 자연의 풍요로운 선물을 주심을 감사드립니다. 특별히 우리 가정을 주시고 사랑하는 자녀와 인자하신 부모님을 허락하심을 진심으로 감사드립니다.

[참회] 오늘 어버이주일을 맞아 이 시간 부모님을 위해 기도드립니다. 저희 부모님들은 눈물로 기도하며 지극한 사랑으로 저희를 길렀습니다. 그러나 낳으시고 기르시며 애쓰시는 그 사랑과 정성에 감사하지 못하고 어버이의 가르침에 불순종하는 저희들입니다. 용서해 주시고 어버이의 마음을 기쁘게 하는 자녀들이 되게 하옵소서.

[부모님들을 위해] 우리의 기도를 들으시는 주님, 우리 부모님 가운데는 몸이 연약하여 힘을 잃고 계신 분이 있습니다. 자녀의 불순종으로 슬픔에 빠진 분도 있습니다. 주님의 위로와 풍성한 은혜로 함께하여 주옵소서. 영육간에 강건함을 주시고 심령에 평강을 더하시며 하나님의 긍휼로 보살펴 주옵소서.

이 땅 위에 사라져 가는 부모 공경의 도의를 다시 세워 주시고 "네 부모를 공경하라"고 하신 하나님의 계명을 준수하게 하옵소서. 연로하신 부모님을 여전히 공경하며 정성으로 모시게 하시고, 자녀에게 효의 본을 보이게 하옵소서. 무엇보다 부모님의 믿음을 견고하게 하시고, 하늘나라를 향한 소망으로 여생을 찬양하며 살게 하옵소서.

하나님께서 저희 가정의 주인이 되셔서 다스려 주시고, 부모님을 공경하며 형제간에 우애하며 자자손손 예수 믿는 가정으로 삼아 주옵소서.

예수님의 이름으로 기도합니다. 아멘 (곤)

149
절기예배 기도문 (어버이주일)

[감사와 참회] 영화로우신 하나님 아버지, 저희들에게 좋은 어버이를 허락하시고 그 은혜와 사랑에 감사하며 어버이주일로 지키게 하시니 감사합니다. 우리 부모님을 생각만 해도 자식으로서 부끄러움을 감출 수가 없습니다. 저희는 부모님의 자식을 향한 한결같은 사랑과 깊은 마음을 헤아리지 못하고 탕자와 같이 부모님의 마음을 상하게 하고 불순종하였습니다. 저희의 불효를 용서해 주시고, 다시금 부모님의 마음을 깊이 깨달을 수 있도록 도와 주옵소서.

[부모님과 가정을 위해] 좋으신 하나님, 저희 부모님에게 은총을 내려 주옵소서. 먼저 하나님의 법을 늘 기억하게 하시고 마음을 다하고 뜻을 다하여 하나님을 섬기게 하옵소서. 장수의 복을 주시고 평강의 복을 주시며, 하나님과 사람 앞에서 귀중히 여김을 받게 하옵소서. 하나님이 행하신 일을 기억하고 찬양하며 기도하는 부모님 되게 하옵소서.

오늘날 많은 가정이 허물어지고 있습니다. 가족간에 대화가 사라지고 자식은 부모를 불신하고 부모는 자식을 사랑과 훈계로 양육하지 않는 모습을 봅니다. 우리의 가정에 가족간의 사랑과 신뢰가 회복되게 하시고, 각자 자기의 자리를 지키게 하시며 책임과 본분을 알고 행하게 하옵소서. 무엇보다도 주님이 우리 가정의 주인이 되셔서 가정을 지켜 주시고, 말씀의 반석 위에 가정의 기초를 세우고 믿음과 사랑과 화평을 이루는 복된 가정이 되게 하옵소서. 오늘 어버이주일에 주시는 그 말씀으로 자녀된 저희들은 어버이에게 도리를 다하게 하시고, 예수님께서 하나님께 순종하신 것을 본받아 주님의 자녀다운 삶을 살게 하옵소서.

예수님의 이름으로 기도드립니다. 아멘   (곤)

150
절기예배 기도문 (어버이주일)

[감사와 참회] "네 아버지와 어머니를 공경하라 이것이 약속있는 첫 계명이니 이는 네가 잘 되고 땅에서 장수하리라." 이미 하나님께서는 과거 이스라엘에게 주신 십계명 중에서도 사람간의 지킬 첫 계명으로 말씀하신 것은 바로 부모님에 대한 공경이었습니다. 우리가 이것을 기억하며 오늘 어버이주일을 지키게 하심을 감사드립니다. 하나님, 우리에게 좋은 어버이를 허락하신 것을 진심으로 감사드리며, 그분들께 효와 사랑을 다하지 못했음을 고백하오니 용서해 주옵소서.

[효도하는 자녀되기 위해] 이제 주 안에서 어버이를 공경하는 아름다운 마음씨를 우리에게 허락하옵소서. 그리고 참된 효도가 무엇인지를 잘 깨닫게 하옵소서. 물질로 잘 공경하고 마음으로 잘 섬기는 것도 중요하지만 신앙 안에서 또다른 중요한 효와 본분이 있음을 우리는 압니다. 아직 믿음의 길에 들지 못한 부모님께는 주의 말씀으로 주 앞으로 인도하여 영원한 생명을 얻게 하는 것보다 더 큰 효도는 없으며, 이미 믿음의 좋은 모본을 보이시는 부모님께는 우리가 부모님을 따라 열심히 신앙생활하는 것이 가장 귀한 효인 줄 믿습니다. 우리 모두가 이것을 잘 지킴으로써 진실로 영원하신 아버지 하나님께서 기뻐하시는 삶을 살아가게 하옵소서.

우리가 늘 깨어 그분들의 영혼과 육신을 위하여 겸손히 기도하게 하시고, 은총을 향해 깨어 있는 어버이의 지고한 믿음이 우리 속에 면면히 살아 흐르게 하옵소서. 우리의 가정들이 하나님 제일주의로 사는 믿음의 가정이 되게 하옵소서.

예수님의 이름으로 기도드립니다, 아멘! (식)

151
절기예배 기도문 (어버이주일)

[감사와 영광] 생명의 주인되신 여호와여, 주의 이름 앞에 영광과 찬송을 올립니다. 지금 이 시간도 그 사랑의 은혜에 감격하여 우리로 하여금 주님 앞에 설 수 있도록 우리의 생명을 지켜 주시니 감사합니다. 우리를 주의 은총의 제단 앞에 세워 주셨사오니 십자가의 은혜로 깨끗하게 하옵소서. 하나님, 오늘은 특별히 우리에게 육신의 어버이를 주심을 감사드리며 주님 앞에 감사의 제단을 쌓습니다.

[어버이를 위해] 우리 가정에도 우리를 낳으시고 지켜 주신 어버이가 계시고, 우리 교회에도 여러 연로하신 어른들이 계십니다. 참생명의 어버이되신 하나님께서 이분들을 기억하시고 지켜 주시기를 원합니다. 이분들의 삶이 주님의 은총 가운데서 빛나게 하시고 이분들의 선한 소망이 이루어지게 하소서. 이분들의 귀한 믿음이 우리 후손들에게 전해지게 하옵소서.

[빛의 자녀가 되기 위해] 우리의 가슴속에 물 흐르듯이 넘쳐 흐르는 어버이들이 지키고 가꾸신 사랑과 진리가 이제 열매맺게 하옵소서.

하나님 아버지, 우리로 빛을 바라보게 하여 주옵소서. 우리의 세상을 향한 욕심 때문에 멀었던 눈이 진리로 가르치신 주님의 은총에 깨달음을 받고 진리의 빛을 보게 하옵소서. 세상의 어두운 면만을 보고 자신을 죽여가는 생활이 아니라, 오히려 강렬한 주의 빛으로 어두움이 물러가게 하는 능력의 길에 들어가기를 원합니다. 진실로 사랑하는 우리의 어버이가 계신 것을 감사하는 만큼 우리 모두가 하나님의 빛의 자녀가 되게 하옵소서.

예수님의 이름으로 기도드립니다. 아멘 (식)

152
절기예배 기도문 (어버이주일)

[감사와 고백] 우리를 지키시고 지금도 불꽃같은 눈동자로 보호하여 주시는 하나님 아버지의 은혜를 감사드립니다. 우리가 아직 죄인되었을 때에 하나님께서 우리를 먼저 보시고 긍휼히 여기시며 사랑하셔서 독생자의 구속의 은혜를 입게 하셨습니다. 그러므로 우리는 마땅히 그 은혜에 감격하여 살아야 함에도 불구하고 그렇게 살지 못했음을 고백합니다. 아직도 죄의 길을 고집하며 아집에 집착하니 아버지 보실 때 너무나도 완고한 자들입니다. 아버지여, 용서하여 주옵소서.

[순종하는 자녀되기 위해] 오늘 어버이주일을 맞아 어버이 은혜를 생각하면서, 더 크고 놀라우신 하늘 아버지의 사랑도 깨닫게 하옵소서. 우리에게 주신 육의 어버이를 기쁘게 하는 만큼 하늘 아버지께서도 기뻐하실 줄 믿습니다. 우리의 부모님께 당연히 순종하는 삶을 살되 주안에서 순종하도록 도와 주시고, 더 나아가서 하늘 아버지의 말씀과 요구에 더욱 순종하는 삶을 살아가게 하옵소서. 그리하여 오늘 우리 교회에 모인 모든 성도들이 하늘 아버지 보시기에 합당한 자들이 되어 능력있게 주의 주신 일을 잘 감당하고 어두운 역사에 진리의 불빛을 비추는 등대 되게 하옵소서.

[간구] 오늘도 우리에게 필요한 영의 양식을 풍족히 내려 주시기를 원합니다. 말씀을 대언하는 목사님께 영력을 칠 배나 더하여 주옵소서. 말씀을 통해 우리의 심령과 골수가 갈라져서 통회하고 자복하여 더욱 아버지의 자녀로서 합당한 자들이 되게 하옵소서.

예배의 시종을 주님께 의탁하오며, 우리를 구원하신 예수님의 이름으로 기도드립니다. 아멘.

(시)

153
절기예배 기도문 (어버이주일)

[감사와 예배] 하나님 아버지, 죄악으로 멸망받을 수밖에 없는 저희들을 고아처럼 버려두지 아니하시고 그리스도 예수 안에서 구원받은 주의 자녀 되게 하신 은혜를 생각할 때 참으로 감사합니다. 하나님의 무한하신 자비와 긍휼로 인해 거룩한 자녀된 주의 백성들이 그 은혜에 감격하여 주님 앞에 나아가오니 우리의 예배를 받아 주옵소서.

[간구] 하나님 아버지, 오늘은 특별히 교회가 제정한 어버이주일로 지킵니다. 하나님께서 맡기신 자녀들을 하나님이 기뻐하시는 뜻대로 잘 양육할 수 있도록 지혜와 능력을 더하여 주옵소서. 자녀들을 대할 때마다 참 어버이 되시는 하나님이 계심을 기억하게 하시고 우리가 하나님의 자녀를 맡아 기르는 청지기임을 잊지 않게 하옵소서. 그래서 자녀를 늘 기도와 말씀을 따라 훈계하게 하시고 주장하는 마음과 욕심으로 대하지 않게 하여 주옵소서.

[부모를 공경하는 자녀되기 위해] 하나님 아버지, 이 땅의 자녀된 자를 권고하셔서 하나님께서 세우신 부모를 주 안에서 순종하게 하시고, 참 마음과 정성으로 섬기며 공경하기에 부족함 없게 하여 주옵소서. 육신의 어버이를 섬길 때마다 우리가 섬겨야 할 영원한 아버지가 계심을 기억하게 하옵소서. 그래서 부모를 전심으로 섬기는 자에게 허락하신 복된 약속을 이 땅에서 누리는 것뿐 아니라 하나님 아버지를 믿음으로 공경함으로 영원한 하늘나라의 복과 상급을 받게 하여 주옵소서.

말씀의 선포자로 세우신 목사님에게 큰 은혜와 능력을 더하셔서 하늘의 비밀한 말씀을 선포하기에 조금도 부족함 없게 하옵소서. 말씀을 듣는 저희들에게 사모하는 심령과 순종의 영을 부어 주셔서 말씀대로 살아 하나님을 영화롭게 하는 자들 되게 하여 주옵소서.

거룩하신 예수님의 이름으로 기도드립니다. 아멘 (희)

절기예배 기도문 (어버이주일)

[감사] 사랑과 자비가 무한하신 하나님 아버지, 만물이 생명의 기운을 마음껏 발산하는 아름다운 계절에 우리의 삶을 그리스도 예수 안에서 복되고 아름답게 하시니 감사와 영광을 돌려 드립니다. 주님 주시는 이 은혜와 복이 헛되지 않도록 저희에게 믿음과 지혜를 더하여 주시고 날마다 성령께서 저희 마음과 길을 인도하여 주옵소서. 그래서 우리의 삶이 하나님을 영화롭게 하는 삶이 되게 하여 주옵소서.

[간구] 하나님 아버지, 이 땅의 많은 사람들이 자기의 근본을 알지 못한 채 우리를 창조하신 하나님을 믿지도 아니하며 섬기지도 않고 있습니다. 저들의 어리석음과 영적인 무지를 용서하여 주시고, 저들 속에 인간의 근본을 알아서 생명의 근원 되시는 하나님을 감사함으로 섬길 수 있도록 함께하여 주옵소서.

[부모를 공경하는 자녀되기 위해] "네 부모를 공경하라 그리하면 너의 하나님 나 여호와가 네게 준 땅에서 네 생명이 길리라"고 약속하신 하나님, 오늘은 교회가 정한 어버이주일입니다. 주 안에서 부모에게 순종하며 부모를 섬기는 것이 마땅한 자녀의 도리임을 다시금 되새기는 시간 되게 하시고, 육신의 부모와 함께 영원한 아버지 되시는 하나님을 섬기는 일이 얼마나 귀한 일인지를 깨닫게 하여 주옵소서.

자녀를 향한 수고와 눈물과 땀이 헛되지 않게 하여 주옵소서. 또한 우리를 자녀 삼으시고 사랑으로 돌보시는 하늘 아버지의 사랑을 깊이 체험하는 은혜를 주옵소서. 이 땅의 모든 자녀에게 부모를 향한 사랑의 섬김의 길을 가르치시고 영원한 아버지를 믿음으로 섬기는 도를 알게 하여 주옵소서. 목사님을 권능으로 붙드셔서 말씀을 통해 하나님의 우리를 향하신 온전한 뜻을 깨닫게 하옵소서.

귀하신 예수님의 이름으로 기도드립니다. 아멘 (희)

절기예배 기도문 (어버이주일)

[감사와 예배] 우리에게 생명을 주시고 또한 풍성하게 누릴 수 있도록 은혜와 사랑으로 인도하시는 하나님께 영광과 존귀를 돌려 드립니다. 이 시간 그리스도 예수 안에서 죄사함 받고 하나님을 아바 아버지라 부를 특권을 얻은 주의 백성들이 주님 행하신 놀라운 일들을 자랑하며 찬양하기 위하여 모였사오니, 주께서 저희 가운데 성령으로 임재하셔서 저희의 드리는 감사의 제사를 받아 주옵소서.

[부모에게 순종하는 자녀되기 위해] 오늘은 이 땅의 어버이의 사랑과 노고를 기억하는 어버이주일입니다. 부모들이 밤낮으로 수고하며 노심초사 자녀에게 쏟은 사랑과 정성들이 헛되지 않게 하시어 자녀들이 아름다운 열매로 결실을 맺게 하여 주옵소서. 자녀들 속에 부모의 사랑과 은혜를 깨달을 수 있는 마음을 주시고 깨달아 알 뿐 아니라 정성으로 섬기며 순종할 수 있는 사랑을 더하여 주시기를 원합니다. 주 안에서 믿음의 자녀들의 마땅한 도리인 부모를 순종으로 섬기게 하셔서, 어버이를 섬기는 자에게 약속하신 복을 누리며 사는 자녀들 될 수 있도록 주께서 함께하여 주옵소서.

[예수님을 본받기 위해] 하나님 아버지, 예수님께서 이 땅에 계실 동안 하나님 아버지를 섬기며 온전히 그 뜻을 따라 행하신 본을 기억합니다. 그리스도의 순종과 섬김과 사랑을 본받는 저희들 되게 하여 주옵소서. 그래서 예수님께서 이루신 아버지를 향한 참된 도리를 알고 본받아 행함으로 바른 자녀 되게 하여 주옵소서.

주의 사자를 통해 말씀하실 때에 다시 한번 주의 뜻을 깨달아 아는 시간 되게 하시고, 하나님의 기뻐하시는 뜻을 따라 하나님을 섬기며 어버이를 공경하는 저희들 되게 하옵소서.

귀하신 예수님의 이름으로 기도드립니다. 아멘   (희)

절기예배 기도문 (성령강림절)

[간구] 나의 주, 나의 하나님, 우리의 경배와 찬양을 받아 주옵소서. 예배 가운데 좌정하셔서 우리를 다스려 주시고 하나님의 뜻을 알려 주옵소서. 이 시간 성령님을 보내시어 사슴이 시냇물을 갈급해 하듯이 목마른 심령들에게 성령의 단비를 부어 주옵소서. 오순절 다락방에 임했던 불같은 성령이여 오셔서 우리의 헛된 마음을 태워 주시어 거룩하고 새롭고 살아있는 주님의 마음으로 변화받게 하옵소서. 세상의 더러운 죄로 오염된 우리 심령을 순결하게 하옵소서. 완악하고 교만한 마음이 녹아지고 겸비케 하옵소서.

[은사 받기를 위해] 보혜사 성령님이시여, 성령의 은사를 각자의 필요대로 채워 주셔서 그 은사로 교회를 섬기고 덕을 세우며 그리스도의 아름다운 사역을 하게 하옵소서. 각 사람 위에 성령으로 말미암아 지혜의 말씀을 주시고 지식의 말씀을 주시고, 믿음과 병 고치는 은사와 능력 행함과 예언도 주옵소서. 무엇보다도 사랑의 은사를 허락하시어 온전한 사랑을 실천하게 하옵소서. 모든 성도들이 영으로 기도하고 마음으로 기도하며, 또 영으로 찬미하고 마음으로 찬미하게 하옵소서.

아버지 하나님, 우리가 살아갈 때에 성령을 좇아 행할 수 있게 하시어 육체의 욕심을 구하지 않게 하시고, 오직 성령의 아름다운 열매를 맺으며 살아가는 복된 성도들이 되게 하옵소서. 또한 우리 교회가 성령의 능력을 덧입어 담대하게 주의 복음을 전하게 하시고 성령의 놀라운 역사로 성장하고 부흥하게 하옵소서. 목사님에게도 성령충만하게 하셔서 능력있는 말씀을 전하게 하시고 마지막 때에 주님의 일에 귀히 쓰임받는 종이 되게 하옵소서.

예수님의 이름으로 기도합니다. 아멘 (곤)

절기예배 기도문 (성령강림절)

[감사와 참회] 은혜가 풍성하신 하나님 감사합니다. 저희들의 삶의 주인이 되시고 어머니가 자녀를 품음같이 저희를 품으시고 영원토록 동일하게 사랑해 주시니 감사를 드립니다.

그러나 주님의 뜻에 합당하지 못했던 잘못을 용서해 주시고, 알게 모르게 성령을 거슬린 죄들을 예수 그리스도의 보혈로 깨끗하게 하옵소서.

[성령의 임재를 위해] 오순절 다락방에 임하셨던 성령께서 오늘 여기에도 임하여 주셔서 우리 삶의 큰 능력이 되시고 생각과 마음을 감동시켜 주의 뜻 안에 거하게 하옵소서. 바람같이, 불의 혀같이 성령께서 임하셔서 세상의 험한 풍조를 거슬려 주님의 뜻을 좇게 하옵소서. 주의 길을 바르게 걷도록 하시고 기쁜 마음으로 주의 일을 하게 하시며 열심히 주의 법을 따라 행하는 종이 되게 하옵소서.

가뭄에 단비를 내리듯 성령의 단비를 저희들 심령에 내리시어 모두가 한마음으로 은혜 충만케 하시고 영원한 푯대를 향하여 쉬지 않고 달려가는 일꾼들이 되게 하옵소서. 함께 모여 기도할 때 성령께서 오셨던 것을 기억하며 우리도 늘 깨어 기도하게 하옵소서.

성령을 속이는 어리석은 죄를 범하는 자가 하나도 없게 하시며 말씀을 볼 때에 저희 심령의 눈이 열리게 하시고, 들을 때에 귀가 열리게 하시며, 입술을 열어 날마다 주를 찬양하는 희락도 허락하여 주옵소서. 우리 모두 성령충만하여 성령의 열매를 맺어 풍성한 삶을 살게 하옵소서. 다시 오실 주님을 만나뵐 그날까지 성령님께서 저희를 인도하여 주옵소서.

예수 그리스도의 이름으로 기도합니다. 아멘 (곤)

절기예배 기도문 (성령강림절)

[감사와 영광] 거룩하신 하나님 앞에 감사와 찬송과 영광을 올립니다. 죄 가운데 죽을 수밖에 없던 우리들이 생명의 새삶을 살아가게 하심은 주의 은혜인 줄 믿고 감사드립니다. 은혜와 진리 가운데서 더욱더 감사하며 살 수 있도록 우리를 도와 주옵소서.

하나님 아버지의 은혜는 주님의 십자가에서 나타났을 뿐만 아니라, 그 후에도 우리를 가르치시고 위로하시고 보호하시는 성령을 통해서 계속되고 있음을 믿습니다. 그 성령이 우리 교회를 세우시고 지탱하게 하시는 줄 믿습니다. 진리와 생명의 영이신 성령이 우리 마음과 생각을 아시는 줄 믿습니다. 거짓되고 불의한 것들을 드러내시고 사랑과 평화의 빛으로 우리를 인도해 주실 줄 믿습니다. 끝없는 속박과 고통속에서 살지 말게 하시고, 진리속에서 기뻐하며 사랑안에서 도우며 성령이 인도하시는 길을 걸어가게 하옵소서.

[성령충만을 위해] 거룩하신 하나님, 저희들은 성령의 역사를 믿고 기대합니다. 성령이여 오시옵소서. 초대교회에 불의 혀같이 갈라지며 놀라운 영적인 능력으로 충만하게 임했던 성령이 오늘 우리들에게도 나타나사 새로운 신앙의 부흥의 시대를 맞기 원합니다. 우리 사이에 가로막힌 담을 열게 하시고, 하나님과 우리 사이에도 놀라운 교통이 이루어지게 하소서. 그리하여 우리 교회와 가정과 우리의 마음속에 놀라운 평화와 기쁨이 충만하게 하소서. 우리가 성령의 능력을 힘입어 복음의 증인된 삶을 살게 하옵소서.

진리되신 예수 그리스도의 이름으로 기도드립니다. 아멘 (식)

159
절기예배 기도문 (성령강림절)

[감사] 우리를 사랑하시되 끝까지 사랑하시는 하나님 아버지, 그 은혜에 무한한 감사와 찬송을 드립니다. 우리는 주 앞에서 티끌만도 못한 존재이오나 우리를 만물 중에 가장 귀히 보시고 사랑하는 자녀로 삼으사 구속하여 영생의 길을 주시니 감사를 드립니다.

[성령충만을 위해] 하나님이시여, 우리는 마음으로는 주의 말씀 안에서 살기 원하지만 육신이 약하고 의지가 약하고, 무엇보다 믿음이 약한 연고로 그 뜻대로 살지 못함을 고백합니다. 열심으로 섬기고 기도하고 전도하여 이 거룩한 성전이 차고 넘쳐야 할 터인데 아직도 빈 자리가 많습니다. 주여, 용서하시고 성령을 우리에게 충만하게 부어 주옵소서. 그리하여 이 자리가 차고 넘치게 하옵소서.

"오직 성령이 너희에게 임하시면 너희가 권능을 받고 예루살렘과 온 유대와 사마리아와 땅끝까지 이르러 내 증인이 되리라"고 하신 주님의 말씀을 기억합니다. 성령이 임하여 우리를 이 말씀의 증인되게 하옵소서. 우리 모두가 변화하는 체험을 하게 하시고, 성령의 붙드심을 받아 능력있고 승리하는 그리스도인이 되게 하옵소서.

[교회를 위해] 하나님, 주님이 피로 값주고 세우신 교회를 기억하시고 지켜 주옵소서. 우리 주님은 완전하시지만 이 땅에 있는 교회는 너무도 약하다는 것을 주님이 아십니다. 성령의 끈으로 묶으시고 온전하게 지켜 주옵소서. 더욱 성장하고 성숙하게 하옵소서. 연합하고 일치하는 교회와 우리 성도들 되기를 원합니다. 찢기고 상한 심령 있으면 치유하여 주시고, 병약한 육신에도 치유의 역사가 일어나게 하옵소서.

예수님의 이름으로 기도드립니다. 아멘 (식)

160
절기예배 기도문 (성령강림절)

[감사와 예배] 상한 갈대도 꺾지 아니하시고 꺼져가는 심지도 끄지 아니하시며 오래 지탱하시고 돌보시는 하나님께 이 시간도 감사와 찬송을 드립니다. 그 은혜로 말미암아 오늘도 주의 제단 앞에 나아와 머리숙여 예배하게 하시니 감사드립니다. 이 예배가 아버지께 열납되는 예배되게 하옵소서. 그리고 무엇보다도 이 시간 주께서 우리에게 성령 부어 주심을 감사하는 예배로 드리게 하시니 더욱 감사드립니다.

[성령의 열매 맺기를 위해] 우리 모두가 성령충만하여 성령의 열매를 맺는 삶을 살아가게 하옵소서. 사랑과 희락과 화평과 오래참음, 자비와 양선과 충성과 온유와 절제가 우리 모든 성도의 삶에 골고루 나타나 이 교회와 역사에 오직 성령의 향기로 넘쳐나게 하옵소서. 그래서 진실로 하나님의 영광이 이 땅 위에 넘쳐 흐르기를 원합니다.

악한 세력들이 성령 아래서 힘을 잃게 하시고, 죽음과 절망의 그림자가 성령 안에서 구원의 기쁨과 소망으로 바뀌게 하여 주옵소서. 그래서 이 땅이 소망의 땅, 생명의 땅이 되게 하여 주옵소서.

하나님 아버지, 믿는 자는 오늘만을 사는 자가 아니라 내일을 소망하며 새시대, 새역사를 기대하며 살아가는 새나라의 주인공인 줄 믿습니다. 하나님의 나라, 그 영광스러운 통치가 나타날 때에 진실로 우리는 그 나라의 주인이 되어서 기쁜 찬송을 영원히 부르며 살게 될 줄로 믿습니다. 그러므로 오늘 비록 나그네와 같은 삶을 살지라도 영원을 바라보며 더욱 감사하며 살게 하옵소서.

예수님의 이름으로 기도드립니다. 아멘

(식)

절기예배 기도문 (성령강림절)

[감사] 만물을 주관하시는 하나님 아버지, 오늘은 성령께서 이 땅에 임하심으로 새로운 세계 역사의 장을 연 성령강림절입니다. 주께서 성령으로 이 땅에 오셔서 예수 그리스도의 십자가와 부활을 통하여 이루신 하나님의 구원의 역사를 든든히 세우시고, 구원의 감격을 누리며 확신과 능력으로 주님의 복음을 증거하며 사는 공동체인 교회를 세워 주심을 감사드립니다.

[성령충만하기 위해] 하나님 아버지, 주님의 약속한 것을 기다리며 기도했던 마가 다락방의 120문도를 기억합니다. 주님의 약속을 믿음으로 의지하며 기다릴 때 약속하신 성령이 온 집에 가득하게 임하며 각 사람의 머리 위에 불의 혀같이 내린 것처럼, 이 시간 성령의 임재를 기대하며 믿음으로 주를 바라보는 저희들 가운데도 다시 한번 성령충만의 체험을 허락해 주옵소서. 그리하여 교회를 새롭게 하시고 저희들이 믿음의 확신과 성령의 능력 위에 든든히 서게 하여 주옵소서.

저희들의 삶이 성령의 다스림을 받는 삶이 되기를 소원합니다. 성령께서 능력으로 임하셔서 절망 가운데 있는 자들에게는 소망을 주시고, 두려움 가운데 빠져 있는 자들에게는 기쁨을 주옵소서. 연약한 자들이 성령으로 말미암아 힘을 얻게 하시고, 주의 직분 맡은 자에게는 사명을 감당할 수 있도록 성령의 은사를 풍성히 내려 주옵소서.

세상은 악하고 거짓된 영의 지배 아래 놓여 있습니다. 주께서 이 땅을 성령으로 새롭게 하셔서 생명과 진리의 영의 지배를 받게 하여 주옵소서. 이 시간 예배할 때에 이 자리가 성령이 주시는 기쁨으로 가득 차게 하시고 모든 성도들의 심령이 예배하는 감격속에 잠기게 하옵소서.

우리 주 예수 그리스도의 이름으로 기도드립니다. 아멘 (희)

절기예배 기도문 (성령강림절)

[찬양과 예배] 어제나 오늘이나 영원토록 변함없는 사랑으로 저희들을 다스리시는 하나님께 찬양을 올려 드립니다. 오늘은 주님께서 부활하셔서 승천하시면서 제자들에게 약속하신 성령이 오순절날 제자들 가운데 강림하신 것을 기념하는 성령강림절입니다. 이 시간 예배할 때에 오순절날 제자들에게 임했던 성령께서 임재하셔서 그때 그 제자들이 경험했던 성령의 충만함을 저희들도 경험하는 은혜를 더하여 주옵소서.

[성령충만을 위해] 성령으로 말미암아 우리 가운데 기쁨이 넘치게 하시며, 성령의 능력으로 병든 자가 치료받게 하시고, 낙심하고 절망한 영혼들이 새힘을 얻고 회복되는 역사가 일어나게 하여 주옵소서. 성령의 조명하심으로 우리의 죄가 드러나게 하셔서 회개하게 하시고, 예수 그리스도에 대한 믿음과 천국의 확신이 분명해지게 하여 주옵소서. 또한 성령을 경험한 제자들이 주의 증인으로 살았던 것처럼 저희들도 이 땅에 살 동안 주님의 복음을 증거하는 증인된 삶을 살게 하여 주옵소서.

[간구] 은혜로우신 하나님 아버지, 우리가 마땅히 빌 바를 알지 못하나 친히 말할 수 없는 탄식으로 우리를 위해 대신 간구하시는 성령의 도우심으로 저희들이 하루하루 이 세상을 이기며 믿음으로 살아가는 줄로 믿습니다. 주께서 날마다 저희들 가운데 성령으로 임하셔서 저희를 인도해 주시고 주님 뜻을 따라 살아갈 수 있도록 지혜와 권능을 더하여 주옵소서. 교회를 새롭게 하셔서 교회가 교회 됨의 능력을 회복하게 하시고, 성도가 세상 중에 성도다움을 드러낼 수 있도록 도와 주소서.

사랑하는 목사님에게 성령으로 충만하게 하셔서 하나님의 말씀을 선포할 때에 저희 모두가 하나님의 말씀에 순종하게 하소서.

예수 그리스도의 이름으로 기도드립니다. 아멘   (희)

절기예배 기도문 (성령강림절)

[감사와 예배] 존귀하신 하나님 아버지, 이 어지러운 세상 속에서도 저희들을 보호하셔서 구별된 하나님의 자녀로 살 수 있게 하시니 참 감사합니다. 일생 동안 이 복된 길에서 떠나지 않게 하시고 저희들의 삶이 날마다 거룩함을 더해 갈 수 있도록 권고하여 주옵소서.

특별히 오늘은 예수님께서 약속하셨던 성령이 교회에 임했던 날을 기념하는 성령강림절입니다. 저희들이 이 시간 예배하며 주께 나아가오니 오순절 마가의 다락방에 임했던 성령께서 저희들 가운데도 충만하게 임하셔서 저희들을 다스려 주옵소서.

[주의 증인된 삶을 위해] "오직 성령이 너희에게 임하시면 너희가 권능을 받고 예루살렘과 온 유대와 사마리아와 땅 끝까지 이르러 내 증인이 되리라" 하신 말씀대로 땅 끝까지 복음이 증거되어 온 민족과 열방이 구원받기를 원하시는 주님의 뜻을 다시 한번 기억합니다. 그러나 오늘 우리들의 모습을 바라보면 주의 증인된 삶을 살기 보다 우리 자신의 안일과 기쁨을 위하여 살아가고 있는 부끄러운 모습임을 고백하지 않을 수 없습니다. 하나님, 용서하여 주시고 값없이 구원받은 생명의 빚진 자로 주님의 명령에 순종하는 삶을 살 수 있도록 우리 마음과 생각과 뜻을 주장하시고 인도하여 주옵소서. 어디에 있든지 어떤 삶을 살든지 늘 주님의 증인으로서의 사명을 잊지 않게 하시고, 우리 삶의 목표가 주의 영광을 드러내는 것에 맞추어지게 하여 주옵소서.

[간구] 목사님에게 말씀의 권능을 더하여 주셔서 하나님의 말씀을 들을 때에 주님 안에서 결심하고 헌신하며 살아갈 수 있도록 저희 각 사람의 심령을 주장하여 주옵소서.

귀하신 예수 그리스도의 이름으로 기도드립니다. 아멘   (회)

164
절기예배 기도문 (종교개혁주일)

[하나님께 영광] 우리를 사랑하시는 하나님 아버지께 영광과 존귀와 찬송을 올려 드립니다.

[고백] 저희들은 마땅히 아버지께 영광돌리는 삶을 살아야 했으나 그동안 땅의 것, 육의 것만 찾아 아버지의 영광을 가렸음을 고백합니다. 이 시간 진리의 성령께서 오셔서 우리 마음의 평안을 지켜 주시고, 탐욕과 욕망이 저희 심령을 지배하지 못하게 하시며 말씀을 거슬리는 육체의 욕심이 일어나지 않게 하옵소서.

[종교개혁의 정신이 지속되기를 위해] 마틴 루터를 들어 교회를 새롭게 하신 하나님, 오직 믿음으로 말미암아 의롭다 함을 얻는 올바른 진리를 가르쳐 주신 그 은혜를 감사드립니다. 그러나 말씀 위에 서지 못하고 세상의 물질과 명예를 안고 살아가는 우리의 부끄러운 모습을 고백합니다. 오늘의 교회는 진리 위에 서지 못하고 물질주의와 인본주의에 빠져 허덕이고 있습니다. 교회 스스로가 개혁하지 못해 교회를 향한 비판의 소리가 들려옵니다. 하나님의 나라와 의를 구하기 보다는 자기 안일과 기복신앙에 기울어져 하나님의 영광을 가리는 일들이 일어나고 있습니다.

하나님 아버지, 오늘날 저희가 하나님의 시각으로 이 땅의 교회와 자신을 돌아보며 소금과 빛의 직분을 잘 감당하고 있는지, 이 잘못된 세상을 진리의 빛으로 인도하고 있는지 스스로 판단하게 하옵소서.

오늘 종교개혁주일을 맞아 우리 교회가 종교개혁의 바른 정신을 잘 이어받게 하시고, 우리 모두가 새롭게 하시는 하나님의 능력을 덧입어 사회와 민족을 치유하는 믿음의 사람으로 살게 하옵소서.

교회의 머리가 되시는 예수님의 이름으로 기도합니다. 아멘 (곤)

절기예배 기도문 (종교개혁주일)

[감사] 만물을 지으시고 늘 새롭게 하시는 하나님 아버지, 오늘 종교개혁주일을 맞이하여 주님 전으로 불러 주시니 감사를 드립니다.

[오늘날의 종교개혁을 위해] 이 시간 종교개혁자들의 거룩한 정신을 기리면서 예배드리게 하시고 오늘 이 교회를 향한, 우리 각자를 향한 주님의 음성을 듣게 하옵소서.

개혁의 시간이 흐르면서 지금의 저희 성도들이 얼마나 경건의 능력을 소유하고 있는지, 마치 바리새인처럼 중세의 타락한 교회처럼 회칠한 무덤으로 살아가고 있지는 않은지 저희 자신을 돌아보게 하옵소서. 냄새나고 온갖 더러운 것이 가득한 저희 심령을 주님의 보혈로 깨끗하게 씻어 눈처럼 희게 하여 주옵소서.

주님의 말씀에 온전히 순종하여 담대하게 의로운 일을 했던 믿음의 선지자들처럼, 하나님의 뜻을 따라 목숨을 아끼지 않고 종교개혁을 했던 개혁자들처럼 우리도 주님 걸어가신 길을 가도록 인도하옵소서. 남이 하기를 기다리기 보다 내가 먼저 하며, 큰 일보다 작은 일에서부터 시작하게 하시고 어려운 일보다 쉬운 일에서부터 변화를 일으키게 하옵소서. 그리하여 묶여진 것이 풀리게 하시고 얼어붙었던 땅이 녹으며 나뉘고 패인 골들이 메워지는 역사가 일어나게 하옵소서.

우리 교회가 개혁의 정신을 바탕으로 이웃을 내 몸과 같이 사랑하고 구제하며, 주님의 귀한 복음의 말씀을 증거하는 일에 전념하게 하옵소서. 우리 각자가 종교개혁의 바른 의미와 정신을 이어받아 실천하고 후세에까지 전하게 하옵소서.

예수님의 이름으로 기도합니다. 아멘 (곤)

절기예배 기도문 (종교개혁주일)

[감사와 예배] 공의로우신 하나님, 죄로 말미암아 죽어야 마땅한 죄인들이지만 주님의 보혈의 공로를 의지하여 영원한 생명으로 다시 살게 하시니 감사드립니다. 오늘도 이 거룩한 주의 제단에 우리가 머리를 숙여 예배하게 하시니 감사드립니다. 오늘 우리의 예배를 거룩하게 하옵시고, 아버지께서 받으실 만한 산 제사 되게 하옵소서.

[참된 개혁을 위해] 의로우신 하나님, 오늘은 저희가 특별히 부패되고 낡은 의식과 관행으로 일삼던 중세의 교회에 항거하여 오직 복음, 오직 믿음, 오직 하나님께 영광을 부르짖었던 마틴 루터의 삶을 기억합니다. 구원이 인간의 어떤 공로로 이루어지는 것이 아니라 오직 절대적인 아버지의 은혜로 되는 것임을 믿으며 분연히 개혁의 기치를 들었던 루터의 삶을 배우게 하소서.

날마다 개혁되어지고 날로 새로워지는 개혁교회의 전통에 서있는 우리 교회들이 이제는 오히려 또 하나의 낡은 의식과 전통에 매여서 우리 자신을 속박하고 있지는 않은지, 또 하나의 구교가 되어서 모든 좋은 믿음의 모양을 잃어버리고 더 나은 그리스도인과 교회의 모습으로 변화되기를 거부하고 있지는 않은지 돌아보게 하옵소서. 이러한 우리의 모습이 있다면 오늘 종교개혁주일을 맞이하여 참된 자기의 개혁에서 나타나는 예배와 교회와 모든 삶의 개혁이 이루어질 수 있도록 도와 주옵소서.

이 개혁의 길은 크나큰 고통과 아픔과 자기의 희생이 없이는 이루어질 수 없는 것임을 압니다. 자기를 버리고 십자가를 지셨던 주님의 본받아 이 귀한 일들을 이루게 하셔서 이 땅에 새로운 신앙의 부흥이 일어나게 하옵소서. 그 모든 일에 우리를 귀한 도구로 사용하여 주옵소서.

예수님의 이름으로 기도드립니다. 아멘 (식)

167
절기예배 기도문 (종교개혁주일)

[찬양과 참회] 영원히 우리를 사랑하시고 지키시는 하나님을 찬양합니다. 하나님께서는 우리들을 손바닥에 새겼다고 말씀하셨습니다. 우리의 머리털까지도 세실 정도로 세밀히 지키신다고 하셨습니다. 이러한 주의 보호 아래 살면서도 아직도 감사하지 못하는 우리들을 용서하여 주옵소서. 아직도 사랑하지 못하는 죄인들을 용서해 주옵소서. 아직도 말씀대로 살지 못하며 이기적인 욕심과 완고한 마음으로 자기길을 고집하는 우리를 용서해 주옵소서. 주의 보혈로 이러한 모든 죄악을 씻어 주시기를 다시 한번 간구합니다.

[개혁자들의 삶을 본받기 위해] 거룩하신 하나님의 귀한 역사가 일어나기를 원하며 오늘은 특히 우리 교회의 부족한 모습을 돌아보며 회개합니다. 진리 앞에서는 무장한 용사와 같이 굳게 서야 함에도 불구하고 편리를 추구하고 안일하게 타협하지는 않는지요. 교회가 이 어두운 시대에 진리의 불을 밝히는 참 등대가 되어야 함에도 불구하고, 부패해가는 세상을 더이상 부패하게 하지 않는 소금이 되어야 함에도 불구하고, 좋은 여론으로서 시대를 선도해야 함에도 불구하고, 무엇보다도 뜨거운 믿음으로 살아야 함에도 불구하고 그렇게 살지 못했음을 고백합니다.

주여, 우리를 용서하시고 진리를 위해서 목숨을 걸었던 위대한 개혁자들의 삶을 본받게 하옵소서. 참 진리의 화신이 되셔서 아버지의 영광을 위하여 악의 세력과 맞섰던 우리 주님의 위대한 모본을 따르게 하옵소서. 이 땅 위에서 교회가 아버지께서 바라시는 모습이 될 때, 사탄의 권세가 무너지고 참된 안정과 평화가 넘쳐나며 정의가 강물처럼 흐르게 될 줄로 믿습니다. 이 귀한 일들에 우리 교회를 사용해 주옵소서. 우리 각자를 사용해 주옵소서.

강한 성이요 방패되시는 예수님의 이름으로 기도드립니다. 아멘 (식)

168
절기예배 기도문 (종교개혁주일)

[진정한 그리스도인이 되기 위해] 사랑의 하나님, 우리는 진정한 그리스도인들이 되기를 원합니다. 우리의 말과 행위에서 뿐만 아니라 우리의 모든 삶이 주께서 바라시는 귀한 일들로 채워지기를 원합니다. 우리가 바라며 기도하는 일들이 오늘 이곳에 머리숙인 사람들만이 아니라 미래에 이곳에서 살아갈 우리 후대의 그리스도인들까지 포함되기를 원합니다. 그리고 오늘 우리의 봉사가 지금 더불어 사는 사람들로부터 미래에 살아갈 사람들에게까지 연장되게 하옵소서. 오늘 저희들이 드리는 헌신이 이 자리에서 끝나지 말게 하시고 미래의 모든 그리스도인들에게까지 확대되게 하옵소서.

[진정한 개혁을 위해] 오늘 우리가 종교개혁주일을 맞아 외치는 진리의 음성과 변화를 갈망하는 우리의 마음이 이 시대와 교회를 바로 서게 할 뿐만 아니라, 다가오는 세대 속에서도 끝없이 일어나는 계속적인 사건이 되게 하옵소서. 개혁되기를 바라는 우리 자신이 또다시 개혁의 대상이 되어 청산되어야 할 유산으로 남지 말게 하시고, 언제나 개혁의 주체가 되어 주님이 원하시는 삶을 살아가게 하옵소서.

우리의 후손들이 우리의 삶을 되짚어 볼 때에 그들에게 부끄럽지 않은 사람들이 되게 하옵소서. 그리고 이 시대가 우리 자신들의 이름보다 주님의 영광과 이름이 높이 들렸던 참된 신앙의 부흥의 시대였다는 말들을 듣게 하옵소서. 우리의 마음과 가정과 교회와 나아가서 이 나라의 곳곳에 주의 놀라운 말씀의 역사와 성령의 충만이 임하게 하옵소서. 그러기 위해서 우리 한 사람 한 사람을 진리 위에 올바로 세워 주시고 지켜 주옵소서.

예수님의 이름으로 기도드립니다. 아멘 (식)

169
절기예배 기도문 (종교개혁주일)

[간구] 만물을 새롭게 하시는 하나님 아버지, 오늘은 교회가 오직 믿음과 오직 말씀과 오직 은혜로 이루어지는 진리의 복음의 빛을 새롭게 이 땅에 비춘 것을 기념하는 종교개혁주일입니다. 형식주의와 교권주의, 세속화와 타락에 맞서 교회를 새롭게 하고자 일어섰던 개혁자들의 믿음의 용기와 정신을 오늘의 교회가 이어받게 하시고, 이 땅의 교회와 성도들의 삶과 신앙이 말씀과 믿음과 은혜의 빛 아래서 날마다 새롭게 되게 하여 주옵소서.

선하신 뜻을 따라 역사를 운행하시는 하나님 아버지, 하나님의 변함없는 선하신 섭리와 다스림으로 인해 이 땅에 정의와 사랑이 사라지지 아니하고, 악이 아무리 성행할지라도 결국은 심판을 당하여 정의가 승리하는 바른 역사가 세워져 왔음을 믿습니다.

오늘의 역사 역시 혼동의 소용돌이 속에서도 하나님의 뜻이 계속적으로 이루어질 것이며, 장래에도 그리고 영원토록 이 역사는 어떤 방해와 반대 속에서도 변함없이 하나님의 의도하신 뜻대로 이루어질 것을 믿음으로 기대하며 주님을 바라봅니다. 주여, 우리의 삶을 다스려 주옵소서. 그래서 이 땅에 주님의 공의와 사랑이 든든히 서게 하여 주시고 하나님 나라가 이루어지게 하여 주옵소서.

[교회를 위해] 우리 교회가 말씀으로 새로워져서 말씀 위에 든든히 서가기를 원합니다. 주님의 뜻을 온전히 분별할 수 있는 지혜를 주셔서 하나님의 뜻을 행하며 증거하는 교회되게 하여 주옵소서. 성령께서 저희 마음의 생각과 계획들을 주장하셔서 악한 꾀와 세상 욕심에 치우치지 않게 하여 주심으로 하나님의 의를 이루게 하시고, 이 땅을 하나님의 선하신 뜻대로 새롭게 하는 일에 쓰임받는 교회가 되게 하여 주옵소서.

예수님의 이름으로 기도드립니다. 아멘

(희)

절기예배 기도문 (종교개혁주일)

[감사와 예배] 자비가 풍성하신 하나님 아버지, 오늘도 거룩한 주일을 허락하셔서 주님 앞에 나아올 수 있도록 인도하여 주심을 감사드립니다. 멸망받을 저희들을 구원하시고자 하나님께서 친히 하늘의 보좌를 버리시고 육신을 입고 이 땅에 오셔서 십자가에서 죽으시고 부활하심으로 영원히 사는 생명의 길을 열어 주시고, 누구든지 믿는 자마다 구원받는 은혜의 길을 열어 주심을 감사합니다.

이 은혜로 죽음 속에 있던 이 땅의 역사가 새로워지며 멸망의 저주 아래 있던 인생들이 새삶을 찾았습니다. 이 은혜에 감격하여 경배와 찬양을 주님께 드리오니 예배를 통하여 하나님 홀로 영광 받아 주옵소서.

[교회를 위해] 하나님, 오늘은 개혁자들의 신앙을 기리며 다시금 되새기고자 종교개혁주일로 지키는 날입니다. 하나님께서 이 땅과 교회를 믿음으로 구원 얻는 은혜의 법 아래 두셨건만 교회가 다시 율법과 형식과 무거운 짐을 강요하는 타락의 상황으로 돌아가는 것에 항거하였던 선각자들의 믿음을 생각합니다.

오직 예수 그리스도로 말미암는 은혜와 믿음의 법을 회복하고, 말씀 중심의 신앙으로 돌아가고자 했던 개혁자들의 신앙을 오늘의 교회들이 본받게 하여 주옵소서. 교회적으로, 가정적으로, 개인적으로 우리의 믿음을 재점검할 수 있게 하옵소서. 그리하여 개혁자들이 회복하고자 했던 오직 은혜, 오직 믿음, 오직 말씀의 신앙 위에 우리가 든든히 서 있는지 살펴서 부족한 부분, 잃어버린 부분들을 회복하며 오직 그리스도 예수 안에서 우리의 삶과 신앙을 바르게 세울 수 있도록 도와 주옵소서.

목사님께서 하나님의 말씀을 선포하실 때에 그 말씀으로 우리의 심령이 새로워지는 역사가 있게 하여 주옵소서.

예수 그리스도의 이름으로 기도드립니다. 아멘 (희)

171
절기예배 기도문 (종교개혁주일)

[감사] 은혜로우신 하나님 아버지, 지난 한 주간도 저희들을 하나님의 은혜 가운데 지내게 하셨다가 거룩하고 복된 주일을 맞아 주님 전에 나와 예배하게 하시니 참 감사합니다.

하나님께서 저희들을 강권적인 사랑으로 인도하지 않으셨다면 세상의 죄악 가운데 빠져 살 수밖에 없었던 연약한 자들이었음을 고백합니다. 그러나 하나님께서 저희를 멸망받을 세상 중에 버려두지 않으시고 주님을 따라 의의 길로 갈 수 있도록 이끄셔서 오늘 우리가 이 복되고 은혜로운 자리에 있게 하시니 감사드립니다. 우리가 주님을 만나는 그날까지 저희의 걸음을 인도하셔서 진리 안에서 바른길 가게 하여 주옵소서.

[종교개혁정신의 계승을 위해] 하나님 아버지, 오늘은 특별히 진리를 수호하며 부패하고 타락한 종교를 개혁하고자 주 예수 그리스도의 이름으로 분연히 일어났던 종교개혁자들의 신앙과 용기를 기리는 종교개혁주일입니다. 오늘 우리 가운데 이 진리를 위해 자신을 주님께 드린 개혁자의 믿음을 주옵소서. 불의에 항거하여 하나님의 공의와 은혜의 법을 수호하고자 했던 개혁자들의 헌신이 우리 속에도 있어지게 하옵소서.

무거운 짐을 지고 기쁨도 참소망도 없이 살아가던 백성들에게 예수 그리스도로 말미암는 은혜의 신앙을 회복시켜 주었던 개혁자의 영혼을 향한 뜨거운 사랑의 정신을 우리에게도 충만히 부어 주옵소서. 그래서 교회와 성도들이 새로워져서 이 땅에 소망을 줄 수 있게 하시고, 이 땅이 진리와 복음으로 회복되어 하나님의 다스림 속에 있는 하나님나라 되게 하여 주옵소서.

[말씀대로 살기 위해] 이 시간 주의 사자를 통해 말씀을 들을 때에 우리의 심령이 새로워져서 주님 말씀을 믿음으로 받으며 순종하므로 주님 따라 살게 하옵소서. 예수님의 이름으로 기도드립니다. 아멘   (희)

절기예배 기도문 (추수감사주일)

[감사] 전능하신 여호와 하나님, 그 영화로운 이름을 찬양합니다. 하나님께서 자연 만물 위에 은총을 내려 주셔서 올해에도 풍성한 가운데 추수감사예배를 드리게 하시니 감사합니다. 들판이나 산이나 오곡백과가 가득하게 하신 하나님의 은혜를 깨닫고, 넘치게 채워 주신 은총을 감사하며 기뻐하게 하옵소서.

[고백] 하나님 아버지, 알곡과 열매를 곳간에 들이는 계절에 저희 인생을 돌아봅니다. 심은 대로 거둔다는 진리를 알면서도 저희들은 적게 심고 많이 거두기를 원했습니다. 게으름과 안일로 지내면서 최상의 효과를 기대한 부끄러움을 고백합니다. 일하지 않고도 구하여 얻어질 줄 알고 있었던 어리석음도 고백합니다. 이 시간 저희의 잘못된 생각을 고쳐 주시고, 모든 일에 정성으로 최선으로 열심으로 부지런하게 하옵소서. 하나님의 법을 깨닫고 행하여 주님이 찾으시는 알곡의 열매들을 맺게 하옵소서.

[감사하는 삶을 살기 위해] 감사하신 하나님 아버지, 열 명의 문둥병자가 모두 나음을 입었지만 그 중 한 명만 감사했고 나머지 아홉은 감사하지도 않았던 일을 기억합니다. 혹 우리가 그 아홉에 해당되지는 않는지 이 시간 돌이키게 하시고, 하나님께서 영원한 생명을 주심과 그 외 모든 것을 더해 주신 것을 감사하게 하옵소서. 항상 기뻐하며 기도와 간구로 우리 구할 것을 감사함으로 아뢰는 저희들 되게 하옵소서.

주님의 추수 때까지 저희들이 쉬지 않고 믿음의 씨앗을 부지런히 심게 하시고 말씀의 씨앗을 우리 삶 가운데 심어 의의 열매를 맺는 복된 자들 되게 하옵소서. 오늘 추수감사예배를 통하여 만물을 풍성하게 하시는 은혜와 복이 모든 성도 위에 넘치게 하옵소서.

예수님의 이름으로 기도합니다. 아멘 (곤)

173
절기예배 기도문 (추수감사주일)

[감사와 찬양] "여호와께 감사하라 그는 선하시며 그 인자하심이 영원함이로다."

하나님 아버지, 저희들에게 풍성한 은혜를 내려 주셔서 감사합니다. 때를 맞춰 햇빛과 비를 주셔서 들판마다 풍요로운 수확을 하게 하시니 감사를 드립니다.

고마우신 하나님, 이 땅에 내리신 그 은혜를 또한 감사합니다. 지난 세월 동안 역사의 길목마다 시련과 아픔이 있었지만 그것을 극복하고 이길 수 있는 힘을 이 민족 위에 내리신 하나님을 찬양합니다.

[간구] 정치적으로 경제적으로 많은 어려움이 있지만 하나님의 사랑의 손길이 이 나라 역사 위에 함께하실 줄 믿습니다. 무엇보다 하나님을 알고 하나님 안에서 살아갈 수 있는 은혜를 내려 주옵소서. 우리에게 열매를 기대하시는 주님, 먼저 나 자신의 심령밭에 성령의 열매를 맺게 하옵소서. 그리하여 하늘나라의 기쁨을 이 땅에서 맛보게 하시고 믿음, 사랑, 희생, 봉사의 열매를 맺어 이웃과 나누게 하옵소서.

여러 모양의 달란트를 주신 주님 앞에 게으른 종이 되지 않게 하시고, 맡겨주신 것을 나의 소유로 착각하지 말게 하시며 물질과 시간의 청지기로 살게 하셔서 하나님 앞에서 바른 결산을 하게 하옵소서.

주님, 하박국의 감사를 배우게 하옵소서. 하나님을 인하여 즐거워하며 나의 구원의 하나님을 인하여 기뻐하게 하시고, 비록 우리 삶에 부족한 것이 있을지라도 범사에 감사함으로 찬송하게 하옵소서. 우리에게 베푸신 그 풍성함으로 인하여 자족하며 살아가게 하옵소서.

예수님의 이름으로 기도드립니다. 아멘 (곤)

174
절기예배 기도문 (추수감사주일)

[감사] 우주만물의 주인이 되시는 하나님 감사합니다. 한해를 돌아볼 때 주님의 손길이 함께하지 않으신 곳이 없습니다. 때마다 일마다 크신 은혜 주셔서 오늘의 강건함과 형통이 있게 하시니 너무나 감사합니다. 열심히 일한 자에게 배불리 먹을 양식을 주시고 주리거나 핍절하지 않게 살펴 주심을 감사드립니다.

보잘것없는 것으로 한해를 시작했으나 좋은 일기와 좋은 시절을 주셔서 삼십 배, 육십 배, 백 배의 결실을 주시니 감사합니다.

[참회와 간구] 변함없으신 주님의 사랑을 잊으며 좌절하고 불평하며 낙담했던 것들을 고백합니다. 용서하여 주시고 범사에 감사하는 하나님의 자녀가 되게 하옵소서. 나의 환경이나 가진 것을 바라보지 않게 하시고, 그리스도 안에서 모든 것을 가능하게 하시는 하나님만 바라보게 하옵소서. 주께서 베푸신 것들로 인하여 내 마음이 교만치 않게 하시고, 오직 겸손한 마음으로 무슨 일에든지 감사가 충만하게 하옵소서. 정말 감사해야 할 것을 하나님께서 주셨으니 하나님을 기쁘시게 해 드리는 생활을 하게 하옵소서.

또한 바라옵기는 주께서 추수하실 때에 아무것도 드릴 것이 없는 나무가 되지 않게 하시고, 약속한 복으로 기름진 알곡을 맺어 상받고 칭찬받는 저희들이 되게 하옵소서. 가난한 이웃들을 돌아보아 추수의 기쁨을 함께하는 저희들 되게 하시며, 더 큰 소망을 품고 매일의 삶을 힘써 살아갈 수 있도록 인도하여 주옵소서.

온갖 귀한 선물을 풍성하게 주신 하나님을 찬양하며, 예수님의 이름으로 기도합니다. 아멘

(곤)

175
절기예배 기도문 (추수감사주일)

[감사] 하나님 아버지의 은혜를 진심으로 감사드립니다. 이 한해도 지켜 주시사 우리로 하여금 추수감사예배를 드리게 하시니 진실로 감사합니다.

[간구] 봄에 씨를 뿌리고, 여름 내내 농부는 일을 하고 그 흘린 땀의 대가로 들판에는 오곡백과가 풍성합니다. 그러나 그 이면에는 뿌려진 씨앗을 자라게 하시고 적당한 바람과 햇빛을 주시고 또 이른비와 늦은비를 적절히 허락하신 하나님의 은혜가 있었기에 이 가을에 결실의 복을 받은 줄 믿습니다. 또한 농부에게 일할 수 있는 건강도 주심을 믿습니다. 하나님, 우리 모두로 하여금 먼저 돌보시고 지키셔서 풍성하게 하신 하나님을 바라보게 하소서. 하나님의 크고 놀라운 은혜에 감사하게 하소서. 이 거두어들인 모든 수확물과 그 들판을 바라보며 그러한 믿음을 가질 수 있게 하옵소서.

[신령한 삶을 위해] 고마우신 하나님, 우리는 오늘 예배를 드리며 아버지께서 지키시고 섭리하시는 만물을 생각하면서 또 은혜를 사모합니다. 공중의 나는 새도 아버지께서 먹이시고, 들에 피었다가 지는 들풀도 아버지께서 입히심으로 그들이 살아간다는 주님의 말씀을 기억합니다. 하물며 우리 인생들을 먹이시고 입히시지 않으시겠습니까? 우리가 염려하는 것이 단지 우리의 의식주만이 되지 말게 하소서. 우리가 바라보고 감사하는 것이 내 육신의 안일에만 머무르지 말게 하소서. 보다 신령한 것을 사모하게 하시고 이 시대에 진정 부족한 말씀의 기갈을 슬퍼하며 갈망하게 하소서. 그리고 그 신령한 아버지의 주시는 것을 받아서 우리의 삶이 진정으로 풍족하게 되는 놀라운 은총이 있게 하옵소서.

예수님의 이름으로 기도합니다. 아멘 (식)

176
절기예배 기도문 (추수감사주일)

[감사] 고마우신 하나님 아버지, 이 한해를 지키시고 친히 인도하셨음을 감사드립니다. 오늘 우리가 이 자리에서 주께서 주신 은혜에 감사하여 추수감사예배를 드립니다. 이 모든 것이 주님께서 주신 것이요 주님의 것입니다. 아버지께서 하나하나 허락하신 귀한 은혜의 역사임을 믿고 감사드립니다.

들판에는 모든 곡식이 아버지의 은총 아래서 자라 출렁이며 그 은혜를 노래합니다. 우리의 직장에서 주께서 주신 건강과 지혜로 열심히 일하게 하신 것을 감사합니다. 학교에서는 학문을 연마하고 삶의 지혜를 배우게 하신 것을 감사드립니다. 우리의 가정이 평안 가운데서 지내온 것도 주님의 은혜 인줄 믿습니다. 이러한 모든 것에 대한 감사가 진정으로 우리에게 넘쳐나게 하옵소서. 범사에 감사하라는 말씀이 우리 삶에 그대로 이루어질 수 있게 하옵소서.

하나님 아버지, 무엇보다 이 한해 동안 우리 교회를 지키시사 풍성하게 하신 것을 감사드립니다. 우리의 봉사와 헌신은 미약하고 보잘것없었지만 하나님 아버지는 인자하셔서 많은 것으로 열매맺게 하셨습니다. 많은 물질을 허락하셨고, 많은 성도들을 허락하셨습니다. 여러모로 성숙하게 하신 것 감사드립니다.

[간구] 이제 이 주신 은혜를 잘 사용하여 아버지께 더욱 영광을 돌리게 하옵소서. 그리고 지금도 과정인 것을 잊지 말고 더욱더 주의 일에 힘쓰는 자들이 되게 하옵소서. 그리하여 내년의 추수감사주일에 우리가 예배를 드릴 때는 더욱더 감사의 조건이 많아지는 은혜를 주옵소서. 우리의 삶에 최선을 다하여 풍성한 결실을 맺게 하옵소서.

예수님의 이름으로 기도드립니다. 아멘 (식)

177
절기예배 기도문 (추수감사주일)

[감사] "한 알의 밀이 땅에 떨어져 죽지 아니하면 한 알 그대로 있고 죽으면 많은 열매를 맺느니라"고 제자들에게 말씀하신 주님, 그 말씀을 기억하며 죽어진 씨앗의 결과로 맺어진 풍성한 열매를 보니 감사한 것뿐입니다. 주님의 말씀은 진리이며 우리가 믿음을 가지고 순종하면 큰 은혜를 받을 줄 믿습니다.

사랑의 주님, 우리 자신들도 하나님의 나라와 이 교회를 위하여 하나의 죽어지는 밀알이 되게 하옵소서. 그리하여 우리의 헌신 위에서 우리의 교회가 든든히 서게 하시고, 하나님의 나라가 왕성하게 하옵소서.

[참회] 사랑의 주여, 이 감사의 시간에 부족한 우리의 모습을 회개하지 않을 수 없습니다. 이 한해를 돌이켜볼 때 주의 뜻을 생각하기 보다는 내 생각, 내 주장만을 내세우며 살았습니다. 하나님의 영광보다는 우리 자신들의 이생의 자랑과 육신의 정욕에 사로잡혀 있었습니다. 형제와 이웃의 아픈 소식을 들을 때에도 그저 나의 안일에만 머무르면서 자족하였습니다. 이 모든 것이 엄청난 죄악임을 깨달으며 주께 회개하오니 용서해 주옵소서.

[간구] 병충해에 시달리고 또 여러 상처가 있겠지만 많은 곡식과 열매로 들판을 수놓아 풍성한 결실을 주시는 아버지의 은총이 우리 교회와 우리 가정과 사회에도 역사하기 원합니다. 그리고 이 결실의 계절에 바라보는 물질의 수확보다도 더 크게 차고 넘치는 아버지의 영적인 풍성한 은혜를 누리기 원합니다. 믿음을 가지고 세상을 바라보며, 역사를 통치하시는 아버지의 오묘하고 세밀한 손길에 감사하며 의지하게 하소서. 성령이여, 우리를 말씀의 강물로 들어가게 하옵소서.

주님의 은혜에 다시 한번 감사하며, 예수님의 이름으로 기도드립니다. 아멘

(식)

절기예배 기도문 (추수감사주일)

[예배] 은혜로우신 하나님 아버지, 오늘은 한해 동안 하나님께서 베푸신 은혜들을 헤아려 감사하는 추수감사주일입니다. 주님께서 저희들에게 베푸신 크신 은혜에 감사하여 이 시간 주님 앞에 감사예배를 드리오니 받아 주옵소서.

[감사하는 삶을 위해] 추수감사주일을 맞이하면서 우리의 신앙과 삶을 되돌아봅니다. 주께서 국가적으로, 교회적으로, 가정과 개인의 삶 속에서 참으로 큰 은혜와 사랑을 베풀어 주셨습니다. 영적으로 물질적으로 필요들을 채워 주시고, 위기와 시험의 순간들마다 주께서 피할 길을 여심으로 큰 어려움 없이 위기의 때를 지낼 수 있었습니다. 실패의 순간에 용기와 새힘을 주셔서 소망 중에 회복하게 해 주시고, 낙심하여 울 때에 눈물을 씻어 주시며 다시 일어설 수 있도록 격려해 주셨습니다. 기쁨으로 찬양할 때에는 우리 찬양 가운데 함께 즐거워해 주셨습니다.

이런 말로 다할 수 없는 사랑과 은혜를 받고서도 부끄럽게도 저희들의 삶은 이 은혜에 만족하기 보다 헛된 욕심에 사로잡혀 감사치 못하는 삶을 살았습니다. 용서하여 주시고, 하나님께서 주신 복을 헤아리며 감사하며 살 수 있도록 지혜와 믿음을 주옵소서. 우리의 눈이 하나님의 은혜를 볼 수 있게 하시고, 우리의 귀가 하나님의 사랑의 음성을 듣게 하시며, 우리의 마음이 하나님을 향하여 열려지게 하옵소서.

[목사님을 위해] 좋은 목사님을 세워 주심을 감사합니다. 지금까지도 사랑으로 교회를 섬기며 저희들을 인도하셨는데 이제 더 큰 은혜와 사랑을 주셔서 교회와 성도들을 주께로 인도하기에 부족함 없게 하옵소서. 이 시간 하나님 말씀을 선포하실 때, 그 말씀 속에서 주님의 은혜를 풍성히 맛보게 하옵소서. 예수님의 이름으로 기도드립니다. 아멘 (희)

179
절기예배 기도문 (추수감사주일)

[예배] 은혜로우신 하나님 아버지, 오곡이 무르익는 결실의 계절에 주님께서 베푸신 은혜에 감사하여 추수감사절 예배로 주님 앞에 나아갑니다. 저희들이 드리는 감사의 제사를 받아 주시고, 풍성하신 하나님의 은혜를 다시 한번 깊이 체험하는 시간 되게 해 주옵소서.

[감사] 돌아보면 지금까지 지내온 삶 속에서 무엇 하나 주님의 은혜가 아닌 것이 없었습니다. 세상 죄악 가운데 살다가 비참과 절망속에 죽을 저희들을 예수 그리스도의 피로 씻으사 정결케 하시고 믿음을 주셔서 영원한 나라를 소망 중에 바라며 기쁨으로 살게 하심을 감사합니다. 하나님을 아바 아버지라 부르게 하시고, 담대히 거룩하신 하나님 앞에 나아가 주님 안에 있는 온갖 좋은 것을 값없이 얻게 하심을 감사합니다. 또한 성령을 보내 주셔서 우리의 삶을 지켜 주시고 보호해 주시는 것도 참 감사합니다.

하나님의 무한하신 자비하심으로 은혜를 허락하셨는데도 저희들은 세상 욕심과 허영심에 사로잡혀서 이 은혜에 감사하며 살기보다는 불평하며 살았음을 고백합니다. 용서해 주시고, 저희들 속에 하나님의 은혜를 깨달아 깊이 감사하며 보답할 수 있는 믿음과 헌신을 더하여 주옵소서.

[말씀대로 살기 위해] 사랑하는 목사님에게 성령으로 충만하게 하셔서 말씀에 능력있게 하여 주옵소서. 듣는 저희들은 믿음으로 말씀을 받고 깨닫게 하시며, 순종하여서 하나님을 영화롭게 하는 삶을 살게 해 주옵소서. 아직도 우리 주위에는 하나님의 은혜를 알지 못하여 절망속에 살아가는 많은 사람들이 있습니다. 저들에게도 하나님의 은혜를 알게 하셔서 우리와 함께 감사의 자리로 나아오게 하여 주옵소서.

귀하신 예수님의 이름으로 기도드립니다. 아멘   (희)

180
절기예배 기도문 (추수감사주일)

[예배] 날마다 우리에게 좋은 것으로 공급해 주시는 참 좋으신 하나님 아버지, 풍성한 추수의 계절에 하나님께서 베푸신 은혜와 사랑에 감사하며 이 시간 추수감사절 예배로 드립니다. 우리의 예배와 감사와 찬양을 받아 주옵소서. 돌아보면 무엇 하나 하나님의 은혜 아닌 것이 없고 감사하지 않은 일이 없지만 감사하기 보다 불평하며 살았던 저희들의 허물을 용서하여 주옵소서.

[간구] 하나님께서 우리를 가장 합당하고 선한 길로 인도하시지만 우리는 영적인 분별력이 없고 어리석어서 어려움이 닥치면 눈앞의 고난과 시험들로 인하여 넘어지고 낙심할 때가 얼마나 많은지 모릅니다. 하나님, 저희들에게 주님을 믿음으로 바라볼 수 있는 눈을 열어 주시고 하나님의 뜻을 깨달아 알 수 있는 마음을 주옵소서. 어떤 상황 가운데서도 주님의 선하심을 믿고 소망 중에 바라며 인내할 수 있게 하시고, 모든 것을 합력하여 선을 이루시는 하나님을 바라보면서 범사에 감사할 수 있게 해 주옵소서. 그래서 우리의 신앙이 주님 앞에서 늘 든든히 서서 흔들리지 않게 하여 주옵소서.

[열매 맺기 위해] "눈물로 씨를 뿌리는 자는 기쁨으로 그 단을 거두리라" 하신 말씀을 기억합니다. 농부의 흘린 땀과 수고가 추수 때에 알곡으로 보상받는 것처럼 우리의 신앙도 이 땅에서 믿음으로 좋은 씨앗을 심고 인내함으로 잘 가꾸어서 하나님 앞에서 상급받게 하여 주옵소서. 열매 없는 무화과나무를 책망하신 주님, 저희들 중에 누구도 열매가 없어서 책망받는 자리에 있지 않게 하여 주옵소서. 목사님을 통하여 하나님 말씀 들을 때에 감사함으로 받아 30배, 60배, 100배 열매 맺게 하여 주옵소서. 예수님의 이름으로 기도드립니다. 아멘

(희)

절기예배 기도문 (추수감사주일)

[감사] 천지를 창조하시고 우주를 운행하시는 하나님 아버지, 크고 놀라우신 은총과 날마다의 삶 속에서 베푸시는 은혜를 진실로 감사드립니다. 부족하고 허물 많은 저희들이 이 시간 예수 그리스도의 보혈을 의지하여 주께 나아가오니 저희의 죄를 사하여 주시고, 저희의 드리는 예배를 받아 주옵소서.

[감사하는 생활하기 위해] 오늘은 교회가 추수감사주일로 지키는 날입니다. 자연 만물이 아름답게 열매를 맺고 하나님의 솜씨를 찬양하는데, 정작 하나님의 은혜를 감사하며 찬양해야 할 저희들은 감사하는 삶에서 멀어져 불평과 한숨 속에 살고 있습니다. 하나님, 용서하여 주시고 추수감사주일 예배를 통하여 우리 영혼이 하나님 앞에서 감사신앙을 회복하게 하여 주옵소서. 이 시간 예배할 때에 한해 동안 베풀어 주신 하나님의 크신 은혜를 깊이 깨닫게 하시고 우리 속에 진정한 감사가 우러나게 하옵소서. 오늘뿐 아니라 날마다의 삶이 주님 앞에 예배가 되며 감사의 찬양이 되어서 주님께 영광돌리게 하여 주옵소서.

많은 믿음의 선진들이 도저히 감사할 수 없는 상황 속에서도 하나님의 약속의 말씀을 의지하여 감사하는 신앙으로 하나님께 인정받았던 것처럼, 우리의 신앙도 상황과 환경을 초월하여 감사하는 성숙한 믿음이 되게 하셔서 하나님께 인정받게 하여 주옵소서.

[목사님을 위해] 말씀을 위하여 세우신 목사님께 성령충만함을 더하셔서 능력있는 말씀을 증거하게 하시고, 지혜와 계시의 정신을 주셔서 진리의 말씀을 옳게 분별하게 하여 주옵소서. 저희들의 마음을 열어 주셔서 말씀을 들을 때에 하나님의 은혜속으로 깊이 들어가게 하소서.

예수 그리스도의 이름으로 기도드립니다. 아멘 (회)

절기예배 기도문 (성서주일)

[감사] 말씀으로 온 우주만물을 창조하신 하나님, 우둔한 저희에게 주의 계시를 밝히 보여 주셔서 하나님의 고귀한 뜻을 깨닫게 하심을 감사드립니다. 오늘 성서주일을 맞아 생명의 말씀의 소중함을 일깨워 주시고, 성경을 사모할 수 있는 마음을 깊이 품을 수 있도록 인도하신 하나님께 다시금 감사와 찬송을 올려 드립니다.

[참회] 주님, 저희들은 말씀의 가르침을 따르지 못하였으며 말씀을 묵상하고 사랑하는 일에 게으를 때가 많았습니다. 말씀을 따르기보다는 나의 지식과 허탄한 학문을 좇아가는 일에 분주했습니다. 저희의 무지와 불순종을 용서해 주옵소서.

[말씀을 배우고 전하는 일을 감당키 위해] 하나님의 말씀은 살았고 운동력이 있어 우리의 혼과 영을 찔러 쪼개시며 우리 마음의 생각과 뜻을 감찰하시나니, 저희가 말씀의 빛 아래서 날마다 새로운 존재로 변화되게 하옵소서. 주의 말씀이 내 발에 등이요 내 길에 빛이심을 확신케 하시고, 주의 말씀을 날마다 사모하며 배우기를 힘쓰고 지키기를 다하는 저희가 되게 하옵소서.

주님의 말씀을 아직 듣지 못한 곳곳마다 진리의 말씀의 빛을 비추는 역사가 일어나게 하시고, 말씀의 터 위에 세워진 교회가 온 세상에 빛된 말씀을 선포하고 증거하는 일에 열심을 다하게 하옵소서. 말씀을 왜곡하고 거짓 해석하는 이단과 사이비 종파들이 이 땅에서 사라지게 하시고 오직 주님의 이름만이 높임을 받으옵소서. 오늘도 주의 진리의 말씀이 풍성하게 이 제단에 임하셔서 모든 성도가 자유와 평강과 행복을 누리게 하옵소서.

예수님의 이름으로 기도드립니다. 아멘 (곤)

절기예배 기도문 (성서주일)

[감사] 말씀으로 천지를 창조하시고 말씀으로 계시하시는 하나님 아버지 감사합니다. 말씀이 육신이 되게 하셔서 우리를 영원한 죄와 죽음에서 건져 주시고 영원한 생명의 문으로 인도해 주시니 감사와 찬양을 드립니다.

[참회] 말씀 속에서 진리와 구원의 법도를 깨닫고서도 미련하여 세상의 욕심과 자랑에 눈이 어두워 우리 마음대로 살아온 저희를 용서하여 주옵소서.

[말씀생활과 말씀전파를 위해] 주의 말씀을 늘 마음에 두어 순간순간 천지를 지으신 주님께 도움을 구하게 하옵소서. 우리의 주위가 어둡고 답답할 때 내 발에 등이요 내 길에 빛이신 주의 말씀을 묵상하게 하시며, 우리 영혼이 굶주릴 때에 꿀송이같고 생수같은 말씀을 먹게 하옵소서. 광야에서 주의 백성을 매일 새로운 만나로 먹이신 것처럼 저희에게도 날마다 영혼의 만나로 힘을 얻고 살게 하옵소서. 그리하여 주의 말씀에서 확실한 증거를 받아 그 믿음으로 살게 하시고, 우리 자녀에게 경건의 유산으로 물려 주게 하옵소서.

이 땅에 성경을 전하여 주고 선교하며 복음의 생을 마친 선교사들의 노고와 헌신을 기억합니다. 이 복음의 빚을 이제는 저희가 담당하게 하옵소서. 아직도 성경을 접하지 못한 세계 여러 족속에게 저희가 말씀을 들고 땅 끝까지 복음을 전하게 하옵소서. 주의 말씀이 시온에서 나오고 주를 경외하기로 한 열방이 예루살렘에 모여들고 주를 아는 지식이 세상에 가득 차라는 묵시를 이루어 주옵소서.

오늘도 말씀을 통하여 주의 세미한 음성을 듣게 하시고 영적 기쁨이 충만케 하옵소서. 예수 그리스도의 이름으로 기도합니다. 아멘   (곤)

절기예배 기도문 (성서주일)

[감사] 고마우신 하나님, 주신 말씀의 은총을 사모하며 감사드립니다. 천지는 없어져도 아버지의 말씀은 결단코 없어지지 아니하고 영원히 있을 것이라고 우리 주님께서 가르쳐 주셨습니다. 우리가 이 말씀을 의지하여 살아갑니다. 말씀이 육신이 되어 우리 가운데 거하신 예수 그리스도의 은혜가 넘쳐나게 하옵소서.

[간구] 하나님 아버지, 하나님께서는 말씀을 보내셔서 우리의 모든 삶을 인도하시고, 우리를 위험 가운데서 건지실 뿐만 아니라 우리를 도우심을 믿습니다. 우리가 말씀을 읽고 들음으로써 진리를 깨닫고 아버지의 사랑을 알며, 구원의 은총을 확신합니다. 하나님의 말씀을 더 사모하는 마음을 우리에게 주옵소서.

하나님은 성경을 통하여 그 놀라운 사랑과 은총을 보여 주셨사오니 이 말씀이 더욱더 널리 퍼져서 아버지의 영광을 나타내게 하옵소서.

아버지의 뜻이 우리 사람들에게 알려지게 하옵소서. 사랑과 믿음으로 세상을 변화시키고자 하는 아버지의 뜻이 담겨진 이 성경을 우리가 더욱 더 사랑하게 하옵소서. 그리하여 모든 성도의 삶이 변화되고 믿음이 성장하며, 교회가 말씀 안에서 풍성한 열매를 맺게 하옵소서.

오늘도 생명을 주는 귀한 말씀이 이 강단에 넘쳐 흐르게 하옵소서. 그리하여 성서주일을 기념하여 드리는 이 예배가 더 풍성한 말씀의 잔치가 되게 하옵소서.

예수님의 이름으로 기도드립니다. 아멘 (식)

절기예배 기도문 (성서주일)

[감사] 생명과 진리로 이 땅을 구원하고자 하시는 하나님 아버지의 은혜를 감사드립니다. 하나님은 크고 놀라우신 섭리로 우리 인생과 역사를 주관하고 계십니다. 그 모든 것을 우리에게 밝히시고자 말씀을 허락하신 것을 감사드립니다.

[간구] 태초에 있었던 하나님의 말씀이 지금도 계시고 영원히 계실 줄로 믿습니다. 그리고 변함없이 하나님은 그 뜻을 이 땅 위에 펴시며, 우리로 하여금 배우고 확신하는 일에 거할 것을 명령하시는 줄 믿습니다. 우리가 아버지의 말씀을 통한 그 뜻을 받아들이게 하옵소서.

[말씀으로 새로워지기를 위해] 그러나 우리 인생들은 완악하여서 말씀 받아들이기를 거부하고 있습니다. 그래서 이 땅 위에는 지금 아모스 선지자의 고백처럼 먹을 것과 마실 물이 없어서 고통받는 것이 아니라 하나님의 말씀이 없어서 기갈된 심령으로 가득차 있습니다. 이러한 우리의 영적인 황폐화를 불쌍히 여겨 주옵소서. 놀라운 말씀의 부흥의 시대를 이루시사 새생명으로 변화받는 사람들이 많아지게 하시고, 또한 우리 믿는 자 모두가 주신 말씀에 순종함으로 아버지의 원하시는 모습으로 자라나게 하옵소서.

잘못된 믿음은 말씀으로 교정받게 하시고, 연약한 믿음은 강하게 하시며 오직 훈련된 그리스도의 용사로 부족함이 없게 하옵소서. 그리하여 우리 교회가 부흥되며 우리의 가정이 충만하신 은혜로 넘쳐나게 하옵소서. 세상이 구원받음을 감사하는 자의 물결로 가득차게 하옵소서.

예수님의 이름으로 기도드립니다. 아멘

(식)

186
절기예배 기도문 (성서주일)

[찬송과 감사] 거룩하신 하나님께 찬송과 감사를 드립니다. 이 시간도 허물 많은 우리들을 부르시고 인치시어 구속하여 주심을 감사드립니다. 그 은혜에 그저 감사하고 또 감사할 뿐입니다.

[주의 말씀을 사모하기 위해] 오늘은 성서주일을 맞이하여 우리 모두가 예배하며 기도드립니다. 주의 말씀을 더욱 사모하는 마음으로 주 앞에서 살게 하옵소서. 꿀보다도 달고 송이꿀보다도 더 단 말씀으로 우리에게 다가오게 하옵소서. 정금보다도 더 사모하게 해서 그 말씀 앞에서 우리의 삶이 영위되는 놀라운 은총을 허락하옵소서.

[말씀으로 은혜받기를 위해] 하나님 아버지, 오늘도 단상에 세우신 목사님을 통하여 생명의 말씀을 허락하옵소서. 살아있는 말씀, 어떤 칼보다도 예리하여 우리의 혼과 영과 관절과 골수를 찔러 쪼개기에 충분한 능력있는 말씀이 되게 하옵소서. 그리하여 말씀을 듣는 우리 모두가 회개하고 하나님의 사랑과 은총 앞에 감동받게 하옵소서.

진정 주님의 말씀을 받은 자로서 힘차게 일어나 세상으로 나아가서 담대히 말씀을 증거하게 하옵소서. 하나님의 말씀은 지금도 살아 역사하시며 우리를 인도하시는 줄 믿습니다. 우리의 모든 문제와 어려움이 해결되게 하옵소서. 말씀을 듣고 읽는 순간에 우리의 욕심과 어두운 마음이 사라지게 하옵소서. 형제를 향한 미움이 사라지게 하옵소서. 이웃을 향한 불신이 사라지게 하옵소서. 새로운 기쁨이 충만하게 하옵소서. 진실한 사랑이 솟아나게 하옵소서. 성도간에 영적인 교제가 회복되게 하옵소서. 이 모든 것이 오직 주의 말씀으로 말미암은 것인 줄 믿습니다.

예수님의 이름으로 기도드립니다. 아멘 (식)

절기예배 기도문 (성서주일)

[감사와 예배] 말씀으로 천지를 창조하시고 지금도 말씀을 통하여 역사하시는 하나님 아버지, 오늘은 특별히 성서주일로 지키게 하셔서 하나님께 예배하며 말씀을 들을 수 있도록 인도하여 주심을 감사합니다. 하나님께서 저희들을 사랑하셔서 하늘의 비밀한 것을 알게 하시고 누리게 하시려고 성경을 주시니 감사드립니다.

주님께서 어리석고 미련한 저희들에게 성경을 주심으로 저희들이 성경을 통해 하나님을 배우고 하나님의 뜻을 이해하며, 예수 그리스도를 믿게 되고 삶의 교훈을 얻습니다. 하나님, 우리가 하나님의 말씀을 생명으로 받게 하시고 평생 말씀을 가까이하며, 성경을 통해 계시하신 하나님의 뜻을 따라 살아가는 저희들이 되게 해 주옵소서.

[간구] 땅이 혼돈하고 공허하며 깊은 흑암 속에 빠져 있을 때 하나님이 말씀으로 천지를 창조하심으로 이 땅에 밝음이 오고, 생명의 빛이 비추었습니다. 이처럼 죄악으로 어두워진 이 땅에 말씀이신 예수 그리스도께서 육신이 되어 오심으로 사망의 어두운 세력이 물러가고, 죄와 허물로 죽었던 저희들이 새생명을 얻게 되었습니다. 그러나 아직도 사탄의 어두운 세력 아래 살면서 생명의 빛을 보지 못하고 살아가는 많은 사람들이 있음을 봅니다. 하나님, 빛의 자녀로 부름받은 저희들이 일어나 어둠이 짙은 세상에 구원의 말씀을 증거하는 증인들 되게 하시고, 말씀이 육신이 되어 우리 가운데 거하시는 예수 그리스도를 선포하게 하옵소서.

세계 도처에는 아직도 종족어로 된 성경이 없어서 하나님의 진리의 말씀을 접하지 못하는 미전도 종족들이 많이 있습니다. 속히 모든 종족 언어로 성경이 번역되어 그들도 복음을 들을 수 있게 하여 주옵소서.

생명이신 예수님의 이름으로 기도드립니다. 아멘 (희)

절기예배 기도문 (성서주일)

[감사] 신실하신 하나님 아버지, 거룩한 주의 날을 허락하시고 저희들을 주님 전으로 인도하심으로 하나님을 예배하는 복된 자리에 있게 하시니 감사합니다. 성서주일을 맞이하여 하나님의 말씀을 우리 가운데 계시하시고 말씀을 통해 구원의 도와 삶의 표준을 세워 주신 하나님께 감사와 영광을 돌려 드립니다.

[간구] "진리를 알지니 진리가 너희를 자유케 하리라" 하신 주님의 말씀을 기억합니다. 그러나 참 진리이신 하나님의 말씀과 말씀이 육신이 되어 우리 가운데 임하신 예수 그리스도를 몰라 헛된 것을 따라 사는 사람들이 많습니다. 그중 하나님께서 저희들을 특별히 사랑하셔서 하나님 말씀을 알게 하시며, 그리스도를 믿음으로 받아 구원과 인생의 참 표준을 따라 살 수 있도록 하여 주신 은혜를 감사드립니다. 참 진리를 아는 자로서 하나님을 영화롭게 하는 삶을 살게 하여 주시고, 진리가 없어 멸망의 길로 가는 많은 사람들에게 진리의 말씀을 증거하여 그들이 구원의 도와 참된 길을 찾을 수 있도록 돕는 일에 쓰여질 수 있도록 도와 주옵소서.

[말씀이 땅끝까지 선포되기를 위해] 모든 부족의 언어로 성경을 번역하기 위해 애쓰고 있는 선교 단체들과 신실한 종들에게 지혜와 능력을 더하여 주옵소서. 그리하여 이 일이 속히 이루어져 땅끝 모든 부족의 언어로 복음이 들려지며, 모든 족속의 말로 하나님의 진리가 선포되게 하여 주옵소서. 교회가 이 일에 관심을 갖게 하시고 우리에게 허락한 물질을 이 일을 위하여 쓰게 하시며 기도로 돕게 하옵소서.

말씀을 전하실 목사님에게 성령께서 말씀의 능력을 더하여 주셔서 듣는 우리 모두의 마음판에 생명의 말씀, 은혜의 말씀으로 깊이 새겨지게 하여 주옵소서. 예수님의 이름으로 기도합니다. 아멘 (희)

절기예배 기도문 (성서주일)

[감사와 예배] 영광과 존귀를 세세토록 받으시기에 합당하신 하나님 아버지, 구원받은 주의 백성들이 은혜에 감격하여 하나님 전에 나와 예배하오니 영광받아 주옵소서. 오늘은 성서주일입니다. 우리에게 성경을 주시고 성경을 통해 하나님의 구원 계획을 알게 하실 뿐 아니라 이 땅과 인간을 향하신 하나님의 뜻을 계시하셔서 하나님의 뜻을 분별할 수 있도록 하여 주심을 감사합니다.

[말씀을 가까이하기 위해] 늘 우리 자신을 주의 말씀 앞에 비추어 새롭게 하며 말씀의 능력을 덧입어 세상을 말씀으로 이기며 살아갈 수 있도록 인도하여 주옵소서. 우리의 삶이 말씀을 가까이하는 삶이 되기를 원합니다. 순전한 마음으로 말씀을 들으며, 부지런히 읽고 배우며, 암송하는 것이 우리의 습관이 되게 하여 주옵소서. 그래서 우리가 늘 말씀과 더불어 살게 하시고 하나님 말씀을 표준으로 삼게 하옵소서.

[간구] "내가 기근을 땅에 보내리니 양식이 없어 주림이 아니며 물이 없어 갈함이 아니요 여호와의 말씀을 듣지 못한 기갈이라."

아모스를 통해 주신 하나님의 이 말씀처럼 실로 이 시대의 기갈은 하나님 말씀을 듣지 못함에서 오는 채울 수 없는 영혼의 공허함의 갈증이요 기갈임을 압니다. 하나님, 저들을 불쌍히 여기시고 저들도 하나님 말씀을 통해 심령의 갈함과 굶주림을 채워 참다운 만족함을 누리게 하옵소서. 피로 값 주고 세우신 하나님의 교회에 말씀을 전하시는 귀한 목사님을 세워 주심을 감사합니다. 사랑하는 주의 사자를 늘 진리의 영으로 충만케 하셔서 하나님의 말씀을 옳게 분변하며 온전하게 선포하기에 부족함 없게 하여 주옵소서. 그리하여 우리 교회가 하나님의 말씀이 흥왕한 교회 되게 하여 주옵소서.

예수 그리스도의 이름으로 기도드립니다. 아멘 (희)

절기예배 기도문 (성탄절)

[감사] 죄악으로 죽을 수밖에 없는 저희 인생들을 살리시고자 낮고 천한 이 땅에 육신의 몸을 입고 말구유까지 낮아지신 예수님, 주님의 오심을 진심으로 감사드립니다. 우리 가운데 오셔서 생명의 길로 인도하시는 주님의 크신 은혜를 다시금 찬양드립니다.

[간구] 말구유까지 낮아지신 하나님의 그 크신 사랑의 사건 앞에 저희들이 혹 침묵하지는 않았는지 우리의 눈을 열어 강보에 싸여 있는 아기 예수를 보게 하옵소서. 목자들처럼 경배하며 찬송하게 하시고 하늘의 신비한 소식을 온 천하에 알리게 하옵소서.

주님, 저희 심령 가운데 오셔서 평강의 길로 인도하시고 어두운 밤하늘에 홀연히 큰 별로 오시듯 저희에게 은혜의 빛으로 오시옵소서.

비록 우리의 심령이 누추하고 냄새나는 말구유 같으나 오셔서 생명의 은총으로 감싸 주옵소서. 아직도 이 땅에는 어두움과 불의와 거짓이 남아있습니다. 빛되신 주님, 오셔서 어두움을 몰아내어 주시고 진실과 정의로 살게 하옵소서. 우리 심령과 가정과 교회에 기묘자로, 모사로 오시옵소서.

그러나 아직도 주님께서 이 땅에 오신 그 거룩한 뜻을 깨닫지 못한 자들이 많습니다. 정욕과 쾌락에 물들어 구속의 그 사랑을 알려고 하지도 않는 어리석음을 제하여 주옵소서. 이 시간도 암흑속에서 고통으로 신음하며 괴로움을 당하는 북한 동포들의 울부짖는 소리를 들으시고, 이 나라에 화해와 일치를 허락하여 주옵소서.

오늘 예배드리는 우리 모두에게 아기 예수의 맑고 순결한 영혼을 본받게 하시고 기쁨으로 경배하게 하옵소서.

예수님의 이름으로 기도드립니다. 아멘. (곤)

191
절기예배 기도문 (성탄절)

[감사] 사망과 어둠의 그늘에 눌려 죽을 수밖에 없는 죄인들을 구원하시고자 독생자 예수 그리스도를 이 땅에 보내신 하나님의 크신 은혜에 감사와 찬양을 드립니다.

[참회] 저희들을 사랑하사 육신의 몸을 입고 생명의 길로 인도하셨건만 저희들은 미련하고 악하여 아직도 죄악의 길에서 헤매고 있습니다. 저희들을 긍휼히 여기사 평강의 길로 인도하여 주옵소서.

[간구] 어두움이 땅을 덮을 때, 캄캄함이 만민을 가리울 때에 영광의 빛으로 오신 주님, 오늘 이 땅 위에 오시옵소서. 이 백성 가운데 오셔서 불의의 횡포와 무력과 오만함을 심판하시고, 서로 싸우고 정죄하며 고소하는 저희들을 불쌍히 여기시어 인자하심을 베풀어 주옵소서.

말씀이 육신되어 이 땅에 오신 주님, 우리 마음과 가정, 교회와 사회를 참된 길로 인도하여 주옵소서. 시므온이 주의 구원을 보고 이방을 비추는 빛이라고 찬송했듯이 우리의 눈을 열어 주시어 이 땅의 주인이시며 통치자이신 주님을 만방에 알리고 찬송하며 선포하게 하옵소서. 요셉과 마리아의 찬미와 순종과 믿음을 저희들도 얻기를 원합니다.

주님이 오신 이 날은 바로 구원이 선포된 날이요 생명의 날이요 평화의 날이며 암흑이 사라진 복된 날인 줄 믿습니다. 모든 성도들이 기뻐하게 하시고 모든 만민이 찬송하게 하옵소서.

예수 그리스도의 탄생일을 맞아 예배드리는 이 자리에 주의 영광과 크신 이름이 충만하게 하옵소서.

우리를 살리신 예수님의 이름으로 기도합니다. 아멘 (곤)

192
절기예배 기도문 (성탄절)

[감사] 사랑과 인자가 풍성하신 하나님 아버지께 감사드립니다. 벌레만도 못한 저희를 사랑하셔서 하나밖에 없는 성자 예수님을 인간의 몸을 입히시어 이 땅에 보내 주심을 감사합니다. 하나님의 형상으로 만들어 주셨음에도 자꾸 악한 길로 나가기만 하는 저희들을 구원하시고자, 가장 낮은 곳에서 예수님을 나게 하시고 생명의 길을 열어 주심을 감사드립니다.

[간구] 하나님의 본체이시나 사람의 모습, 종의 모양으로 오시어 자신을 낮추신 그리스도의 마음을 품을 수 있도록 은혜 내려 주옵소서. 어려움을 당하고 소외된 이웃을 돌아볼 수 있도록 저희들에게 넉넉한 마음을 주시고, 예수 그리스도의 탄생의 비밀을 알지 못하는 사람들에게 이 귀한 소식을 전하게 하옵소서. 고귀한 성탄일이 물질만능으로 얼룩지지 않도록 바로 전하게 하시고, 어린아이에서 노인에 이르기까지 이 날을 기뻐 찬양하게 하옵소서.

영접하는 자 곧 그 이름을 믿는 자에게는 하나님의 자녀가 되는 권세를 주시겠다고 하셨으니 이 땅 구석구석에 영원한 기쁨의 소식이 전해져서 하나님의 이름이 높임을 받고 새로운 변화의 역사가 일어나게 하옵소서. 해마다 돌아오는 성탄이지만 언제나 새롭게 주님을 만나고 거듭될수록 더 깊은 진리를 깨닫게 하시고 감사가 넘치게 하옵소서.

저희들 심령의 빈 방에 주님을 위한 자리를 마련하였사오니 들어오셔서 좌정하시고 우리의 일생을 주관하여 주옵소서.

왕되신 예수님께 기쁨의 경배를 드리며, 예수 그리스도의 이름으로 기도드립니다. 아멘

(곤)

193
절기예배 기도문 (성탄절)

[예수님 맞을 준비를 위해] 사랑의 하나님, 올해도 어김없이 추운 겨울이 돌아왔습니다. 차가운 바람이 불고 흰눈이 내리고 사람들은 옷깃을 올리고 총총걸음을 걸으며 자기 길을 재촉하는 계절입니다. 이러한 계절에 또 어김없이 주님은 우리에게 오십니다. 2천년 전에도 그러하셨듯이 지금도 얼어붙은 사람들 사이로, 욕망만이 가득찬 세상 속으로 우리 주님은 또 오십니다.

하나님, 우리로 하여금 또 다시 아기 예수님을 거리로 내보내는 불신을 범치 말게 하소서. 예수님을 진심으로 맞을 수 있는 믿음을 주옵소서. 주님을 진정으로 맞을 수 있는 눈과 귀를 열어 주옵소서. 무겁게 얼어붙어 있는 사람들의 마음이 주님의 오심으로 녹아지게 하옵소서.

[감사와 참회] 사랑의 하나님, 독생자를 보내 주심을 감사드립니다. 이 시간 아기 예수께서 우리를 위해 오심을 깨달으면서 그 고귀한 낮아지심에 감사와 함께 죄스러운 마음을 금할 수 없습니다. 좀더 부지런히 주의 일을 하지 못하고 쭉정이처럼 살아온 날들을 용서하시고, 믿음이 부족하여 좋은 열매 맺지 못한 많은 날들을 회개하오니 주여, 용서해 주옵소서.

[간구] 이제 하늘보좌를 버리시고 아기 예수께서 이 땅에 오셨음을 기억하면서 내가 가진 의는 버리고 그리스도의 의로 옷 입으며, 교만은 내어버리고 겸손으로 무장하게 하옵소서. 더욱더 하나님을 사랑하고, 더욱더 말씀 가운데서 살며, 더욱더 기도 가운데 영적인 충만함을 입어서 우리 주님의 나심을 진정으로 축하하며 기뻐할 수 있는 믿음의 사람들이 다 되게 하옵소서. 예수님의 이름으로 기도합니다. 아멘 (식)

절기예배 기도문 (성탄절)

[찬양과 감사] 하늘보좌를 버리시고 이 땅에 오신 예수님, 독생자를 버리시기까지 우리 인간을 사랑하시는 하나님의 은혜 앞에 오늘 우리가 또 다시 머리를 숙였습니다. 이 성탄은 우리 주님에게는 엄청난 비하의 사건이지만 이를 통해 우리 죄인들에게는 새로운 삶의 길이 열리는 은총의 날임을 기억합니다. 아기 예수의 오심 앞에 우리는 입을 열어 찬송하며 감사하오니 주여, 우리의 찬송을 받으옵소서.

[간구] 예수님이 오심으로 죄중에 있는 우리에게 삶의 소망이 열렸습니다. 아기 예수님이 첫 울음을 터뜨렸을 때 인류에게 새로운 구원의 문이 열렸습니다. 티없이 맑고 한점 흠도 없는 예수님이 누우시기에는 너무나도 어둡고 혼탁한 이 세상입니다. 진리보다는 불의가 판을 치고, 선보다는 악이 승리하는 세상입니다. 그러나 우리 주님이 오심으로 이 모든 것이 역전될 수 있을 줄 믿습니다. 어서 또다시 이 세상으로 오시고 우리 교회에, 우리 마음에 오시옵소서.

하나님, 우리 모두는 주님을 진심으로 찬양하기 원합니다. 하늘의 천군천사처럼 소리 높여 찬송하며, 밤길을 달려서 베들레헴을 찾아간 목자들처럼 놀라움과 기쁜 마음으로 경배하게 하옵소서. 아기 예수님을 낳은 마리아와 요셉처럼 순전하고 진실된 신앙의 모습도 닮게 하옵소서. 그리하여 우리가 비록 많은 것을 갖지 못하고 많은 것을 바치지 못하지만 주님을 사랑하는 마음으로 오늘 한날을 살게 하시고, 주님의 사랑으로 돌봐야 할 많은 가난한 이웃들을 기억하는 이날 되게 하옵소서.

우리를 위해 오신 예수님의 이름으로 기도드립니다. 아멘 (식)

절기예배 기도문 (성탄절)

[감사] 가장 완전한 사랑의 화신으로 태어나신 주님을 찬양합니다. 주님이 2천여년 전에 이 세상에 오심으로 이 세상은 지금까지 주님의 나심을 축하하며 감사하고 있습니다. 아기 예수의 나심을 진심으로 감사하는 사람들의 마음속에는 성탄의 종소리가 울려퍼지고, 온 인류는 서로 마주보며 한가족 한형제된 것을 기쁨으로 감사하고 있습니다.

어둠이 깊을수록 빛을 간절히 사모하듯이 불의와 폭력, 미움과 욕심으로 가득찬 세상 속에서 우리는 갈등하며 방황하며 빛되신 예수님이 오심을 사모합니다. 아니 이미 오신 예수님을 진심으로 우리 마음속에 모셔들이기를 원합니다.

[간구] 사랑의 주님, 이제 주님을 모심으로 주님이 가르치시고 보여주신 모든 것을 배우게 하옵소서. 겸손 자체이신 주님의 겸손을 배우게 하옵소서. 사랑의 화신이신 주님의 그 사랑을 닮기를 원합니다.

우리의 귀가 열려 하나님의 말씀을 듣게 하시고 우리의 입이 열려 진심으로 주님을 찬양하게 하옵소서. 희망을 안고서 오신 주님의 그 빛나는 희망이 오늘 절망하는 이들 위에 들리게 하시고, 오늘 울고 있는 가난하고 약한 이들 위에 아름다운 위로로 임하옵소서. 우리가 가진 가장 귀한 것들로 주님 앞에 드리게 하옵소서. 말로써만이 아니라 겸허하게 익어가는 사랑의 삶으로써 온 세상에 주님 오심을 증거하게 하옵소서. 온 세상에 주님의 사랑이 가득하게 하소서.

이 시간도 말씀으로 은혜받기를 원하며, 예수님의 이름으로 기도드립니다. 아멘

(식)

절기예배 기도문 (성탄절)

[예배] 죄로 어두워진 이 땅에 예수 그리스도를 보내 주심으로 소망의 빛을 비추어 주신 하나님께 영광과 찬송을 올려 드립니다.

하나님의 말씀을 거역하고 사탄과 짝하여 하나님과 원수된 인간들을 진멸치 않으시고 구원키 위해 독생자를 보내 주심으로 우리가 생명의 소망을 갖게 되었습니다. 이 놀라운 하나님의 사랑으로 크신 은혜를 입은 저희들이 감사와 기쁨으로 주를 영접하며 예배하오니 저희의 드리는 예배를 받아 주옵소서.

[세계 복음화를 위해] 우리는 예수 그리스도를 맞으며 즐거움과 소망 가운데 예배하지만 아직도 이 땅의 많은 사람들이 예수 그리스도를 믿음으로 영접하지 못한 채 죄 아래 살아가고 있습니다. 하나님, 저들에게도 죄와 사망에 매인 자들을 구원하기 위해 오신 예수 그리스도 나심의 복된 소식이 전해지게 하여 주옵소서. 또한 세계 열방 가운데 아직도 예수 그리스도께서 이 땅에 오신 사실조차 알지 못한 채 살아가는 미전도 종족들이 많이 있습니다. 저들에게도 예수 나신 구원의 소식이 증거될 수 있도록 역사하여 주옵소서.

[간구] 이 땅에 어둠은 더욱 깊어지고 더 이상 선지자의 외침도 들리지 않으며, 메시아를 기다리던 사람들의 소망도 이루어질 기미가 보이지 않는 것같던 절망 속에서도 하나님의 인간을 구원하시고자 하는 계획은 한치의 오차도 없이 진행되어 결국 이 땅에 메시아를 보내셨습니다. 이 시간 예배할 때에 예수님을 이 땅에 보내셔서 절망의 역사를 소망으로 바꾸어 놓으신 하나님의 사랑과 은혜를 다시금 깊이 체험하게 하셔서, 우리 속에 감사와 기쁨이 충만한 시간 되게 하여 주옵소서.

예수 그리스도의 이름으로 기도드립니다. 아멘 (희)

절기예배 기도문 (성탄절)

[예배] "지극히 높은 곳에서는 하나님께 영광이요 땅에서는 기뻐하심을 입은 사람들 중에 평화로다." 기쁘고 복된 성탄절에 하나님 자녀들이 주님 앞에 나와 신령한 노래로 감사의 예배를 드립니다.

[간구] 거룩하신 하나님의 뜻을 따라 이 땅에 구원을 주시기 위해 인간의 몸을 입고 오신 예수님, 죄의 저주 아래서 영원히 죽을 수밖에 없었던 저희들의 죄의 사슬을 풀어 주시기 위해 오신 그 사랑으로 자유와 영생의 길을 열어 주셨습니다. 그러나 이 땅에는 아직도 이 길을 알지 못하거나 알고도 거부하면서 죄와 더불어 살아가는 많은 사람들이 있습니다. 예수 그리스도를 통해 이 땅에 임한 이 구원의 찬란한 빛이 저들에게도 비춰지게 해서서 우리와 함께 예수 나심을 축하하며 즐거워할 수 있도록 인도하여 주옵소서.

이 복된 소식을 먼저 들은 우리가 온누리에 이 기쁜 소식을 전하는 소리가 되게 하시고, 절망과 고통속에 살아가는 이웃에게 하나님의 사랑과 구원을 선포하게 도와 주옵소서. 그래서 이 복된 소식을 듣고 절망속에 있는 자들이 소망을 얻고, 낙심한 자들이 힘을 얻는 은혜를 누리게 하옵소서.

하나님 아버지, 성스럽고 거룩한 성탄의 의미를 왜곡하여 타락과 방탕속에 자기 즐거움을 구하는 날로 전락시키고 있는 인간들의 어리석음을 용서하여 주시고, 성탄의 참된 의미를 깨닫게 하셔서 저들도 돌이켜 참된 기쁨과 평화의 풍성한 은혜를 누릴 수 있도록 인도하여 주옵소서.

사랑하는 목사님을 통하여 말씀을 들을 때에 우리 마음에 예수 그리스도로 말미암는 기쁨이 충만한 시간 되게 하여 주옵소서.

귀하신 예수님의 이름으로 기도드립니다. 아멘

(희)

절기예배 기도문 (성탄절)

[예배] 평화의 왕이요 거룩하시고 존귀하신 하나님, 절망속에 빠져 있던 이 세상을 구원하시기 위해 하나님께서 인간의 몸으로 오신 기쁘고 복된 성탄절 아침입니다. 이 시간 하나님의 사랑을 입은 자들이 감사와 찬송으로 주님을 예배하오니 저희의 예배를 받아 주옵소서.

[참회] 주님께서 이 땅에 참 빛과 소망으로 오시므로 저희들의 생명이 멸망받을 저주스런 것에서 영생할 복된 것으로 바뀌었습니다. 저희들의 삶이 어두움에서 빛으로 옮겨졌습니다. 두려움과 한탄이 기쁨과 찬양으로 변했습니다. 이러한 큰 사랑을 받았지만 하나님께 영광 돌리는 삶을 살지 못하고 있는 저희들의 허물을 용서하여 주옵소서.

이번 성탄절을 통해 다시 한번 주님께서 우리에게 행하신 놀라운 은혜를 깊이 깨닫고 변하여 주님 은혜에 보답하는 삶을 살게 하여 주옵소서. 아기 예수께 세 가지 귀한 예물을 드렸던 동방박사들처럼 저희들도 인생의 가장 귀한 것으로 주님께 드릴 수 있게 하여 주옵소서.

[간구] 죽음과 절망의 그늘이 드리워진 세상에 구원의 기쁜 소식을 가지고 오셨건만 죄악의 세상에 취해 많은 영혼들이 주님의 오심을 알지 못하고 여전히 멸망받을 죄 가운데서 살아가고 있습니다. 아기 예수 나심을 목자들에게 알렸던 천사들처럼 주님의 은혜를 입은 저희들이 세상 가운데 예수님 탄생하신 기쁨의 복된 소식을 전파할 수 있도록 인도하여 주옵소서. 그래서 저희들을 통하여 하나님의 사랑과 평강이 온누리에 퍼져나가게 하옵소서. 주의 사자를 통하여 주시는 하나님의 말씀을 들을 때에 하나님의 사랑이 각 사람의 심령속에 충만히 임하게 하셔서 그 사랑을 찬양하며 많은 사람과 나누게 하옵소서.

주님께 엎드려 경배하며, 예수님의 이름으로 기도드립니다. 아멘 (회)

절기예배 기도문 (성탄절)

[찬양] 높은 영광의 보좌에 앉아 계신 거룩하신 하나님, 죄로 어두워진 이 땅을 회복시키기 위하여 육신을 입으시고 인간들 가운데로 임하신 하나님의 그 크신 은혜와 사랑을 찬양합니다. 아무 자격도, 아무 공로도 없이 거져 받은 이 은혜를 "너희가 거저 받았으니 거저 주라" 하신 주님 말씀대로 예수 그리스도를 알지 못하는 많은 사람들과 나눔으로 조금이라도 갚을 수 있게 하여 주옵소서.

[성탄의 기쁨을 전하기 위해] 임마누엘 되신 주님, 주님의 빛을 세상에 비춤으로 흑암 속에 있는 자들이 빛되신 예수께로 나아오게 하시고, 그 빛을 받아 저들도 하나님의 은총을 누리도록 인도하여 주옵소서. 그래서 진정한 평화와 사랑을 주러 오신 예수님을 통해 그들의 삶이 새로워지며 하나님의 사랑과 다스리심 속으로 들어가게 하옵소서. 저희들에게 하나님 안에 있는 참된 평강과 기쁨과 복을 가져다 주신 성탄의 기쁜 소식을 알릴 수 있도록 믿음과 담대함을 더하여 주옵소서. 그 소식을 전할 때에 온 세상 중에 주님의 영광이 드러나며 열방이 주께 나아와 찬양하는 역사가 일어나게 하옵소서.

[주님따라 살기 위해] 오늘도 오래 참으심으로 죄인들이 회개하고 돌아오기만을 기다리시는 하나님 아버지, 먼저 저희들의 삶이 죄에서 떠나 정결한 마음과 정직한 영으로 주님을 따라 살게 도와 주옵소서. 그래서 세상의 헛된 것들을 좇아 살아가는 믿지 않는 이웃에게 참 보배이신 예수 그리스도를 통해 얻는 죄사함의 은혜를 증거할 수 있게 하옵소서.

[목사님을 위해] 말씀을 선포하실 목사님에게 성령의 능력과 지혜를 더하셔서 하나님의 말씀이 능력있게 선포되게 하시고, 듣는 저희들은 말씀을 순전함으로 받고 순종하게 하옵소서.

귀하신 예수 그리스도의 이름으로 기도드립니다. 아멘   (희)

200
절기예배 기도문 (송년)

[감사] 알파와 오메가 되신 하나님 아버지. 이 한해를 돌이켜 보며 감사를 드립니다. 세상의 여러 사건 속에서도 하나님의 은혜로 큰 어려움 없이 지내게 하시고, 비록 문제가 있었고 높은 산들이 우리 앞을 막았으나 그때마다 하나님께서 걸림돌을 제거해 주심을 감사드립니다. 이번 한해 저희들에게 일터를 주셨고 건강도 주셨으며 성도들을 평강으로 지켜 주셨음을 감사드립니다.

[고백] 사랑하는 주님, 저희들은 주님의 나라와 의를 구하기 보다는 오늘의 현실에 파묻혀 먹고 마시는 일에 분주했음을 고백합니다. 이웃을 내 몸과 같이 사랑하고 하나님 섬기기를 다해야 함에도 불구하고, 자신의 유익을 구하고 물질을 탐하였으며 명예와 권세욕에 사로잡혀 살아왔음을 고백합니다.

또한 주님께서 우리 모두에게 주신 귀중한 시간을 아끼지 못하고 세월을 낭비한 저희의 불충을 용서하여 주옵소서. 우리의 허물을 이 시간 성령의 뜨거운 역사로 태워 주시사 새마음과 새 옷으로 단장하게 하시어 주님이 기뻐하시는 성품과 사람으로 새롭게 하여 주옵소서. 우리의 겉사람은 후패하나 속사람은 날로 새롭게 하여 주옵소서.

[간구] 여호와께서 저희들에게 기름 부어 주셔서 하나님 앞에서나 사람 앞에서 부끄럼 없이 서게 하시고 은총속에 살아가게 하옵소서. 무엇보다 이 세대를 본받지 말고 마음을 새롭게 함으로 변화를 받아 하나님의 선하시고 기뻐하시고 온전하신 뜻이 무엇인지 분별하며 살아가는 지혜로운 백성이 되게 하옵소서.

예수님의 이름으로 기도합니다. 아멘 (곤)

절기예배 기도문 (송년)

[감사] 한해를 지켜 주신 하나님 아버지, 개인과 가정과 교회와 이 민족의 역사를 친히 주관하시는 주님의 은혜에 감사하며 아버지께 경배와 찬양을 드립니다.

[고백] 저희의 삶을 돌아보건대 부족함이 너무나 많음을 고백합니다. 매사에 성실과 진실로 행하지 못했고 게으름과 분주함 속에서 하나님의 일을 게을리했습니다. 모든 일에 최선을 다하지 못하고 쟁기를 손에 든 채 뒤를 돌아보는 삶을 살았습니다. 주께서 맡기신 달란트를 갑절로 남기지 못했음을 고백합니다.

[간구] 은혜로우신 주님, 저희들을 용서해 주시고 긍휼과 자비를 베푸셔서 새로운 마음가짐으로 새해를 맞이하게 하옵소서. 형제를 사랑하며 서로 우애하고, 부지런하여 게으르지 말고 열심을 품고 주님을 섬기게 하옵소서. 악을 미워하고 선을 사랑하며 소망중에 즐거워하고 환난중에 참으며 기도에 힘쓰게 하옵소서. 어두움의 일을 벗고 말씀의 옷을 입게 하옵소서. 단정히 행하고 정욕을 위해 육신의 일을 도모하지 않게 하옵소서. 항상 기뻐하고 범사에 감사하며 쉬지 않고 기도하게 하옵소서.

야곱과 다윗에게 하신 약속을 이어 받아 복을 얻게 하시며, 아브라함에게 부여된 복의 근원이 되게 하셔서 우리로 말미암아 이웃과 민족이 복을 받게 하옵소서. 주님의 몸된 교회에 복을 주시고 복음의 비밀을 온 누리에 전하게 하옵소서. 주의 사자와 직분자들이 죽도록 충성하게 하시고 생명의 면류관을 바라보며 일하게 하옵소서. 더 열심히 기도하고 봉사하게 하옵소서.

예수님의 이름으로 기도합니다. 아멘

(곤)

202
절기예배 기도문 (송년)

[감사와 고백] 어제나 오늘이나 영원토록 동일하신 하나님, 올해도 하나님의 돌보심으로 이 자리까지 오게 하시니 무한한 감사를 드립니다. 연초에 주 앞에서 충성하겠다고 다짐했으나 저희들은 넘어지고 성실하지 못하여 주님의 마음을 아프게 했음을 고백합니다. 저희의 부족함을 다시 한번 용서해 주옵소서.

[간구] 주님, 이 시간 우리 내면에 뿌리 박혀 있는 구습을 벗어버리게 하시고 옛사람에서 새사람으로 바꾸어 주옵소서. 저희 심령 속에 성령님께서 오셔서 우리의 속사람이 변화받게 하시며, 하나님의 선하신 뜻에 따라 의와 진리로 옷 입게 하옵소서.

화평이신 주님, 분열된 것을 하나로 만드시고 막혀 있는 담을 헐어 주옵소서. 주님께서 하나님과 인간의 관계를 새롭게 회복시켜 주셨듯이 서로 미워하고 원수된 자들이 주님의 사랑으로 다시금 용서하고 하나가 될 수 있는 자리에 서게 하옵소서.

이제 새해에는 우리의 소욕을 따라 행하지 아니하고, 주께서 주신 귀한 언약의 말씀을 좇아 강하고 담대하게 주의 일을 감당하는 청지기가 되게 하옵소서. 기쁨으로 헌신하는 저희가 되게 하옵소서.

새해를 주님의 계획 속에서 하루하루 살게 인도하옵소서. 각 가정을 품어 주시고 직장을 지켜 주시며, 엎드려 간구하는 기도제목들이 응답받게 하옵소서.

저희 앞에 열려진 새해의 문을 믿음으로 들어서는 온 성도가 되게 하시어 날마다 순전한 마음으로 주를 섬기며 즐거워하게 하옵소서.

예수 그리스도의 이름으로 기도합니다. 아멘 (곤)

203
절기예배 기도문 (송년)

[감사] 생명과 진리되신 여호와 하나님, 그 은혜와 사랑을 감사드립니다. 지금까지 지내온 것 진실로 주의 크신 은혜인 줄 믿고 감사드립니다. 바로 엊그제 이 해의 첫날을 맞고서 새로운 마음으로 시작했던것 같은데 어느새 마지막 날을 맞았습니다.

[참회] 오늘 이 시간에 주의 이름을 부르면서 우리들의 한해 동안의 부족했던 점을 회개하오니 용서해 주시기를 원합니다. 먼저 우리의 신앙적인 부족과 죄를 용서해 주옵소서. 주님은 우리를 위하여 몸버려 피흘려 주셨는데 우리는 주의 그 크신 희생에 만분의 일도 보답하지 못했습니다. 진정으로 살아있는 영적인 예배를 드리지도 못했고, 우리의 몸을 산 제사로 드리지도 못했습니다.

주님 뜻대로 살기보다는 내 뜻과 소욕을 좇아서 살 때가 너무 많았습니다. 하나님 앞에서 불손했습니다. 복음 들고 나아가 이웃에게 열심으로 전하지도 못했습니다. 무릎이 아프도록 기도하지 못하고, 하나님과 진정한 영적인 교제도 충만하게 갖지 못했습니다. 이 모든 우리의 불의가 예수님의 피공로로 이제 깨끗하게 씻김받기를 원합니다.

생명과 진리되신 하나님, 우리의 도덕적인 죄를 용서해 주옵소서. 하나님의 백성답게 더 높은 윤리적 수준의 삶을 살아야 함에도 불구하고 그렇게 살지 못했습니다. 빛처럼, 소금처럼 살아야 함에도 불구하고 그러한 삶을 살지 못했습니다. 국가와 사회를 위한 봉사에도 소홀하였습니다. 이제 이 모든 일들에서 사함받고 새사람되어 살게 하옵소서. 진리 가운데서 새날을 맞게 하옵소서.

예수님의 이름으로 기도합니다. 아멘 (식)

204
절기예배 기도문 (송년)

[감사] "천하에 범사가 기한이 있고 모든 목적이 이룰 때가 있나니 날 때가 있고 죽을 때가 있으며 심을 때가 있고 심은 것을 뽑을 때가 있다"라고 하신 말씀을 이 시간 기억합니다. 바로 엊그제 시작한 것같은 이 한해가 실로 유수와 같이 흘러가고 벌써 마지막 날을 맞이했습니다. 지금까지 도우시고 지키신 것을 감사드립니다. 이 모든 것이 주의 은혜인 줄 믿습니다.

[간구] 이 시간 주께서 베푸신 모든 은혜에 무엇으로 보답할 것인지를 기억하게 하옵소서. 진심으로 감사하는 기도를 드리게 하옵소서. 그리고 우리의 서원했던 것들을 아버지와 주의 백성들 앞에서 행하게 하옵소서. 그리하여 하나님이 원하시는 진리의 터 위에서 살아가게 하옵소서. 주께서 원하시는 일들을 분별하게 하옵소서.

[새로운 해를 맞이하기 위해] 하나님 아버지, 우리의 마음을 주관하여 주옵소서. 주의 사랑과 진리 안에서 살아가게 하옵소서. 믿음의 길에 들어서서 살도록 주께서 지켜 주옵소서. 바람불고 물결 몰아치는 세상 속에서 진리를 발견하고 진리 안에서 확신과 자유를 얻게 하소서. 지난 한해에는 부족하고 여린 믿음으로 살았을지라도 이제 새해에는 좀더 소망을 가지고 굳센 믿음으로 살아가게 하옵소서.

하루하루 생활하면서 주님의 은혜를 생각하게 하시고, 주님께서 주시는 힘과 능력으로 살아가게 하옵소서. 하나님과 늘 동행하며 주님이 기뻐하시는 삶을 살도록 인도해 주옵소서.

주 예수 그리스도의 이름으로 기도합니다. 아멘 (식)

205
절기예배 기도문 (송년)

[감사] 생명의 근원되시는 여호와 하나님, 이 한해의 마지막 시간을 보내면서 그동안 베풀어 주신 온갖 자비와 은혜를 감사드립니다. 아버지께서는 주야로 우리를 인도해 주셨으며 한순간도 놓치지 않으시고 주의 크신 사랑을 보여 주셨습니다. 우리의 죄를 용서해 주셨을 뿐만 아니라 믿음을 주시어 날로 한걸음씩 성장시켜 주심을 감사드립니다. 주님의 법도를 세우시고, 사랑 안에서 자라는 교회로 세워 주셨음을 진심으로 감사드립니다.

우리는 미력하나마 하나님과 영적인 교제를 위하여 기도하기를 힘썼고, 아버지의 뜻을 깨닫기 위하여 말씀을 가까이하려고 했습니다. 또 전도하며, 헌금하며, 교회의 구석구석에서 봉사하며 살아오도록 주께서 인도하셨음을 믿고 감사드립니다. 이 작은 드림 위에 아버지께서는 더 많은 것으로 채워 주셨음을 감사드립니다.

[고백] 하나님, 네 이웃을 네 몸같이 사랑하라고 하신 말씀을 잘 실천하지 못했음을 고백합니다. 우리 가정, 우리 교회 성도만을 생각했습니다. 용서해 주시고 우리의 관심이 이웃을 향하게 하옵소서. 진정 주님의 사랑으로 베풀며 살게 하옵소서.

[새해에도 하나님의 인도하심을 위해] 하나님, 주님의 그 사랑과 은총은 새해에도 변함이 없을 줄로 믿습니다. 우리를 변함없이 빛과 진리 가운데로 인도해 주옵소서. 다가오는 새해에도 신실한 마음으로 하는 일마다 주께 기쁨을 드리는 우리 모두가 될 수 있도록 도와 주옵소서.

예수님의 이름으로 기도드립니다. 아멘 (식)

절기예배 기도문 (송년)

[감사] 역사의 주관자이신 하나님 아버지, 지나온 시간들을 되돌아보며 주님 안에서 마무리할 수 있도록 은혜 베풀어 주시니 감사를 드립니다. 생각해 보면 매순간 하나님께서 선하신 손길로 인도하셨기에 이렇게 주님 앞에 설 수 있게 되었음을 믿습니다.

[고백] 지난 한해를 더듬어보면 이 땅에 참으로 많은 사건들과 사고들과 어려움들이 있었습니다. 우리의 신앙을 흔들며 우리의 삶을 낙심케 하며 근심과 염려 속에 빠지게 만들었던 아픈 순간들도 있었습니다. 그러나 상황들을 다스리시고 선하게 사용하시는 하나님께서 그 모든 어려움과 환난 속에서 저희를 건져 주셨고, 믿음으로 이기게 하시며, 소망 중에 인내할 수 있도록 힘 주심으로 위기의 순간들을 잘 지낼 수 있었습니다. 나의 나 된 것은 하나님의 은혜라고 말했던 바울처럼 우리의 삶은 모두 주님의 은혜로 주어졌음을 믿음으로 고백합니다.

[참회] 하나님 아버지, 하나님께서 주신 날들을 주님의 영광을 위해 사용하지 못하고 세상 헛된 것에 너무도 많이 써 버렸음을 고백하오니 용서하여 주옵소서. 지난 시간들의 허물을 교훈 삼아 다시 한번 겸비하여 주님 앞에 무릎 꿇게 하시고, 새로 시작되는 새해에는 보다 가치 있고 복된 일을 위하여 우리의 시간과 정열을 사용할 수 있도록 저희들의 마음과 생각과 삶을 인도하여 주옵소서. 지난 해의 어두운 기억들은 이제 지우기를 원합니다.

주여, 이 땅과 교회와 성도들이 겪었던 아픔과 시련의 상처를 치료하셔서 회복시켜 주시고, 새해를 주님 주시는 희망과 새힘으로 다시 시작할 수 있도록 붙들어 주옵소서.

귀하신 예수님의 이름으로 기도드립니다. 아멘   (희)

207
절기예배 기도문 (송년)

[참회] 사랑과 은혜가 풍성하신 하나님 아버지, 많은 아쉬움과 후회를 남기고 한해가 저물어가고 있습니다. 올해는 주님께 충성하리라, 하나님을 높여 드리며 빛의 자녀로 주님을 증거하며 살리라 다짐하며 시작하였건만 믿음이 없고 결심이 약하여 세상 염려와 걱정에 사로잡혀 연초에 다짐한 바를 이루지 못했습니다. 회개하는 심정으로 주님 앞에 나아와 머리를 숙였사오니 저희들의 연약함을 용서하여 주옵소서.

[한해 동안 지켜 주심을 감사하며] 긍휼과 자비가 풍성하신 하나님 아버지, 올 한해는 참으로 많은 시련과 아픔들 속에서 지나갔습니다. 국가적으로, 사회적으로, 가정적으로, 개인적으로 많은 위기들이 있었습니다. 곳곳에서 사건과 사고의 소식이 이어졌고 부패와 타락의 소문이 꼬리를 물었습니다. 분쟁과 다툼과 분열로 영혼의 탄식 소리가 곳곳에서 터져 나왔었습니다. 그러나 우리의 힘이 되시며 방패가 되시는 주님의 특별한 도우심이 있었기에 이 거칠고 힘든 한해를 무사히 지낼 수 있었습니다. 순간마다 보호해 주시고 광야같은 세상을 지날 수 있도록 힘과 용기를 주시며, 평강의 날개 아래 숨기셔서 우리의 생명과 가정과 사업을 지키신 주님께 감사와 영광을 돌려 드립니다.

[목사님을 위해] 한해를 정리하며 보내는 이 시간에 저희들을 말씀으로 교훈하시고 견책하여 주옵소서. 그리고 말씀을 통해 새해를 맞이할 수 있는 힘과 능력을 덧입는 시간 되게 하여 주옵소서. 한해 동안 교회를 사랑으로 섬기며 밤낮으로 성도를 위해 기도하신 목사님께 은혜를 더하여 주시고, 새해에도 더 큰 은혜와 능력을 주셔서 교회와 성도들을 인도하기에 부족함 없게 하옵소서. 저희들을 오늘까지 지키시고 인도하신 주님께 감사를 드리며, 예수님의 이름으로 기도드립니다. 아멘   (희)

절기예배 기도문 (송년)

[감사] 하나님 아버지, 한해를 보내며 그 동안 지켜 주시고 인도하신 하나님의 크신 은혜와 사랑에 감사드립니다. 이 시간까지 선하시고 자비하신 손길로 함께해 주신 하나님께 영광을 돌립니다.

[참회] 예수 그리스도의 십자가의 사랑으로 저희들을 감싸 주시고 보혜사 성령으로 인도하셔서 풍파 많은 세상을 이기게 도와 주신 하나님 아버지, 지난 한해의 삶을 돌아봅니다.

주신 시간들을 바르고 가치 있게 사용했는지, 주신 재능과 재물로 하나님과 이웃을 섬기며 나누는 삶을 살았는지, 받은 바 직분을 충성되이 감당하였는지 생각해 보면 그저 부끄러움과 송구한 마음뿐입니다. 은혜 입은 자들이요 특별한 은총을 받은 자들이요 소망 안에서 부르심을 입은 자들로서의 합당한 삶이 아니었습니다. 이 시간 우리의 부족함과 허물들을 회개하오니 용서하여 주옵소서.

[간구] 주님, 저희들이 주님 앞에서 하나님의 기뻐하시는 복음의 일꾼으로 세워지기를 원합니다. 이 시간 성령께서 저희 마음을 감화시켜 주셔서 주님이 원하시는 삶을 살 수 있도록 믿음과 능력과 헌신을 새롭게 하여 주옵소서. 일년의 말미를 더 달라고 간청했던 과원지기의 심정으로 하나님의 자비를 구하오니 올해도 저희들에게 참으심으로 다시 한 번 기회를 주시기를 원합니다.

우리 교회 위에 은혜를 더하셔서 교회의 사명을 잘 감당하므로 하나님께 인정받는 교회 되게 하여 주옵소서. 모일 때마다 구원의 감격으로 예배하며 나누며 섬기며 사랑하며 세상에 나가서는 빛의 자녀들로 복음을 증거하게 하옵소서.

예수님의 이름으로 기도드립니다. 아멘 (희)

절기예배 기도문 (부흥회)

[감사] 사랑의 하나님 아버지, 저희 교회에 부흥회를 허락하심을 감사드립니다.

[은혜받기 위해] 메말라 있는 영혼과 갈급한 심령들에게 풍성한 은혜를 채워 주셔서 성회를 통하여 하나님의 놀라운 역사를 체험하게 하옵소서. 오순절날 마가의 다락방에 임하였던 성령충만의 역사를 저희들도 덧입게 하옵소서.

육체의 정욕을 따라 살아왔던 저희들이 회개하도록 인도하시고, 말과 행동으로 범한 죄를 자복하며 잘못된 생활을 돌이키게 하옵소서. 진리의 성령이여, 이 시간 오셔서 우리를 다스려 주시고 말씀을 통하여 은혜를 경험하게 하옵소서. 가물어 메마른 땅에 단비를 내리시듯 성령의 단비를 흡족하게 내리시어 심령이 회복되고 영육간에 치료함을 받으며 새힘과 믿음을 얻게 하옵소서.

[간구] 하나님 아버지, 이 성회 기간 동안 하나님을 뜨겁게 찬양하며 베푸신 은혜에 감격하며 모든 성도들이 말씀 안에서 기뻐 뛰게 하옵소서. 기도의 회복과 찬양의 회복과 말씀으로 돌아가는 역사가 있게 하옵소서. 그리하여 주님께서 가르쳐 주신 마음과 뜻과 정성을 다하여 하나님을 사랑하고, 우리의 이웃을 내 몸과 같이 사랑하여 주님의 참된 제자로 바로 서게 하옵소서. 땅엣 것에 휩쓸리는 마음을 버리고 위엣 것을 바라게 하시며, 모든 위선과 비방과 시기하는 말을 버리고 갓난아이와 같이 순수하고 신령한 젖을 사모하게 하옵소서.

이 성회를 통하여 우리 교회가 주 안에서 하나되게 하시며, 믿음의 역사와 사랑의 수고와 소망의 인내를 다시금 확인하고 세우는 일에 함께하실 줄 믿습니다. 예수님의 이름으로 기도합니다. 아멘

(곤)

210
절기예배 기도문 (부흥회)

[감사] 은혜가 풍성하신 하나님, 저희 교회에 귀한 천국 잔치를 열어 주시니 감사를 드립니다. 이번 성회를 통하여 말씀의 큰 은혜받기를 원합니다.

[간구] 우리의 잘못과 죄를 회개하여 용서받기 원합니다. 거친 세상에서 지친 영혼들이 위로를 받고 능력받기를 원합니다. 잃어버렸던 그리스도인의 사명을 확인하고 주님의 제자로 복음의 증인으로 세움받기를 간절히 원합니다. 엘리야와 엘리사에게 능력의 두루마기를 입히신 하나님, 이 자리에 임재하셔서 우리에게 거룩함과 능력의 옷을 입혀 주옵소서. 에스겔과 이사야에게 환상을 주신 하나님, 우리에게 이 시대에 복음의 일꾼으로 일할 수 있는 비전을 보여 주옵소서. 그리하여 세상에서 귀하게 여기던 모든 것을 던져 버리고 그리스도의 생명의 복음을 굳게 붙잡은 바울처럼 결단하는 시간 되게 하옵소서.

하나님 아버지, 내 심령의 등잔에 기름이 떨어지지 않도록 깨어 믿음에 굳게 서서 생활하도록 도와 주옵소서. 이 시대에 우리가 품고 살아야 할 귀한 말씀을 시간 시간 내리시어 말씀 안에서 믿음의 사람으로, 하나님의 사람으로 변화받게 하옵소서.

[성도들을 위해] 이 시간 질병으로 고통하며 치료의 광선을 기다리는 성도들이 있습니다. 경제적 어려움으로 근심과 실의에 빠진 성도도 있습니다. 가정과 직장의 여러 가지 문제를 안고 이 자리에 엎드려 간구하는 저희들이 위로와 회복과 치유와 능력의 역사를 맛보고, 기적을 체험하고 주님의 변화시키는 이적을 체험하게 하옵소서.

또 이 성회를 통하여 이 시대에 애국할 수 있는 크리스천의 사명을 깨닫고 기도하며, 각자 맡은 분야에서 바르게 행하며 한 알의 밀알이 되게 하옵소서. 예수님의 이름으로 기도합니다. 아멘 (곤)

211
절기예배 기도문 (부흥회)

[감사] 참 좋으신 하나님 아버지, 하늘의 별과 같이 바닷가의 모래 같이 수많은 사람들 중에 저희들을 택하셔서 하나님의 자녀로 삼으시고 이 복된 자리에 초청해 주심을 감사드립니다. 우리가 어떻게 살아왔든지 있는 모습 그대로 용납하시고 하늘의 신령한 복으로 채워 주옵소서.

[간구] "수고하고 무거운 짐진 자들아 다 내게로 오라 내가 너희를 쉬게 하리라" 약속하신 주님, 오늘 우리 인생의 모든 짐을 주님께 맡기게 하옵소서. 모든 수고와 염려를 다 주님 앞에 내려놓게 하시고 영원한 생명을 얻게 하옵소서. 평화와 온전한 기쁨을 누리게 하옵소서.

"목마른 자들아 물로 나아오라 값없이 와서 포도주와 젖을 사라" 하셨으니 주님 안에서 목마르지 아니하는 생명수 샘물로 저희 심령을 새롭게 하옵소서.

하나님 아버지, 저희들은 다 양과 같아서 그릇 행하였으며 각기 제 길로 행하며 살아왔습니다. 죄악에 눌려 허덕이며 살았습니다. 그러나 주님은 우리를 찾으시고 인도하시어 웅덩이와 수렁에서 건져 주시고 우리의 더러움을 주의 피로 깨끗하게 씻어 주시기까지 하시니 그 깊으신 사랑에 감사드립니다. 이제는 우리의 발을 믿음의 반석 위에 두시고 우리의 걸음을 견고하게 하심을 믿습니다.

이 시간 풍성한 생명의 꿀을 먹게 하시고 세상의 그 어느 것과도 바꿀 수 없는 주님을 꼭 발견하게 하옵소서. 주님을 영접하고 풍성한 은혜의 삶을 살아갈 수 있도록 저희들의 마음문을 열어 주시고, 주 예수를 믿어 구원을 얻고 생명의 삶을 누리며 살게 하옵소서.

예수님의 이름으로 기도합니다. 아멘 (곤)

212
절기예배 기도문 (부흥회)

[감사] 은혜로우신 하나님 아버지, 우리 영혼이 주를 우러러봅니다. 하나님께서 은혜를 베푸셔서 우리 얼굴을 주께로 향하게 하시고 복된 자리에 불러 주심을 감사드립니다. 주님의 초청에 기쁜 마음으로 하나님의 제단을 찾은 저희들을 기억해 주시고 하늘의 기름진 것으로 부어 주옵소서. 우리의 모든 죄악을 사하시며 생명을 파멸에서 구속하시고 영원한 것으로 우리 소원을 만족시켜 주옵소서.

[새신자를 위해] 영접하는 자 곧 그 이름을 믿는 자에게는 하나님의 자녀가 되는 권세를 주시겠다고 약속하신 그 말씀이 오늘 이 예배 가운데 이루어지게 하옵소서. 처음 하나님의 성전을 찾은 이들의 마음문을 활짝 열어 주셔서 성령으로 거듭나게 하옵소서. 하나님의 영원한 생명을 선물로 주시고, 이것은 누구도 빼앗을 수 없으며 잃어버릴 수도 없음을 알게 하옵소서. 저희들이 하나님의 후사가 되어 장차 나타날 하나님의 영광과 기업을 상속받게 하옵소서.

처음 시작하는 교회생활을 잘 적응할 수 있도록 성령께서 도와 주시고 말씀 안에서 잘 자라게 하옵소서. 아버지 되시는 하나님과 친밀한 영적 교제를 가지게 하시고 그리스도의 장성한 분량에 이르기까지 인도해 주옵소서. 더 나아가 같은 구원을 소유한 저희들과도 진리 안에서 사귐을 갖게 하시고 주님께서 기뻐하는 자녀로 성장할 수 있도록 인도하옵소서.

[간구] 오늘 목사님을 통하여 하늘나라의 메시지를 분명히 듣고 깨닫게 하시며, 이 예배를 통하여 하나님의 음성을 듣는 영적인 귀가 열리게 하옵소서. 하나님은 살아계시며 모든 역사를 주관하시고 온 세상의 왕 중의 왕이 되심을 알게 하옵소서.

구원의 길로 인도하시는 예수님의 이름으로 기도합니다. 아멘 (곤)

213
절기예배 기도문 (부흥회)

[감사와 영광] 전능하신 하나님, 감사와 찬송과 영광을 돌립니다. 우리를 사랑하셔서 구원의 은총을 베푸신 것을 감사드립니다. 이 시간 우리에게 새로운 말씀의 축제를 열게 하시고, 새로운 심령의 부흥을 이룰 수 있게 하심을 진심으로 감사드립니다.

[부흥성회를 위해] 주님께서 허락하신 이 시간 이 성회를 통해 진실로 완악한 우리의 마음이 깨어지게 하시고, 옛 생각 옛 소욕에 사로잡힌 우리의 모습이 하나님의 말씀으로 완전히 사라지는 은총을 입게 하옵소서. 연례행사로 하는 집회가 되지 말게 하시고, 진실로 주의 뜻과 말씀을 사모하면서 받아 우리로 하여금 누리게 해 주옵소서. 그리하여 우리의 심령의 부흥뿐만 아니라 우리 가정도 교회도 부흥되게 하옵소서. 진실로 참된 부흥은 우리가 아버지의 뜻대로 사는 것임을 깨닫게 하옵소서.

[강사님을 위해] 하나님 아버지, 귀한 주님의 사자를 우리에게 보내심을 감사드립니다. 영육간에 강건하게 하시고, 이 성회기간 동안 대언하시는 말씀이 우리의 심령과 골수를 쪼개는 능력의 메시지가 되게 하옵소서.

[말씀이 깨달아질 수 있도록] 말씀을 듣는 우리에게 지혜를 주시사 말씀을 바로 깨달아 은혜받고 아멘으로 화답하게 하옵소서. 믿지 않는 자들은 주를 받아들이는 귀한 시간이 되게 하옵소서. 믿음이 연약한 자들은 강하게 되는 능력의 시간이 되게 하옵소서. 오직 성령께서 이 시간 내내 지켜 주옵소서.

예수님의 이름으로 기도드립니다. 아멘 (식)

절기예배 기도문 (부흥회)

[감사] 참된 부흥의 의미를 알려 주시고 그 부흥을 이루시는 하나님께 오늘 이 시간도 기도하게 하심을 감사드립니다. 오늘은 우리 모두가 함께 모여서 주의 사랑과 은총을 생각하며 말씀을 받으려고 합니다. 귀한 시간을 주셨사오니 주의 말씀과 능력으로 살아가게 하옵소서. 하나님의 말씀의 부족으로 기갈된 이 세상에 생명수같은 풍성한 말씀이 넘쳐 흐르게 하옵소서.

[강사님을 위해] 오신 강사 목사님을 붙드셔서 온전한 주님의 도구로 사용해 주옵소서. 오늘도 참된 부흥과 생명의 말씀을 사모하여 이 집회에 나온 우리 모든 심령들을 골고루 윤택하게 적시기에 부족함이 없게 하옵소서.

[성숙한 성도 되기를 위해] 혹 잘못된 우리의 신앙의 자세가 있으면 올바로 교정받게 하시고, 너무 미지근하여 책망받는 상태에 있다면 강하게 역사하시는 성령을 체험하게 하옵소서. 무엇보다도 온 교우가 기도하게 하소서. 먼저 우리의 영적 상태의 미성숙을 가슴 아프게 생각하며 기도하게 하소서. 우리 가정이 온전하게 믿음으로 인도되도록 기도하게 하소서. 생명력 있는 건강한 교회가 되도록 기도하게 하소서. 이 사회와 민족에게 아버지의 뜻을 분별하고 나아갈 바를 알고 행하는 은총을 더하여 주옵소서.

[부흥성회를 위해] 이 부흥회가 온전히 하나님이 원하시는 방향으로 인도되기를 원합니다. 우리를 도우시사 초대교회의 부흥의 역사를 우리도 체험하게 하옵소서.

예수님의 이름으로 기도드립니다. 아멘 (식)

215
절기예배 기도문 (부흥회)

[감사] 하나님 아버지, 그 구원의 은총과 섭리에 너무도 감사하며 이 시간에 우리를 말씀과 성령을 사모하는 집회로 모이게 하심을 감사드립니다.

[참회] 우리의 심령은 너무도 완악함을 고백하오니 용서해 주시고, 이제 세상의 모든 근심과 걱정을 주의 십자가 아래로 묻어버리고 오직 우리 주님과 말씀만을 바라보며 살아가게 하옵소서. 그리하여 썩어져 가는 구습을 좇는 옛사람은 벗어버리고 온전히 심령이 새롭게 되는 새사람 되게 하옵소서.

[부흥성회를 위해] 금번 집회를 통하여 우리의 실상을 잘 바라보게 하옵소서. 우리 교회의 어려움의 본질을 파악하게 하옵소서. 우리가 얼마나 믿음 없는지를 깨닫게 하옵소서. 영적으로 황폐화되어 있는 교회와 자신을 바라보며 통곡하게 하소서. 세상을 의지하고 내 지식을 의지하고 내 육정을 사랑하던 모습을 버리고 온전히 아버지의 말씀과 성령의 능력에 의지하게 하옵소서. 이제 하나님의 뜻에 맞는 합당한 삶을 살아감으로써 우리 자신과 교회가 평안하고 복된 상태를 누릴 뿐만 아니라, 거룩하신 아버지의 영광이 더욱 드러나는 귀한 역사가 일어나기를 원합니다. 예수 그리스도를 머리로 하는 진정 살아있는 역동적인 교회 되게 하옵소서.

[강사님을 위해] 강사 목사님을 주님의 오른팔로 붙드시사 영육간에 강건함을 주옵소서. 이 시간도 생명력 있는 말씀을 전하게 하시며 항상 주님의 귀한 종으로 쓰임받게 하옵소서. 이루어 주실 줄 믿사옵고, 예수님의 이름으로 기도합니다. 아멘

(식)

216
절기예배 기도문 (부흥회)

[부흥회를 위해] 고마우신 하나님 아버지, 저희들에게 은혜를 베푸셔서 귀한 성회를 열어 주시고 이 자리에 불러 주심을 감사드립니다. 주께서 복 주시고자 준비하셨사오니 하늘로부터 내리는 신령한 은혜와 복으로 충만케 하여 주옵소서.

이 시간 주의 성령이 임하셔서 저희들의 심령을 만져 주시기 원합니다. 죄로 물든 영혼이 회개하는 역사가 있게 하시고, 찢기고 상한 영혼이 위로 받고 새힘을 얻게 하시며, 영육간에 병든 자들이 치료받고 회복되게 하여 주옵소서. 구원의 확신이 없는 자가 성령의 인치심과 증거로 확신을 갖게 하여 주시고, 모든 성도들에게 성령의 은사를 더하여 주셔서 맡겨진 직분을 넉넉히 감당할 능력을 얻는 시간 되게 하옵소서.

[간구] 세상이 점점 더 타락과 죄악 속으로 깊이 빠져 가고, 많은 사람들이 하나님 없이도 행복할 수 있을 것처럼 헛된 것에 소망을 두고 살아가는 안타까운 현실들을 바라봅니다. 믿는 자들마저도 세상 풍조에 휩싸여 성도다운 모습을 잃어버리고 믿는 자로서 세상에 대한 사명을 다하지 못하는 가운데 있습니다. 이번 집회를 통해 저희들 심령 속에 영적 대부흥이 일어나게 하시고 믿음과 능력을 덧입혀 주옵소서. 죽어가는 영혼들을 바라보면서 그들을 불쌍히 여길 수 있는 마음을 주시고, 예수 그리스도로 말미암는 구원의 복음을 믿지 않는 자들에게 증거할 수 있게 하옵소서.

[목사님을 위해] 하나님 아버지, 사랑하는 주의 사자를 능력으로 붙들어 주셔서 이 시간 말씀을 선포하실 때에 그 말씀이 우리 가운데 능력으로 임하게 하시고, 듣는 저희들에게 사모하는 마음을 주셔서 말씀을 기쁨으로 받게 해 주옵소서.

예수 그리스도의 이름으로 기도드립니다. 아멘 (희)

217
절기예배 기도문 (부흥회)

[감사] 전능하신 아버지 하나님, 저희 교회를 사랑하셔서 하늘의 풍성한 은혜와 신령한 복을 내려 주시려고 귀한 성회를 허락하시고, 저희들을 은혜의 자리로 나아올 수 있도록 불러 주시니 감사합니다.

[참회] 죄와 허물로 죽었던 영혼을 예수 그리스도의 피로 구속하셔서 새생명으로 살게 하셨건만, 저희들은 구원받은 주의 백성다운 삶을 살지 못하고 여전히 멸망받을 세상의 구습을 좇아 부끄러운 삶을 살았습니다. 용서하여 주옵소서.

이번 성회를 통하여 저희들의 신앙이 회복되게 하시고, 다시 한번 구원의 감격 속에 깊이 잠기는 시간 될 수 있도록 은혜를 더하여 주옵소서. 처음 사랑을 잃어버린 자들이 돌이켜 첫사랑을 회복하게 하시고, 직분과 사명을 제대로 감당치 못한 자에게는 하나님의 뜻을 분별하여 위로부터 부르신 소명을 따라 헌신하게 하옵소서.

[간구] 저희들의 연약함을 아시는 하나님 아버지, 이번 부흥회를 통하여 저희들에게 성령의 능력을 더하여 주시기를 원합니다. 각자의 심령마다 성령충만함을 받아 힘있는 신앙생활하게 해 주옵소서. 세상 근심과 염려로 하나님과의 교통이 막힌 자들에게 진리의 빛을 비추어 주시고, 여기 모인 모든 사람들이 하나님의 크신 사랑을 체험하게 하옵소서. 그리하여 지금까지 살아왔던 삶보다 앞으로의 삶이 더욱 주님을 가까이하며, 말씀에 순종하여 하나님의 의를 이루는 삶이 되게 하옵소서.

세우신 주님의 사자에게 말씀의 지혜와 성령의 능력을 주셔서 말씀을 선포할 때에 그 말씀이 능력으로 임하게 하옵소서. 저희들이 말씀을 들을 때에 영적 치유함을 받고 새힘을 얻게 하옵소서.

예수님의 이름으로 기도드립니다. 아멘   (회)

218
절기예배 기도문 (부흥회)

[감사] 은혜와 자비가 풍성하신 하나님 아버지, 저희들을 사랑하셔서 그리스도 예수 안에서 구원하시고, 영원한 하늘을 소망 중에 바라며 사는 주님 나라 백성 되게 하심을 진심으로 감사합니다.

[참회] 그러나 저희들의 삶을 돌아보면 아직도 여전히 세상 것에 미련을 버리지 못하고 세상의 헛된 것을 바라며 구하느라 하나님나라 백성다운 모습을 자주 잃어버리고 살았음을 고백합니다. 용서하여 주시고, 주님의 기뻐하시는 뜻을 따라 믿음과 소망 가운데 사는 저희들 되게 하여 주옵소서.

[간구] 하나님, 이번 성회가 교회적으로나 가정적으로 또한 개인적으로 주님 주시는 놀라운 은혜가 임하는 기회가 되기를 원합니다. 세우신 주의 사자를 말씀과 성령으로 더욱 강건하게 하셔서 하늘의 신령한 만나와 메추라기로 저희들을 먹일 수 있게 하시고, 저희들에게는 믿음과 사모하는 마음을 주셔서 하늘의 값진 보화를 발견하는 복된 시간 되게 하여 주옵소서. 이 시간도 주님 주실 은혜를 사모합니다. 저희 가운데 풍성한 은혜를 더하여 주셔서 영육간에 병든 자들이 치유함받게 하시고 상처 나고 찢긴 영혼들이 위로받고 회복되게 하여 주옵소서.

저희들의 눈이 열리고 심령이 새로워지게 하시며, 그리스도인으로서의 삶의 능력을 회복하는 시간 되게 하여 주옵소서. 이 성회를 통하여 성령의 하나 되게 하시는 역사를 경험하여 교회가 사랑 안에서 더욱 든든히 나아가게 하시고, 각자의 직분과 사명에 합당한 은사를 주셔서 직분을 잘 감당하게 하옵소서. 주께서 예비하신 풍성한 은혜의 단비를 내려 주셔서 갈한 영혼들이 기쁨을 누리는 시간 되게 하여 주옵소서.

예수님의 이름으로 기도드립니다. 아멘 (희)

219
절기예배 기도문 (총동원주일)

[감사] 하나님, 오늘도 우리에게 은혜 베푸시려고 우리를 부르시고 총동원주일로 모이게 하심을 감사드립니다.

[간구] 먼저 우리에게 말씀의 은총으로 충만하게 하옵소서. 성경이 우리에게 말씀하시는 것을 우리로 하여금 깨닫게 하시고 그 말씀의 역사하는 능력이 나타나게 하옵소서. 성령이 임하셔서 우리를 정화시키시고, 위로하시고, 서로 교통하게 하옵소서. 영적으로 연약해진 우리의 몸과 마음이 강하게 되는 역사가 일어나기를 원합니다.

하나님 아버지, 또한 우리로 하여금 기도로 무장하게 하시니 감사드립니다. 사탄과 대적하는 영적인 전투에서 아버지를 의지하는 기도 외에는 다른 어떤 것도 우리에게 승리를 가져다 주지 못할 줄로 아오니, 강력한 기도의 능력을 얻어서 어떤 악한 권세도 깨뜨릴 수 있게 하옵소서.

[전도의 열매 맺기를 위해] 능력의 아버지시여, 우리는 믿지 않는 불신 이웃들을 구원의 백성으로 만들려는 주님의 뜻에 순종하여 온 성도가 한마음으로 전도하여 총동원주일로 모였습니다. 오늘 처음 참석한 모든 분들에게 은혜 베푸사 성령의 깨닫게 하시는 은총이 나타나게 하옵소서. 변화받고 새사람 되어 아버지의 뜻을 행하는 새로운 피조물 되게 하옵소서. 이제 옛사람의 일들은 잊어버리고 앞에 계신 그리스도와 그 푯대를 향하여 나아가게 하옵소서.

오늘 이웃을 모시고 나온 모든 성도들에게 은혜 베푸사 이분들을 향한 사랑의 기도와 전도의 열매가 나타나게 하옵소서. 그리하여 교회가 부흥되고, 아버지의 나라가 이 땅에 확장되는 은총을 부어 주옵소서.

예수님의 이름으로 기도합니다. 아멘 (식)

절기예배 기도문 (총동원주일)

[감사] 전능하고 강하신 능력의 하나님 앞에 부족한 죄인이 기도합니다. 먼저 아버지의 은총과 독생자의 피공로로 죄사함 받은 것을 감사드립니다. 그 은혜에 감격하여 아버지의 영광을 드러내게 하옵소서.

[총동원주일을 위해] 오늘 우리 교회가 오랫동안 기도하며 준비해 온 총동원주일로 지키게 되었습니다. 부족하지만 우리의 힘과 정성을 다하여 이날을 준비하였사오니, 은혜의 시간이 되도록 주님께서 인도해 주옵소서. 이 시간에 놀라운 아버지의 영광이 임하기를 원합니다. 심령의 변화와 새로운 거듭남의 역사가 나타나게 하옵소서.

[교회와 교우를 위해] 아버지 하나님, 이번 기회를 통하여 이 교회가 부흥할 뿐만 아니라 진정으로 아버지의 뜻을 이루는 교회 되기를 원합니다. 우리 한 사람 한 사람이 변화받고, 우리의 가정이 온전해지며, 우리의 직장이 새롭게 바뀌고, 우리의 사회가 변화받을 수 있도록 하여 주옵소서. 우리 민족이 새길을 걸어가도록 주님의 은혜를 구합니다. 우리 교회에도 놀라운 일들이 일어나게 하시고 주님의 새역사가 나타나게 하옵소서.

각 부서가 새힘을 얻게 하옵소서. 각기 맡겨진 지체로서의 사명을 다하게 하시고 연합하여 한몸을 이루는 은총을 더하소서. 우리 모두가 주의 길을 걸어가기에 부족함이 없는 믿음과 순종의 인물이 되게 하옵소서. 이 시간에 처음 나온 분들은 예수님을 구주로 모셔들이는 구원의 역사가 있게 하옵소서. 말씀을 전하시는 목사님에게 능력 주시사 모든 성도들이 은혜받게 하옵소서.

예수님의 이름으로 기도합니다. 아멘 (식)

절기예배 기도문 (총동원주일)

[감사]   하나님의 사랑과 은총에 감사하는 죄인들이 오늘 이 자리에 모였습니다. 부르심에 감사하며 생명 있음에 감사하며, 진리의 말씀을 듣게 하심을 감사드립니다.

[은혜받기를 위해]   오늘 이 자리에 모인 모든 성도들이 어떠한 형편에서 나왔든지, 어떠한 경로를 통하여 나왔든지 모두가 은혜받게 하여 주옵소서. 모두가 하나님 아버지의 사랑받는, 천하보다 더 귀한 자녀들이오니 모든 성도 위에 아버지의 은총이 강물처럼 넘쳐 흐르게 하옵소서. 모두가 은혜받고 새마음으로 변화받아 우리 각자의 삶의 질이 바뀌며, 우리의 가정이 더 아름답게 변모되게 하옵소서. 이 사회에 사랑과 소망이 더욱 넘치게 하시고, 우리 교회가 놀랍게 부흥하는 역사가 일어나게 하옵소서.

[간구]   우리 교회가 이 행사를 하면서 우리 자신들이 먼저 아버지의 뜻에 순종하기를 원합니다. 단순한 연례행사가 되지 말게 하시고 혹 불필요한 경쟁의식이나 부당한 업적주의에 빠져들음으로 아버지의 영광을 가리우지 않게 하옵소서. 오직 아버지의 영광과 사랑과 그 오묘하신 뜻만 나타나게 하옵소서. 이 일들을 위해서 물심양면으로 수고한 모든 분들 위에도 단순히 사람의 위로나 칭찬보다는 진정한 아버지의 은총과 위로가 함께하옵소서. 그것에 만족하며 감사하는 마음을 잃지 말게 하옵소서. 오늘 처음 나온 분들의 마음문을 열어 주시사 예수님을 구주로 모셔들이게 하옵소서.

오늘도 놀라운 아버지의 생명의 말씀이 우리 모두의 마음을 잠잠히 적셔 주시기를 바라오며, 예수님의 이름으로 기도드립니다. 아멘   (식)

절기예배 기도문 (총동원주일)

[감사와 참회] 은혜로우신 하나님 아버지, 저희들을 주님께서 세우신 거룩한 교회로 불러 주셔서 예배하는 은혜의 자리에 있게 해 주시니 감사합니다. 사람의 참된 도리요 가장 으뜸된 의무가 하나님을 예배하며 그분을 영원히 즐거워하는 것이라 하였는데, 세상 중에 살면서 저희들은 하나님의 뜻에 순종하며 하나님을 기쁘시게 하기 보다는 하나님을 잊어버리고 세상 풍조에 휩싸여 지낼 때가 더 많았습니다. 하나님을 영화롭게 하기 보다는 우리의 영광을 구하는 일에 더 분주했습니다. 용서하여 주시고 우리의 삶이 예배하며 하나님의 영광을 위한 일에 더 많이 아름답게 드려질 수 있게 해 주옵소서.

[총동원주일 예배를 위해] 특별히 오늘은 저희 교회가 모이기를 힘쓰라 하신 주님의 말씀에 순종하여 온 성도가 한자리에 모이며, 예수님을 알지 못하는 이웃들을 주께로 인도하여 함께 예배하는 총동원주일로 정한 날입니다. 하나님, 이 모임을 통하여 우리 모두가 그리스도 안에서 한 형제요 자매된 사랑을 다시금 체험하게 하시고, 천국 잔치의 기쁨을 함께 맛보는 복된 시간 될 수 있도록 은혜를 더하여 주옵소서.

이 예배가 구원받은 성도들에게는 구원의 기쁨과 예배하는 감격에 깊이 빠지는 시간 되게 하옵소서. 처음 이 자리에 찾아 나온 심령들에게는 믿음으로 주님을 영접하며 하늘의 영원한 소망을 소유하는 시간 될 수 있도록 인도하여 주시고, 그 첫걸음을 복되게 하셔서 그 걸음이 영원한 천국에까지 이어지게 하옵소서.

사랑하는 목사님을 하나님 말씀의 대언자로 세우셨사오니 말씀이 선포될 때에 성령의 능력이 함께하셔서 듣는 이들이 말씀을 믿음으로 받으며 순종하여 살고자 하는 결심이 있게 하여 주옵소서. 예배의 모든 순서를 주님께 맡기며, 예수님의 이름으로 기도드립니다. 아멘 (희)

223
절기예배 기도문 (총동원주일)

[감사와 참회] 우리의 참 목자되시는 하나님 아버지, 저희들을 지켜 주시고 인도하여 주신 은혜를 감사합니다. 부족하고 허물 많은 저희들은 하나님의 은혜를 받고도 온전히 주님 뜻대로 살지 못하고 세상 풍속을 좇아 세상에 더 많은 기대를 걸고 살았습니다. 용서하여 주시고 이 시간 예수 그리스도의 정결한 피로 저희들을 다시 한번 씻어 주셔서 거룩한 성도의 모습을 회복하게 하여 주옵소서. 그래서 저희들의 마음과 눈이 하나님을 향하게 하시고 저희들의 심령이 예배하기에 합당하게 하여 주옵소서.

[예배] 오늘은 저희 교회에 속한 모든 성도들이 다같이 주님 앞에 모이며, 예수님을 알지 못하는 이웃의 영혼들을 초청하여 함께 예배하는 총동원주일입니다. 이 자리에 모인 저희들, 그 동안 나태하고 불충하여 혹은 주님을 알지 못하거나 믿음이 없어서 모이기를 힘쓰지 못하고 주님 전을 찾지 못했습니다. 이제 회개하고 새로운 각오로 주님 앞에 서게 하여 주옵소서. 또한 모일 때마다 온전히 마음을 드려 예배하며 사랑으로 교제함으로 하나님의 영광이 나타나게 하여 주옵소서.

[말씀으로 은혜받기 위해] 믿음은 들음에서 나고 들음은 그리스도의 말씀으로 말미암는다고 하신 주님, 저희들에게 말씀을 사모하는 마음을 주셔서 열심으로 듣게 하시고 들을 때에 우리의 믿음이 날마다 성숙해져 가는 신앙의 진보가 있게 하여 주옵소서. 이 시간 하나님의 말씀을 선포하실 목사님에게 성령의 크신 능력으로 함께하셔서 선포되어지는 말씀이 저희들 가운데 권능으로 임하게 하시고, 저희들은 그 말씀을 기쁨으로 받고 아멘으로 화답하여 말씀의 은혜를 풍족히 받는 시간 되게 하여 주옵소서. 예수 그리스도의 이름으로 기도드립니다. 아멘   (희)

224
절기예배 기도문 (총동원주일)

[감사와 참회] 존귀하신 하나님 아버지, 그리스도 예수 안에서 세상이 줄 수 없는 평강과 기쁨과 소망을 누리게 하시며, 삶 속에서 저희들과 함께하셔서 선하신 손길로 인도하시는 하나님의 크신 은혜를 감사합니다. 이런 하나님의 사랑을 입고 살면서도 순간순간 이 귀한 은혜를 잊어버리고 세상에 있는 것들을 바라보며 감사하기 보다는 불평 불만 속에 살 때가 많았음을 고백합니다. 하나님, 우리의 믿음 없음과 어리석음을 용서하여 주시고 주님과 더불어 살아가는 복된 가치와 행복을 깊이 깨달아 주님 안에서 참 만족을 누리며 살게 하여 주옵소서.

[총동원주일을 위해] 오늘은 우리 교회가 그 동안 기도하며 준비하였던 총동원주일로 지키는 날입니다. 일의 계획은 사람에게 있으나 그 계획을 이루시는 이는 하나님이심을 믿습니다. 하나님께서 이날을 복되게 하셔서 저희들이 준비한 것보다 더 큰 은혜와 결실로 채워 주실 줄 믿습니다. 이번 총동원주일을 계기로 우리 교회가 성령 안에서 사랑으로 하나되게 하시고 모이기에 더욱 힘쓰는 교회 되게 하여 주옵소서.

예수님을 알지 못하는 이웃에 대한 관심과 사랑이 우리속에 불일듯 일게 하시고, 저들에게 복음을 전하며 저들을 주께로 인도하는 일에 최선을 다하게 하옵소서. 오늘 한 번의 총동원주일로 만족하지 않게 하시고 매주일 매 모임 때마다 온 성도들이 함께 모이며 믿는 무리가 날마다 더하는 교회 되도록 도와 주옵소서.

사랑하는 목사님을 단에 세우셨사오니 하나님께서 능력을 더하여 주시어 하나님의 말씀을 선포하실 때에 저희들 가운데 확신과 감격과 기쁨으로 가득 차게 하여 주옵소서.

예수 그리스도의 이름으로 기도드립니다. 아멘   (희)

225
절기예배 기도문 (창립기념일)

[예배]　만복의 근원이신 하나님 아버지, 연약한 우리들을 사랑하시고 주의 백성 삼으시어 오늘까지 붙잡으시고 인도하신 그 은혜를 찬양합니다. 오늘 시온성과 같은 교회를 시작하게 하신 하나님께 영광을 돌리고자 이 예배를 드립니다. 이 성전을 주신 분도 하나님이시며 취하신 분도 하나님이시니 모든 영광을 주님 홀로 받으옵소서.

[감사]　하나님 아버지, 우리 교회가 이 지역에 우뚝 서서 구원의 방주로 복음 사역을 감당하게 하시고, 만민이 기도하는 집으로 역사하여 주시며 우리의 마음이 항상 이곳을 사모하게 하심을 감사합니다. 그 동안 많은 어려움이 있었지만 그때마다 저희들을 견고하게 붙드셔서 주님의 몸된 교회를 섬기며 가꾸게 하신 그 은혜를 감사합니다.

[교회를 위해]　하나님, 우리 교회가 생명샘이 흐르는 교회가 되게 하시어 모든 성도가 마시고 부족함이 없게 하시며 세상의 목마른 자들이 나아와 영생수를 발견하게 하옵소서. 이 전을 출입하는 모든 백성들이 하늘의 신령한 만나를 먹으며 복 있는 자로 살게 하시고, 여러 지체들이 한몸을 이루어 이곳에 교회를 세우신 하나님의 크신 뜻을 이루게 하옵소서. 우리 교회가 진리의 말씀 위에 바르게 서게 하시고, 세상에서 지치고 방황하는 무리에게 위로를 주며 상한 마음을 치유하며 시험에 빠져 낙심한 자에게 용기를 주는 능력의 교회가 되게 하옵소서.

믿음의 선배들이 눈물의 기도로, 피와 땀으로 헌신한 교회이오니 고귀한 신앙의 전통이 잘 이어지게 하시고 반석 위에 든든히 서서 어떠한 어려움이 오더라도 흔들리지 않게 하옵소서. 우리 지역과 사회와 민족 앞에 하나님나라를 힘있게 선포하는 교회가 되게 하옵소서.

예수님의 이름으로 기도드립니다. 아멘　　　　　　　　　　(곤)

226
절기예배 기도문 (창립기념일)

[감사] 교회의 머리가 되신 주님, 돌보시고 지키시는 주님의 은혜를 감사드립니다. 오래 전에 이 성전을 세워 주시고 성전의 역사와 날마다 함께하시며 오늘까지 인도하여 주심을 감사드립니다. 여러 가지 어려움과 핍박 속에서도 이 교회를 지키시고 복음의 사역을 감당하게 하심을 감사드립니다.

[간구] 전능하신 하나님, 모세를 통하여 이스라엘 백성에게 주셨던 광야의 성막과 지혜의 왕 솔로몬에게 주셨던 귀한 성전에 여호와께서 늘 함께하신다는 약속의 증거를 오늘 이 교회에도 허락하여 주옵소서. 여기 속한 주의 백성들이 주의 전을 늘 사모하게 하시며, 악인의 장막에 거함보다 하나님 전의 문지기로 지냄을 더 기뻐하게 하옵소서. 이 성전 뜰을 밟는 주님의 자녀들이 갓난아이로부터 노인에 이르기까지 행함과 진실함으로 사랑하며 서로 협력하여 선을 이루게 하옵소서.

[교회를 위해] 우리 교회가 이 나라와 사회가 어려울 때에 완전하신 하나님의 구원의 말씀을 선포하게 하시며 이 백성을 주의 자녀로 삼아 달라고 눈물로 기도하게 하옵소서. 마지막 때가 가까웠으니 마음의 허리를 동이고 근신하며 정신을 차리고 기도하게 하옵소서. 주님께서 이 땅에서 약한 자, 병든 자, 고아와 과부, 어린이를 인정하시고 도와 주신 것처럼 저희도 소외당하는 자들을 향하여 끊임없이 관심을 갖고 사랑을 나누게 하옵소서. 죽도록 충성하여 주님이 오실 그 때에 생명의 면류관을 받게 하시고 서머나 교회, 빌라델비아 교회처럼 칭찬받는 교회 되게 하옵소서.

교회의 머리되신 예수님의 이름으로 기도합니다. 아멘   (곤)

227
절기예배 기도문 (창립기념일)

[감사] 진리와 생명되신 주님께 감사와 찬송을 드립니다. 오늘 우리 모두는 지난 날을 되돌아보며, 특별히 교회를 세우시고 지금까지 지켜 주신 은혜를 감사하는 마음으로 모였습니다. 이 땅에 많은 교회가 있으나 우리 교회가 이 시대에 필요하기에 아버지께서 세우시고 지금까지 보존하여 주신 줄 믿습니다. 오늘은 그날을 기념하면서 하나님께 감사예배를 드리오니 받아 주옵소서.

[간구] 지금까지 이 교회를 위해서 봉사하고 헌신한 모든 손길들을 주님께서 아시오니 그분들에게 하늘의 위로와 격려가 임하기를 기도합니다. 강단을 지키고 아버지의 말씀으로 먹이신 주님의 종들이 있습니다. 그분들의 충성을 주께서 아시오니 더 큰 능력의 말씀을 허락하옵소서. 이 교회의 지금이 있기까지 남모르게 이름없이 빛도 없이 섬기신 많은 성도들을 주께서 아시오니 이 모든 분들 위에 아버지의 놀라운 은총이 임하사, 아버지의 영광을 바라보며 기뻐하며 감사하게 하옵소서.

[교회의 사명을 잘 감당할 수 있도록] 이제 이 교회를 아버지께서 더욱 사랑하시사 교회로서의 목적과 할 일을 다하게 하옵소서. 교회가 해야 할 빛과 소금의 사명을 다하게 하옵소서. 모든 부서들과 모든 지체들이 주의 뜻에 합당하게 성장 성숙함으로써 아버지께서 이 시대 속에 우리 교회를 있게 하신 그 사명을 다하게 하옵소서. 이 사명을 우리 모든 성도들이 깨닫고 아버지의 뜻에 맞는 삶을 살도록 하옵소서. 한 사람도 낙오되지 말게 하시고, 한 생명도 실족하지 않게 하옵소서.

주께서 영원토록 이 교회를 사랑하시고 지키실 줄 믿사옵고, 예수님의 이름으로 기도합니다. 아멘

(식)

228
절기예배 기도문 (창립기념일)

[감사] 거룩하신 아버지여, 우리로 하여금 주께서 교회를 설립하신 날을 기념하며 함께 예배하게 하심을 감사드립니다. 주께서 이 교회를 세우시고 지금까지 역사하시고 인도해 주셨습니다.

이스라엘을 출애굽시키시고 광야로 인도하시며 때를 따라 만나와 메추라기로 먹이셨듯이 우리 교회도 전적으로 주의 돌보심과 은혜 가운데서 지내왔음을 믿습니다. 믿음으로 새삶을 허락하시고, 새로운 사람들을 보내 주시고, 말씀으로 변화시키사 교회의 여러 가지 일들을 감당하게 하셨습니다. 이 모든 은혜가 아버지의 섭리와 은총 위에서 이루어진 것인 줄 믿고 감사드립니다.

[간구] 이제 오늘 우리들이 모여서 주 앞에 감사의 예배를 드리오니, 주의 놀라우신 은총 위에 서게 하여 주옵소서. 주의 놀라운 권능의 역사를 이 교회 위에 더하사 빛으로 소금으로 이 땅 위에 온전히 서는 교회되게 하옵소서. 모든 한 사람 한 사람이 그리스도의 몸의 지체로서의 역할을 감당하게 하옵소서. 모두가 합력하여 선을 이루게 하옵소서.

세상에서 미련한 자들을 택하사 지혜있는 자들을 부끄럽게 하신다고 하신 주님, 연약한 저희들을 통하여 주의 역사를 이루어 가신다니 그저 놀라울 뿐입니다. 이 은혜에 감격하며 모여서 기도하고 흩어지면 전도하여 새로운 부흥의 시기를 맞이하게 하옵소서. 또한 이 지역의 죽어가는 많은 영혼들을 구원하는 일에 전심전력하여 주님 앞으로 인도하게 하옵소서.

예수님의 이름으로 기도합니다. 아멘 (식)

절기예배 기도문 (창립기념일)

[사명감당하는 교회 되기를 위해] 알파와 오메가되신 우리 주님의 영원하신 능력을 찬양합니다. 아버지의 뜻 가운데서 이 교회가 이 땅 위에 선 지도 벌써 오랜 시간이 흘렀습니다. 이미 태초부터 예정하시고 이 교회를 세워 주신 줄 믿습니다. 아버지여, 주의 예정 가운데서 세우신 이 교회를 세상 끝날까지 보전하여 주실 줄 믿습니다.

이 교회를 통하여 영광받으시고, 이 교회를 통하여 생명의 진리를 나타내시며 구원의 역사를 나타내옵소서. 이 교회가 온전히 서므로 은사의 공동체, 사랑의 용광로, 진리의 파수꾼으로서의 역할을 다하게 하옵소서. 그리하여 날로 어두워져가고 죄악으로 물들어가는 세상에 구원의 종소리를 널리 울려 퍼지게 하는 교회되게 하옵소서.

[주의 뜻을 나타내는 교회 되기를 위해] 주님의 말씀은 지금도 힘이 있고 역사하는 능력이 있는 줄 믿습니다. 오직 그 말씀이 드러나는 교회되게 하옵소서. 인간적인 자랑이나 개인의 약점들은 가리워 주시고 오직 주 안에서 협력하며 주의 뜻을 나타내는 교회되게 하옵소서.

이 교회의 창립기념일을 맞으면서 이제 우리가 좀더 새로운 신앙의 각오를 할 수 있도록 성령님께서 도와 주옵소서. 성령의 역사하심을 따라 살아가는 놀라운 순종의 역사가 이 교회에 나타나게 하옵소서. 이기적인 생각이나 모든 욕구는 버리고 오직 주께서 원하시는 것이 무엇인지를 깨달아 나타내는 교회 되게 하옵소서. 진정으로 주의 뜻에 합당한 삶으로 변화받는 역사가 나타나는 교회 되게 하옵소서. 진정한 부흥이 일어나기를 원하며, 예수님의 이름으로 기도합니다. 아멘 (식)

절기예배 기도문 (창립기념일)

[감사] 은혜로우신 하나님 아버지, 죄와 허물로 죽을 수밖에 없었던 인간들을 구원하시려고 이 땅에 예수 그리스도를 보내 주셔서 구원받는 길을 열어 주시고, 교회를 세워 주심으로 이 구원의 길잡이로 삼아 주심을 감사합니다. 오늘은 하나님의 구원의 경륜을 따라 이 지역의 죽어 가는 영혼들을 위하여 이곳에 하나님의 교회를 세워 주신 은혜를 감사하는 교회 창립기념일입니다. 지금까지 저희 교회를 은혜 가운데 든든히 세워 주시고 교회를 통하여 많은 역사를 이루어 주심을 감사드립니다.

[찬양] 주께서 세우신 교회를 통하여 지금까지 많은 사람들이 예수 그리스도를 만나 구원의 은혜를 체험하였습니다. 영육간에 병들고 지친 영혼들이 주의 전에 나와 질병과 상처들을 치료받았으며, 인생의 참된 가치를 알지 못하던 자들이 주님의 교회를 통해 하나님을 만나며 새로운 인생을 살게 되었습니다. 또한 많은 그리스도의 일꾼들이 세워져 이웃과 민족과 세계를 향한 꿈을 품고 복음의 증인된 삶을 살고 있습니다. 하나님께서 오늘에 이르기까지 말할 수 없는 은혜를 누리게 하시며 참으로 복되고 아름다운 일들을 이루게 하셨습니다.

교회 창립기념일을 맞으면서 저희 교회를 세우시고 그 동안 이 귀한 일들을 이루신 하나님 아버지께 감사와 영광과 찬양을 올려 드립니다.

[교회를 위해] 하나님 아버지, 장래에도 우리 교회와 함께해 주셔서 하나님의 뜻을 이루는 교회 되기에 부족함이 없게 하옵소서. 해를 거듭할수록 더 큰 성장을 이루게 해 주시고 이 지역을 구원하며, 나아가서는 세계 열방 가운데까지 꿈과 비전을 넓혀 가는 교회 되게 하옵소서.

교회의 머리되신 예수 그리스도의 이름으로 기도합니다. 아멘 (희)

231
절기예배 기도문 (창립기념일)

[감사] 교회를 세우시고 교회를 통하여 역사하시는 하나님 아버지, 하나님의 특별한 계획과 은혜 가운데 우리 교회가 탄생한 것을 기념하며 감사하는 교회 창립기념일입니다. 지나온 교회 역사를 더듬어보면 사탄이 여러 가지 방법으로 훼방하며 넘어뜨려서 흩어 놓으려 시험과 시련거리를 가져다 놓았지만 그때마다 주께서 능력과 지혜 주셔서 잘 극복하게 하시고 믿음과 은혜 위에서 든든히 서게 하여 주심을 감사합니다. 앞으로도 주님께서 이 땅에 오시는 그날까지 교회를 지켜 주실 줄로 믿고 감사를 드립니다.

[교회를 위해] 하나님 아버지, 우리 교회를 아름답게 성장시켜 주셔서 이 시대에 그리스도의 복음을 위하여 귀하게 쓰임받게 해 주심을 감사합니다. 지금까지의 지나온 시간들을 추억해 보면 주님의 은혜가 아니었던 것이 없고, 매순간마다 주께서 함께하지 아니하신 적이 없었습니다. 이후로도 하나님의 선하신 도우심이 우리 교회를 붙들어 주심으로 하나님을 더욱 영화롭게 하는 복된 교회 되게 하여 주옵소서.

하나님 아버지, 우리 교회가 하나님 앞에 신령과 진정으로 예배드리는 거룩한 하나님의 성전이 되게 하시며 만민의 기도하는 집이 되게 하여 주옵소서. 또한 구원의 방주가 되어 세상 가운데 구원의 복음을 전파하며 전도하며 선교하는 일에 헌신된 교회 되게 하여 주시고, 세상의 빛이요 소금으로 이웃을 위해 봉사하며 사랑으로 섬기기에 부족함 없게 하여 주옵소서. 하나님 말씀의 가르침을 받고 가르침으로 말씀이 풍성한 교회 되게 하여 주옵소서. 주님 다시 오시는 그날까지 감사함으로 교회 창립기념일을 지키는 복된 교회 되게 해 주실 것을 믿사오며, 예수님의 이름으로 기도드립니다. 아멘

(희)

232
절기예배 기도문 (창립기념일)

[찬양과 감사] 지금도 살아계셔서 역사하시는 하나님 아버지, 하나님의 그 크신 은혜와 사랑과 능력을 찬양합니다. 주께서 이 땅을 구원하시기 위하여 피로 값 주고 세우신 교회 가운데로 부족한 저희들을 불러 주시고 하나님의 자녀된 기쁨을 누리며 살게 하심을 감사드립니다.

[간구] 주님의 뜻이 있어서 저희 교회를 세워 주시고 크신 은혜로 인도하여 주셔서 오늘 교회 창립기념일을 맞이하게 하신 하나님께 진심으로 감사드립니다. "너희 처음은 미약하였으나 나중은 창대하리라" 하신 하나님의 말씀대로 주께서 저희 교회에 복을 주셔서 이렇게 부흥케 하셨습니다. 돌아보면 지난 세월 동안 어려움과 시련들도 있었지만, 그때마다 하나님께서 저희 교회를 놓지 아니하시고 든든히 붙들어 주심으로 넉넉히 이기게 하시고 믿음의 반석 위에 서게 하여 주셨습니다.

주님 오시는 그날까지 저희 교회를 붙들어 주셔서 계속적으로 성장하고 성숙하며, 예수 그리스도의 복음을 증거하고 구원의 일에 아름답게 쓰임받는 교회 되게 하여 주옵소서.

[일꾼이 세워지기를 위해] 하나님 아버지, 지금까지 저희 교회에 많은 일꾼들을 보내 주셔서 교회를 믿음으로 잘 섬기게 하여 주신 것을 감사드립니다. 또한 저희 교회를 통하여 많은 일꾼들이 세워져 하나님의 일에 쓰임받게 해 주신 것도 감사드립니다. 주의 마음에 합한 일꾼들을 계속 세워 주셔서 교회와 복음을 위해 귀하게 쓰임받게 하옵소서. 이 시간 하나님의 말씀을 대언하실 사랑하는 목사님에게 성령의 능력을 더하셔서 하나님의 말씀을 온전히 선포하게 하시고, 듣는 저희들은 은혜받고 교회와 복음을 위하여 헌신을 다짐하는 시간 되게 하옵소서.

예수님의 이름으로 기도드립니다. 아멘

(희)

절기예배 기도문 (국가를 위한 기도)

[감사] 역사를 주관하시는 하나님 아버지, 이 민족을 사랑하셔서 선한 역사로 인도해 주심을 인하여 감사를 드립니다. 반만 년의 고통당하는 역사 속에서도 이 민족에게 소망과 용기를 주시고 지켜 주심을 감사드립니다.

[나라를 위해] 이 백성들이 과거의 역사를 통하여 말씀하시는 하나님의 뜻을 깨닫게 하여 주옵소서. 하나님의 돌보심과 사랑하심을 깨닫게 하셔서 하나님이 이 민족을 섭리하시고 이 민족의 왕 되심을 인정하게 하옵소서. 백성들의 마음을 주관하시어 이기심과 탐욕과 불의로부터 건져 주시고 서로 대적하고 싸우게 하는 사탄의 유혹에서 구원하여 주옵소서. 검을 쓰는 자는 검으로 망한다는 주님의 경고를 진심으로 받아들이게 하시어 이 나라의 역사가 주님의 뜻을 벗어나지 않게 하소서.

바른 역사 가운데로 나아갈 수 있도록 의인 다섯을 찾아 멸망할 성읍을 구원하기를 원하시는 하나님, 먼저 천만의 크리스천들이 하나님 앞에 의인으로 살게 하시고 이 나라 역사를 새롭게 하는 데 소금이 되고 밀알이 되게 하옵소서. 이 나라에 정치적, 경제적 어려움이 있습니다. 아직도 그늘진 곳이 많으며 부패와 부정이 끊이지 않고 있습니다. 위정자들을 먼저 깨워 주셔서 진정 애국하고 바른 정치를 하게 하옵소서. 하나님의 공의와 자유가 강물처럼 흐르는 이 나라가 되게 하옵소서. 남과 북이 어서 빨리 화해하고 통일의 물꼬를 트며 남북의 백성들이 함께 행복하고 평화롭게 살아갈 그날이 속히 오게 하옵소서.

백성들이 정신을 차리고 부도덕과 안일의 이기심을 버리고 함께 손잡고 더욱 번영하는 나라, 정직한 나라를 이루어가게 하옵소서.

예수님의 이름으로 기도드립니다. 아멘 (곤)

절기예배 기도문 (국가를 위한 기도)

[감사와 간구] 나라의 흥망성쇠를 주장하시는 하나님 아버지, 고통과 질고의 역사 속에서 이 나라를 지켜 주시고 주님의 귀한 복음이 전해지게 하시며 오늘까지 인도하심을 감사드립니다.

그러나 지금 이 나라는 심히 어려운 가운데 있습니다. 정치는 부패하고 백성들의 눈에는 눈물이 마를 날이 없습니다. 나라의 경제도 흔들려 많은 문제들이 생겨나고 있습니다. 이 모든 것이 먼저 믿은 저희들의 잘못인 줄 알고 회개하오니 에벤에셀의 하나님, 저희의 기도를 들으시고 이 백성의 눈물을 닦아 주시고 손잡아 일으켜 주옵소서. 이 나라를 긍휼히 여기사 주님의 목전에서 끊지 마옵소서. 어두운 곳마다 자리잡은 우상이 위대하신 주님의 이름에 떨며 쫓겨가게 하시고 여호와 하나님의 이름만 높임을 받게 하옵소서. 온 백성이 주님만 두려워하게 하옵소서.

[대통령을 위해] 열방의 대주재이신 하나님 아버지, 이 나라의 대통령을 위하여 기도합니다. 대통령에게 하나님의 지혜를 허락하시어 이 민족이 당한 위기를 잘 극복하게 하시고, 사무엘과 다윗같은 하나님 중심의 지도자가 되게 하여 주옵소서. 겸손함과 인자함을 주셔서 항상 백성의 소리에 귀를 기울이며 가난하고 소외된 자들을 더욱 사랑하고 평등과 공의로 다스리는 대통령이 되게 하옵소서.

저희 믿는 이들은 진정 그리스도를 본받아 나눔과 섬김의 생활을 하고 주님께 받은 은혜를 이웃에게 베풀게 하옵소서. 또한 굶주림과 고통으로 허덕이는 북녘의 동포들에게도 하나님의 사랑과 복음이 전해지게 하옵소서. 21세기를 향해 발걸음을 내딛는 저희에게 신앙과 생활과 산업이 복음 안에서 하나되는 역사가 일어나게 하시고, 이땅 곳곳에 주님이 사랑과 평화의 강물이 흐르게 하옵소서.

저희들의 소망이 되시는 예수님의 이름으로 기도합니다. 아멘   (곤)

절기예배 기도문 (국가를 위한 기도)

[감사] 전능하신 하나님 아버지, 은혜와 사랑을 감사드립니다. 죄인들을 사랑하셔서 피흘려 주심으로써 구속함을 받고 의롭다 칭함받아 새사람으로 살아갑니다. 이보다 더 큰 감사의 조건이 없음을 깨닫게 하시고 우리로 하여금 더욱더 감사하며 헌신하게 하옵소서. 믿음의 역사와 사랑의 수고와 소망의 인내를 가진 우리 교회와 성도들이 되도록 허락하옵소서.

[나라와 민족을 위해] 전능하신 하나님, 이 시간 특별히 나라와 민족을 위해 기도합니다. 우리의 기도를 들어 주옵소서. 하나님께서는 이 민족을 사랑하시사 일찍 복음을 들려 주시고 복음으로 부흥하게 하는 역사를 이루셨습니다. 이제 우리가 받은 복음을 다른 민족에게 전하게 하여 주옵소서. 아직도 이 민족 안에는 주님을 알지 못하고 우상의 종이나 욕망의 노예로 살아가는 자들이 많이 있습니다. 이들을 구원의 길로 인도해 주옵소서. 그 일꾼으로 우리를 부르신 줄 믿사오니 우리가 더욱더 기도하며 전도하여 민족복음화에 충성스러운 일꾼이 되게 하여 주옵소서.

이 민족이 남북으로 갈리운 지 벌써 반세기가 되었습니다. 아직도 민족통일의 문이 열리지 않고 있사오니 아버지여, 이 민족을 불쌍히 여기시고 빠른 시일 내에 통일의 길을 열어 주옵소서. 북한 동포들도 마음놓고 여호와를 찬송하며 섬기고, 같은 형제가 서로 자유롭게 오가며 함께 머리를 맞대고 기도하는 진정한 하나됨을 허락하옵소서. 그리하여 우리 모두가 주의 은혜에 더욱 감사하는 찬송을 하늘 높이 울려 퍼지게 하며, 만방에 여호와의 백성으로서의 영광을 드러내게 하옵소서.

예수님의 이름으로 기도합니다. 아멘 (식)

절기예배 기도문 (국가를 위한 기도)

[감사] 거룩하신 하나님 아버지의 은혜를 감사드립니다. 오늘 우리로 함께 모이게 하시고, 이 시간 나라를 위한 기도를 드리게 하심을 감사드립니다.

[참회] 거룩하신 하나님 아버지께서 이 나라를 사랑하셔서 구원하여 주시고 지금까지 지키시고 인도하여 주셨음을 믿습니다. 전쟁의 참담한 상황 가운데서도 지키시고 세계에 보기드문 경제부흥도 일으켜 주셨습니다. 그러나 우리는 이스라엘처럼 감사하지도 못하고 그 은혜에 보답하지도 못한 채, 모두가 자기의 소욕을 좇으며 살아왔습니다. 중간중간 많은 징조와 표적으로 경계를 주셨는데도 정신을 차려 하나님을 온전히 믿는 믿음을 회복하지 못하였습니다.

정치가는 오직 정략만으로 동분서주하며, 경제가는 자기의 경제적인 욕망만을 충족시키고, 교육자는 올바른 사제의 도를 정착하지 못하며, 종교인은 제 구실을 하지 못하였습니다. 무엇보다도 하나님을 먼저 믿고 하나님의 백성된 우리들의 잘못과 죄과가 너무 큼을 인정합니다. 이 자리에서 자복하며 회개하오니 용서하여 주시고, 이 나라와 민족이 다시금 영적으로 부흥하며 일어날 수 있도록 은총을 주옵소서.

[간구] 하나님 아버지, 우리 민족은 지금 엄청난 시련에 부딪혀 있습니다. 분단된 민족의 비극적인 역사도 그러하거니와 또한 심각한 경제적인 위기와 사람들간의 불신으로 가득차 있습니다. 능력의 하나님의 놀라우신 손길로 이 모든 문제를 해결해 주옵소서. 그리하여 삼천리 방방곡곡에 주의 놀라운 찬송과 기도가 울려 퍼지도록 하여 주옵소서. 온 백성들이 하나님을 경외하며 살아가도록 도와 주옵소서.

예수님의 이름으로 기도드립니다. 아멘

(식)

절기예배 기도문 (국가를 위한 기도)

[감사] 진리와 생명되신 여호와 하나님, 우리를 부르시사 주의 은혜 가운데서 예배하게 하심을 감사드립니다. 사도 바울의 고백처럼 죄인 중에서도 괴수와 같은 우리들이지만 하나님께서 불쌍히 여기셔서 구원받은 백성으로 삼아 주셨음을 진심으로 감사드립니다.

[나라와 민족을 위해] 아버지 하나님, 이 시간 우리나라를 위하여 기도드립니다. 반만 년의 역사를 가진 오랜 민족이건만 그동안 가난과 압박 속에서 살았고 침략당한 피지배 민족의 설움속에서 지내왔습니다. 그러나 아버지의 은혜로 해방을 맞게 하시고, 동족상잔의 비극 속에서도 다시 일으키사 오늘과 같은 자유와 기쁨을 허락하셨습니다. 가난에서 벗어나고, 신앙의 자유를 가지며 하나님을 마음껏 찬양하고 전파할 수 있는 은총을 허락하셨습니다.

이 모든 것이 하나님의 은혜인 줄 믿고 감사드립니다. 그러나 우리는 그동안 이 은혜를 은혜로 깨닫지 못하고 주신 물질의 풍요를 방종하며 누리기에 바빴고, 사회 전분야에 퍼진 불의와 부정과 모순은 이 나라를 암담한 현실로까지 이어지게 하였습니다.

감사하지 못하고, 절제하지 못하고, 순종하지 못하고, 말씀대로 살지 못한 우리의 죄과를 용서하시고 이 나라와 민족이 다시금 하나님의 은총을 입을 수 있는 은혜를 주옵소서. 주께서 바라시는 길을 걸어가게 해 주옵소서. 모든 백성이 하나님을 먼저 올바로 섬으로써 경제와 사회와 정치의 모든 분야에 아버지 원하시는 질서와 정의가 자리잡게 해 주옵소서. 그 일에 우리 그리스도인들이 진정한 도구되게 해 주옵소서.

예수님의 이름으로 기도합니다. 아멘 (식)

절기예배 기도문 (국가를 위한 기도)

[감사] 역사의 주인이신 하나님 아버지, 우리 민족을 사랑하셔서 일찍이 복음을 허락하시고 그리스도 예수 안에서 구원의 은혜를 누리게 하여 주심을 감사합니다. 이 나라와 민족을 이렇게 사랑하셔서 복음의 놀라운 진보와 부흥을 이루어 주신 것은 우리 민족을 향한 하나님의 계획과 목적이 있는 줄로 믿습니다. 하나님, 이 민족이 하나님의 사랑과 섭리를 깨닫고 감사하며 하나님의 뜻을 이루어 드리는 민족 되게 하여 주옵소서.

[민족복음화를 위해] 하나님 아버지, 이 민족이 믿음의 복을 받았지만 아직도 많은 사람들이 여전히 하나님의 은혜를 알지 못한 채 살아가고 있습니다. 이 땅에 복음이 편만해지며 모든 사람들이 주님을 알고 믿고 섬기며 하나님께 소망을 두고 살아가기를 원합니다.

이 일을 위하여 교회를 쓰시기를 원하시는 하나님, 먼저 주님의 부르심을 듣고 믿음으로 응답한 저희들이 이 나라와 민족의 복음화를 위하여 기도하며 복음을 전하는 일에 열심을 다하게 하여 주옵소서. 우리 속에 자기 민족을 바라보며 민망히 여기셨던 예수님의 마음을 부어 주시고, 민족의 죄를 짊어지고 눈물로 하나님 앞에 나아갔던 모세와 같은 심정을 주셔서 우리 민족을 책임질 수 있게 하여 주옵소서.

[지도자들을 위해] 하나님, 이 땅의 위정자들을 붙들어 주셔서 저들이 하나님을 두려워할 수 있도록 하여 주시고, 정직한 마음과 바른 생각들을 주셔서 나라를 바르게 다스릴 수 있는 지혜를 허락하여 주옵소서. 정치, 경제, 문화, 사회 전반에 걸쳐 팽배해 있는 죄악의 요소들이 제거되게 하시고 이 땅에 부정과 부조리가 사라지게 하여 주옵소서. 이 나라가 하나님 앞에 바른 모습으로 서게 하시어 인정받고 복받는 민족되게 하옵소서. 예수님의 이름으로 기도드립니다. 아멘 (희)

239
절기예배 기도문 (국가를 위한 기도)

[감사] 만왕의 왕이시며 만유의 주가 되시는 하나님 아버지, 하나님 없이 절망 가운데 살던 이 민족에게 예수 그리스도의 복음의 빛을 비추어 주셔서 소망의 백성 되게 하여 주심을 감사합니다.

[참회] 그러나 이 민족이 하나님의 이런 복을 받고도 그것이 하나님의 은혜인 줄조차 알지 못한 채 타락의 길로 나아가고 있음을 바라봅니다. 범죄한 민족은 결국 망한다는 것을 우리 민족이 깨닫게 하여 주시고 돌이켜 하나님을 잘 섬기는 민족 되게 하여 주옵소서. 교회가 먼저 기도하게 하시고, 이 민족을 타락하고 패역한 길에서 돌이킬 수 있도록 믿음과 능력과 열심을 더하여 주옵소서.

[남북통일을 위해] 이 땅이 남북으로 갈라져 서로 미워하며 헛된 대립을 계속해 오고 있습니다. 하나님, 이 민족을 불쌍히 여겨 주시어 남북이 복음 안에서 통일되는 기쁨을 누릴 수 있도록 하여 주옵소서. 사람의 방법과 힘으로는 할 수 없사오니 하나님께서 이 민족의 역사에 개입하셔서 하나님의 방법으로 이루어 주옵소서. 그래서 남과 북이 그리스도 안에서 화해하며 하나되는 복을 누리게 하옵소서.

[세계선교를 위해] 세계 도처에는 아직도 예수 그리스도의 복음을 듣지 못한 채 살아가고 있는 나라들이 많습니다. 우리 민족이 저들에게 복음을 증거하는 데 쓰임받게 되기를 원합니다. 우리 민족을 선택하셔서 세계 역사상 유례없는 급속한 복음의 진보를 이루게 하신 것뿐 아니라 물질적으로도 풍성한 복을 주신 것은 세계복음화를 위한 도구로 쓰기 위하여 하나님께서 예비하신 줄 믿습니다. 주여, 우리 민족이 이 귀한 사명을 감당할 수 있도록 이 나라를 더욱 복음 위에 든든히 세워 주시고 더 큰 믿음의 복을 누릴 수 있게 하여 주옵소서.

예수 그리스도의 이름으로 기도드립니다. 아멘   (희)

절기예배 기도문 (국가를 위한 기도)

[찬양과 감사] 국가의 흥망성쇠를 주관하시는 전능하신 하나님 아버지의 영광과 존귀와 능력과 지혜를 찬양합니다. 어제나 오늘이나 한결같은 사랑과 은혜로 저희들을 인도하여 주시고, 허물과 죄악으로 물든 저희들을 그리스도의 보혈로 씻어 주의 자녀 삼아 주심으로 주님 앞에 설 수 있게 하여 주신 은혜를 감사합니다.

주께서 날마다 저희들의 삶을 주장하심으로 거룩한 주의 백성다운 성결함을 잃지 않게 하여 주시며, 이 어둡고 부패한 세상을 변화시킬 수 있는 능력있는 그리스도인으로 살 수 있도록 역사하여 주옵소서.

일찍이 이 나라와 민족에게 복을 주셔서 이 땅의 백성들에게 구원의 복된 소식을 듣게 하신 주님, 전국 방방곡곡에 교회가 세워지게 하시고 많은 사람들이 주께로 돌아와 구원받은 주의 백성 되는 복을 누리게 해 주심을 감사합니다. 그러나 이 민족이 하나님의 이런 은혜를 입고도 지금까지 복음에 빚진 자로서의 사명을 제대로 감당하지 못하고 있습니다.

[간구] 자비로우신 하나님, 저희들의 불충과 연약함을 용서하여 주시고 돌이켜 복받은 민족으로 주님 앞에서 바르게 살아갈 수 있도록 인도하여 주옵소서. 이 민족이 하나님의 나라와 의를 구하게 하시고, 위정자들에게 지혜를 주셔서 살아계신 하나님을 경외하며 백성들을 잘 섬길 수 있게 하여 주옵소서. 또한 이 백성들에게 겸손하게 하나님을 바라볼 수 있는 믿음을 더하여 주시고, 하나님의 말씀을 따라 사회 전반에 만연해 있는 물질주의와 타락과 부패, 우상숭배와 미신을 청산하고 허탄하고 방자한 길에서 떠나게 하여 주옵소서. 그래서 이 나라와 민족이 하나님의 도우심 아래서 세계 열방 중에 존귀히 되게 하옵소서

예수님의 이름으로 기도드립니다. 아멘 (희)

7
헌신예배 기도문

제직/남선교회

여전도회/교사/성가대

청년대학부/중고등부

구역장 · 권찰

장학회

242
헌신예배 기도문 (제직)

[감사] 우리의 기쁨이 되시는 하나님, 우리를 하나님의 자녀 삼아 주시고 피흘려 사신 교회를 허락하셔서 섬기며 예배할 수 있는 은총을 내려 주심을 감사드립니다. 특별히 저희들을 택하시어 복음을 위하여 반포자와 사도와 교사로 세우심을 감사합니다.

[고백] 우리가 이 일을 위하여 고난도 받고 부끄러워하지 않으며 주님이 맡기신 직분을 잘 감당해야 하는데 게으름과 불순종으로 인하여 잘 감당치 못했음을 고백합니다. 이 시간 우리 안에 역사하시는 성령으로 말미암아 직분 주심에 순종하고 잘 지키며 주의 몸된 교회를 위하여 헌신 충성하는 일꾼으로 서게 하옵소서. 예수 그리스도의 좋은 군사로 만들어 주셔서 자기 생활에만 얽매이지 않고 군사로 모집한 하나님을 기쁘게 할 수 있는 저희들 되게 하옵소서.

[제직들을 위해] 하나님 아버지, 무엇보다도 진리의 말씀을 옳게 분변하며 살아가는 제직들 되게 하옵소서. 말씀에 붙잡힌 바 되게 하시고 주의 뜻대로 살아가는 저희들 되게 하옵소서. 부끄러울 것이 없는 일꾼으로, 인정된 자로 자신을 하나님 앞에 드리기를 힘쓰게 하옵소서. 사람에게서도 하나님에게도 칭찬과 인정을 받아 주의 몸된 교회를 섬기고 복음의 사역에 헌신하는 종들이 다 되게 하옵소서.

저희들의 수고와 노력과 기도로 교회가 성장되고 발전되기를 원합니다. 한마음으로 섬기게 하옵소서. 기쁨으로 섬기게 하옵소서. 맡겨진 믿음의 선한 사업을 잘 감당하여 하나님나라가 확장되고 하나님께 영광돌리기를 소원합니다. 오늘 제직 헌신예배를 통하여 다시금 자신을 돌아보고 우리의 달려갈 길을 더욱 열심히 달려가는 모든 제직들 되게 하옵소서. 예수님의 이름으로 기도합니다. 아멘 (곤)

243
헌신예배 기도문 (제직)

[감사] 하나님 아버지, 미천한 저희들이지만 주님의 귀한 일에 쓰임받게 하시고 주의 몸된 교회를 섬길 수 있는 특권을 주신 것을 참으로 감사합니다. 저희들이 제직으로 하나님의 선한 일에 동참하게 된 것은 하나님의 깊으신 뜻이 있는 줄 확신합니다. 이 직분을 잘 감당할 수 있도록 지혜와 믿음을 주시고 성령충만하게 하옵소서. 모든 일을 주께 하듯 하게 하시고 두렵고 떨리는 마음으로 일할 수 있게 하옵소서.

[제직들을 위해] 먼저 저희들이 하나님께서 귀히 쓰시는 깨끗하고 거룩한 그릇이 되기를 원합니다. 하나님의 쓰심에 합당하도록 경건과 믿음과 사랑과 인내와 온유함으로 믿음의 선한 싸움을 싸우게 하옵소서.

하나님의 말씀과 기도로 거룩해져서 봉사하는 일에, 전도하는 일에, 구제하는 일에, 교육하는 일에 최선을 다하여 주의 몸된 교회가 온전해지는데 밑거름이 되게 하옵소서. 하나님의 사람으로 온전케 되어 교회 구석구석을 돌아보게 하시고 시험에 빠진 자, 실패한 자, 낙심한 자, 외롭고 병든 자, 노약자들에게 위로와 힘이 되게 하옵소서. 또한 배우고 확신한 일에 거하여 모든 일에 믿음의 본을 보이며 솔선수범하고 교회의 사역에 앞장서는 제직이 되게 하옵소서.

세상에 나아가서도 세상과 짝하지 않고 때를 얻든지 못얻든지 주의 말씀을 전파하게 하옵소서. 사욕을 좇지 않고 허탄한 이야기에서 돌아서며 모든 일에 깨어 근신하므로 크리스천의 아름다운 덕을 전하는 제직이 되게 하옵소서. 성령께서 담대한 믿음과 충만한 영력을 더하여 주셔서 하나님의 청지기로서 그 사명을 잘 감당하게 하옵소서.

예수님의 이름으로 기도합니다. 아멘 (곤)

244
헌신예배 기도문 (제직)

[감사] 사랑의 하나님, 감사와 찬송을 드립니다. 또 새로운 한해를 저희들에게 허락하시고 아버지 은혜 가운데서 살아가게 하시니 감사드립니다. 지나간 일들은 주님의 용서의 은혜 가운데 묻어버리고 이제 새 마음으로 새 일을 하게 해 주옵소서. 옛사람에 속한 육체의 일들은 모두 성령의 역사로 소멸시키고 의와 진리로 거룩함을 입은 새사람으로 살아가게 하옵소서.

[충성된 제직이 되기 위해] 사랑의 하나님, 우리로 하여금 주님의 몸된 교회의 봉사할 일들을 맡겨주심을 감사드립니다. 정말 부족하고 연약한 저희들이지만 주님의 거룩한 성전에서 살게 하시고 여러 가지 충성스러운 직분을 맡겨 주셨습니다. 저희 자신을 돌아보면 이 거룩한 일들을 감당할 자격이 없으나 순종이 제사보다 낫다는 말씀에 의지하여 이 주어진 직분들을 감당하려고 합니다. 오직 아버지께서 힘 주시고 능력 주셔서 감당하게 하옵소서.

하나님의 뜻을 잘 분별하는 제직이 되게 하시고 그 뜻대로 행하며 순종하게 하옵소서. 겸손히 허리를 동이고, 주님이 제자들의 발을 씻기신 그 모습을 본받아 서로 섬기게 하옵소서. 우리 제직들이 온전히 주님의 몸된 교회의 각 지체들로서 역할을 다할 때 교회가 부흥하고 온전히 서게 하옵소서. 하나님의 나라가 전파되며 하나님의 영광이 온 천하에 드러나게 하옵소서. 이를 위하여 우리 모든 제직들이 헌신하며 결단하오니 성령께서 우리 머리에 기름부어 주셔서 온전히, 변치 말고 행하게 하여 주옵소서.

예수님의 이름으로 기도합니다. 아멘 (시)

헌신예배 기도문 (제직)

[감사] "맡은 자에게 구할 것은 충성이니라."

좋으신 하나님, 우리에게 직분을 맡겨주심을 감사드립니다. 생명과 진리 가운데서 살도록 불러 주시고 우리로 하여금 주님의 거룩한 사역에 동참하게 하시니 더욱 감사드립니다. 이제 우리는 몸과 마음과 뜻을 다하여 아버지 하나님의 영광을 위하여 그리고 우리 교회와 사랑하는 모든 성도들을 위하여 열심히 충성하겠사오니 주님께서 우리를 인도해 주옵소서.

[사명을 감당하는 제직이 되기를 위해] 지금 이 시간은 특별히 임명받은 모든 제직들이 한자리에 모여서 주신 직분을 감사하며 그리고 더 열심히 충성하려는 소원을 주께 드리며 헌신의 예배를 드립니다. 말로만 끝나지 말게 하시고, 한번의 예배로만 그치지 말게 하시고, 지속하여 이 사명을 감당하도록 은혜를 주시고 열심을 주옵소서. 온전히 주님을 섬기고 말씀에 순종하여 봉사하는 충성된 종이 되게 하옵소서.

성도들에게 관심을 가지게 하시고 나 개인보다는 전체를 생각하는 넓은 마음도 주옵소서. 합력하여 선을 이루는 큰 은총을 주옵소서. 그리하여 이 교회에 새로운 역사가 일어나게 하옵소서. 말씀이 충만한 교회, 서로 믿음으로 봉사하며 협력하는 제직, 주님의 복음을 땅 끝까지 전파하는 성도 되게 하옵소서.

우리 모두가 충성스러운 주님의 종들이 되기를 원하며, 예수님의 이름으로 기도합니다. 아멘

(식)

헌신예배 기도문 (제직)

[감사] 언제나 어디서나 우리를 보호하시고 사랑하시는 아버지 하나님의 은혜를 진심으로 감사드립니다. 이 시간까지 저희와 교회를 인도해 주시고 사랑하는 모든 성도와 제직이 함께 모여 아버지께 예배를 드리게 하심을 감사드립니다. 아버지의 그 크고 놀라우신 사랑을 더욱 깨닫는 귀한 시간 되게 하옵소서. 우리 모두가 진심으로 예배하며 감사하는 시간이 되게 하옵소서. 꼭 필요한 진리의 말씀으로 채우시는 시간 되게 하여 주옵소서.

[제직들을 위해] 거룩하신 아버지, 이 교회가 믿음과 사랑과 소망이 있는 교회되게 하시고 특별히 헌신을 다짐하는 모든 제직이 각각 맡은 사명을 잘 감당함으로써 온전히 교회의 목적을 이루게 하옵소서. 모든 제직이 복음 들고 나아가 전파하는 데 앞장서게 하옵소서. 주님의 명령을 수행하는 데 열정이 살아있게 하옵소서. 생명을 자라게 하는 데 세밀한 관심을 갖게 하옵소서. 주님의 마음을 닮아가는 데 앞장서는 모든 제직되게 하옵소서. 그리하여 하나님의 말씀이 가르쳐 주시는 가장 온전한 교회에 근접해 가는 이 한해가 되도록 우리를 인도하옵소서.

[말씀으로 은혜받기를 위해] 이 시간 말씀을 전하실 목사님께 영육간에 강건함을 주시고, 모든 성도의 마음문을 열어 주시사 말씀으로 은혜받고 새힘을 얻게 하옵소서. 그리하여 한 주간도 그 말씀대로 순종하며 살게 하옵소서.

예수님을 본받아 서로를 섬기며 진심으로 사랑하는 교회되기를 원하며, 예수님의 이름으로 기도합니다. 아멘 (식)

247
헌신예배 기도문 (제직)

[감사] 존귀하신 하나님 아버지, 저희들을 예수 그리스도의 피로 정결케 하셔서 구원받은 하나님의 백성 되게 하시고, 날마다의 삶 속에서 우리와 함께하시는 성령으로 말미암아 승리하게 하심을 감사합니다. 무능한 저희들을 충성되이 여겨 천사도 흠모할 만한 귀한 직분들을 맡겨 주심을 진심으로 감사합니다.

[예배] 오늘은 하나님께서 저희들에게 이 귀한 직분 주심을 감사하며 하나님의 영광을 위하여 온전히 사용할 것을 다짐하는 제직헌신예배로 드리는 날입니다. 하나님, 이 시간 마음과 몸을 주께 드리기를 헌신하는 저희들을 붙들어 주셔서 이 결심과 다짐이 흐트러지지 않게 하여 주시고, 이 헌신이 지켜질 수 있도록 믿음과 능력과 열심을 더하여 주옵소서. 이 시간 예배할 때에 각자의 사명과 직분에 합당한 은사를 내려 주셔서 많은 열매 맺게 하여 주옵소서.

[합력하는 제직되기 위해] 하나님, 각자가 자신에게 맡겨진 직분들을 충성스럽게 감당할 뿐 아니라 모든 직분자들이 서로 합력하여 하나님의 일을 보다 효과적으로 행할 수 있도록 인도하여 주시기를 원합니다. 서로 그리스도 안에서 존중하게 하시고 사랑으로 격려하며 돕게 하여 주옵소서. 자신의 짐을 질 뿐 아니라 돌아보아 연약한 자의 짐을 대신 져 주며 함께 하나님의 일을 이루어 가게 하여 주옵소서.

[말씀대로 순종하기 위해] 이 시간 사랑하는 목사님을 통하여 하나님의 말씀을 들을 때에 저희를 향한 하나님의 음성을 듣게 하시고, 말씀대로 순종해서 직분에 합당한 삶으로 하나님께 영광 돌리게 하여 주옵소서. 제직들이 섬김과 봉사로 성도들의 본이 되게 하시고 교회의 모든 일에 솔선수범하여 앞장서게 하여 주옵소서.

예수 그리스도의 이름으로 기도드립니다. 아멘

(희)

헌신예배 기도문 (제직)

[감사] 죄와 허물로 인해 죽을 수밖에 없었던 저희들을 예수 그리스도의 보혈로 구원해 주시고, 세상 그 무엇과도 비교할 수 없는 귀한 직분을 주셔서 주님의 사역에 동참할 수 있도록 해 주신 하나님께 감사와 영광을 돌려 드립니다. 저희가 일생 동안 하나님께서 베푸신 은혜속에서 떠나지 않게 하시고, 받은 사랑을 충성으로 보답하는 삶을 살 수 있도록 인도해 주옵소서. 그래서 저희 인생이 세상에서 누릴 수 없는 참으로 복되고 가치있는 삶이 되게 하옵소서.

[예배] 하나님 아버지, 이 시간은 특별히 제직들이 맡겨주신 직분을 따라 힘을 다해 교회를 섬길 것을 다짐하며 하나님의 도우심을 구하는 제직헌신예배로 드립니다. 맡은 자에게 구할 것은 충성이니라 하신 주님의 말씀을 기억하며 헌신을 다짐하는 이 시간, 하나님께서 성령으로 이곳에 임재하셔서 우리의 예배를 받아 주시고 저희들 속에 주님을 향한 믿음과 뜨거운 열심을 불어 넣어 주옵소서.

[직분을 잘 감당하기 위해] 저희들의 연약함을 아시는 하나님, 저희들은 나름대로 주님 뜻대로 살려고 노력하지만 번번이 실패하고 넘어집니다. 주님, 맡겨주신 직분을 하나님의 뜻대로 잘 감당할 수 있도록 성령의 능력과 은사를 더하여 주시고, 날마다의 삶 속에서 저희들을 권고하심으로 저희의 마음과 결심이 흐트러지지 않게 해 주옵소서.

이 시간 목사님을 통하여 하나님 말씀을 들을 때 저희들이 제직으로서의 사명을 새롭게 인식하게 하시고, 주를 위해 삶을 드리는 것이 얼마나 복되고 귀한 일인가를 다시금 깊이 깨닫게 하셔서 기쁨으로 헌신하는 모든 제직들 되게 하여 주옵소서. 예배의 순서 순서를 주님께 의지하며, 예수님의 이름으로 기도드립니다. 아멘

(희)

헌신예배 기도문 (제직)

[감사] 미련하고 약한 자들을 택하여 지혜롭고 강한 자들을 부끄럽게 하시는 하나님, 연약하고 부족한 저희들에게 하늘의 귀한 직분을 맡기시고, 이 직분을 통하여 하나님나라를 확장하며 복음을 위해 일하게 하시는 하나님의 그 측량할 수 없는 은혜와 사랑을 감사합니다.

주님께서 불러 주시지 않았다면 세상의 헛된 것들을 위하여 허송세월 했을 저희들이지만 그리스도 안에서 저희들을 부르셔서 구원하시고, 또한 직분 주셔서 세상이 알 수 없고 줄 수도 없는 참으로 가치있고 복된 일을 하며 살 수 있도록 해 주심을 감사합니다.

[충성하는 제직되기 위해] 이 시간 주님 주시는 복된 직분 맡은 자들이 주신 직분과 역할을 따라 주님을 섬기며 주님의 교회와 각 부서에서 충성된 종으로 봉사할 것을 다짐하는 제직 헌신예배로 드립니다. 예배할 때에 저희 가운데 성령께서 함께하셔서 우리에게 맡기신 직분을 잘 감당할 수 있는 믿음과 지혜와 능력을 더하여 주옵소서.

주님을 위해서 일할 수 있는 것이 얼마나 귀하고 복된 일인지를 깨달아 직분 맡음에 대한 감사와 감격이 넘치는 시간 되게 하여 주옵소서. 그래서 주의 전에서 제직으로 봉사할 때에 늘 자원하는 마음으로 하게 하시고, 기쁨과 감사함으로 맡기신 일에 충성할 수 있도록 저희 생각과 마음을 주장하여 주옵소서. 제직들이 교회에서, 가정에서, 이웃에게나 직장에서 그리스도의 향기가 되게 하시고, 제직들의 삶을 통해 세상 속에 그리스도의 사랑과 생명의 복음이 드러나게 해 주옵소서.

이 시간 사랑하는 목사님을 단에 세우셨사오니 목사님을 통하여 저희들에게 말씀하시고자 하는 하나님의 음성을 듣게 하시고, 주님 뜻대로 저희들의 삶과 직분을 드릴 수 있도록 인도하소서.

예수님의 이름으로 기도드립니다. 아멘

(회)

250
헌신예배 기도문 (남선교회)

[감사와 예배] 의로우신 하나님, 복음을 위하여 일꾼이 된 저희 남선교회가 하나님 앞에 새롭게 결단하는 헌신예배를 드리게 됨을 진심으로 감사드립니다. 우리 몸과 마음을 다하여 예배를 드리며, 위로부터 내리는 능력을 덧입고자 이 자리에 저희들이 모였으니 하나님 영광받아 주시고 한없는 은총을 베풀어 주옵소서.

[참회] 지나온 세월을 돌이켜 보면 하나님의 일꾼답게 살지 못했으며 교회를 헌신적으로 섬기지 못하고 주님의 사역에 몸바쳐 충성하지 못했음을 고백합니다. 주의 복음을 땅 끝까지 전하기 위해서 남선교회로 묶어 일하게 하셨는데 그 선교적 사명을 잘 감당하지 못했으니 우리의 잘못을 용서해 주옵소서. 이 예배를 통하여 지난날을 회개하며 새로운 헌신과 다짐을 하고 주의 명령에 순종하는 저희들 되게 하옵소서.

[남선교회 회원들을 위해] 오늘 이 시대의 불의와 부패에 대항하며 하나님의 공의가 강같이 흐르게 하는 일에 앞장서서 일할 일꾼으로 저희 남선교회 회원들을 세워 주셨으니 하나님나라 건설에 충직한 청지기가 되게 하옵소서. 복음의 일꾼 에바브로디도가 그리스도의 일을 위하여 죽기에 이르러서도 자기 목숨을 돌아보지 않은 것처럼 하나님의 복음사역을 위하여 몸을 바치고 함께 수고하고, 군사된 자로 죽음을 무릅쓰고 나서서 일하게 하옵소서. 매사에 주님 보시기에 합당하게 행하여 주님을 기쁘시게 하고 선한 일에 열매 맺으며 성령의 역사를 따라 힘을 다하여 수고할 수 있는 회원들 되게 하옵소서.

오늘 드리는 이 예배가 새로운 헌신의 출발점이 되게 하시어 죽도록 충성하는 결심과 결단이 있는 복된 시간이 되게 하옵소서.

예수님의 이름으로 기도합니다. 아멘 (곤)

251
헌신예배 기도문 (남선교회)

[감사와 예배] 하나님 아버지, 우리를 부르시어 하나님나라에 이르게 하시는 크신 사랑에 감사드립니다. 또한 남선교회 회원들이 마음과 정성을 모아 하나님 앞에 헌신을 다짐하고 사명을 새롭게 하는 예배를 드리게 하심을 감사드립니다.

이 예배를 통하여 데살로니가교회에 일어났던 믿음의 역사와 사랑의 수고와 소망의 인내가 우리 가운데 풍성히 임하게 하옵소서. 그리하여 하나님의 사랑과 택하심을 입은 저희들이 성령의 도움으로 맡겨진 바 선교의 사명을 잘 감당할 수 있게 하옵소서. 오직 하나님으로부터 옳게 여기심을 입어 하나님을 기쁘시게 하는 일에 열심을 다하게 하옵소서.

[남선교회 회원들을 위해] 특별히 남선교회 회원들이 어두움에 속한 자와 같이 행하지 않고 근신하여 믿음과 사랑의 흉배를 붙이고 구원의 투구를 써서 이 마지막 때에 복음의 파수꾼으로 쓰임받게 하옵소서. 약한 자들을 안위하고 힘이 없는 자들을 붙들어 주는 사랑의 실천자들이 되게 하옵소서.

가정에서는 믿음의 가장으로, 직장에서는 성실한 직업인으로, 교회에서는 선한 청지기로서, 사회에서는 당당한 사회인으로서 서야 하겠사오니 성령충만하게 하시고 건강과 지혜를 더하시며 깨어 믿음에 굳게 서서 강건하게 하옵소서. 우리 남선교회 회원들이 있는 곳마다 새로워지고 좋은 일들만 일어나게 하시며 하나님의 선한 사업이 펼쳐지게 하옵소서. 쉬지 말고 기도하며 범사에 감사하고 악은 어떤 모양이라도 버리게 하시며, 주의 말씀을 따라 교회를 섬기게 하시고 세상에서 승리하게 하옵소서. 오늘 헌신예배를 통하여 우리의 삶을 온전히 드리게 하옵소서.

예수 그리스도의 이름으로 기도합니다. 아멘 (곤)

헌신예배 기도문 (남선교회)

[감사와 예배] 만복의 근원이신 하나님 아버지, 오늘 우리 남선교회 회원들이 하나님께 헌신예배를 드릴 수 있게 하시니 감사합니다. 성령께서 우리 모두의 심령을 주장하셔서 온전히 하나님께 드릴 수 있는 순종의 예배를 드리게 하옵소서.

[남선교회를 위해] 하나님 아버지, 우리 교회를 이곳에 세워 주시고 구원의 사역을 감당하게 하시려고 남선교회로 모이게 하시니 감사를 드립니다. 우리를 먼저 세상의 죄악에서 보호하시어 악에게 지지 말고 선으로 악을 이기게 하시며, 어두움이 가득한 세상 구석구석을 그리스도의 밝은 빛으로 깨끗하게 하는 데 힘쓰게 하옵소서.

저희들이 더욱 믿음 위에 굳게 서게 하시며 교회에 봉사하는 일과 하나님의 사랑을 실천하는 사마리아인으로 훈련시키셔서 무슨 일을 하든지 하나님의 영광을 드러내게 하옵소서. 우리 남선교회가 복음사역에 전심전력하게 하시고 믿음의 진보를 모든 사람에게 나타내어 하나님의 크신 뜻을 온누리에 펼치는 데 앞장서게 하옵소서. 우리의 말이나 행실이 바른 교훈에 합하게 하시고 절제하며 경건하며 믿음과 사랑과 인내함에 온전함을 이루어 교회의 기둥으로 쓰임받게 하옵소서.

남선교회가 하는 일을 통하여 모든 사람에게 구원을 주시는 하나님의 은혜가 나타나게 하시고, 더욱 모이기를 힘쓰고 기도에 전력하며 성령충만함을 입어 하나님 앞에 인정받는 일꾼이 되게 하옵소서. 저희가 이 땅의 자유와 통일을 위하여 썩어지는 밀알이 되게 하시고 주께서 저희 손을 강하게 붙드셔서 평화의 도구로 쓰임받게 하옵소서.

예수님의 이름으로 기도합니다 아멘 (곤)

253
헌신예배 기도문 (남선교회)

[감사] 의로우신 아버지 하나님이시여, 오늘도 우리들을 사랑하시어 거룩한 성일을 주심을 감사드립니다. 죄로 인하여 죽을 수밖에 없는 죄인들이지만 오직 아버지의 사랑으로 독생자 예수의 피공로로 다시 살게 하시고, 우리 입으로 예수님을 나의 주로 고백하게 하심을 감사드립니다. 아버지의 자녀가 되는 권세를 주신 것 정말 감사합니다.

[남선교회 회원들을 위해] 이제 주님의 은총 가운데서 감사하며 예배를 드립니다. 남선교회 헌신예배를 받아 주시고, 이 교회에 속한 모든 남선교회 회원들에게 하나님께서 힘 주시고 능력 주셔서 아버지의 뜻을 이루도록 하옵소서.

복음서에 나타난 예수님의 제자들처럼 우리는 무기력하고 믿음이 부족할 때가 많습니다. 그러나 그들도 변화되었을 때, 놀라운 사도로서 복음의 사역을 훌륭히 감당하였음을 기억합니다. 우리도 성령의 도우심이 있으면 그분들처럼 열심히 주의 일을 할 수 있을 줄 믿습니다. 성령이여, 우리를 변화시키시고 깨우쳐 주옵소서. 능력을 더하여 주옵소서.

우리 남선교회 회원들이 하나하나 믿음 안에서 잘 성장함으로써 교회가 더욱 성장하게 하옵소서. 우리의 가정이 더욱 믿음과 사랑으로 든든히 서게 하옵소서. 우리의 직장이 복음의 터전이 되는 놀라운 변화가 있게 하옵소서. 새역사가 나타나게 하옵소서. 모든 회원들이 오늘만이 아니라 영원토록 헌신하는 역사가 일어나게 하옵소서.

말씀을 전하실 목사님께 능력 주시어 모든 성도들이 말씀으로 은혜받고 새힘을 얻게 하옵소서.

예수님의 이름으로 기도합니다. 아멘 (식)

헌신예배 기도문 (남선교회)

[감사] 공의로우신 아버지 하나님 앞에 기도드립니다. 하나님께서 천지를 창조하신 이래로, 이 땅에 역사가 시작되었습니다. 세상은 우리 인간의 죄로 말미암아 밝음보다는 어두움으로, 사랑보다는 미움으로, 평화보다는 전쟁으로 얼룩져 왔습니다. 그럼에도 이만큼 역사가 진행되어 온 것은 의로우신 아버지께서 지탱시키시고 섭리하심 때문인 줄 믿습니다. 이 은혜를 알고 감사드립니다.

저희들은 십자가에서 계시된 하나님의 복음의 능력을 힘입어 살아가고 있습니다. 오직 믿음으로만이 이 어둡고 불의한 세상을 이기며 나아가는 유일한 길인 줄 믿습니다. 우리에게 믿음을 더하여 주옵소서.

[남선교회 회원들의 믿음을 위해] 이 시간은 특별히 우리교회에서 사랑받는 남선교회 헌신예배로 모였습니다. 우리 남선교회가 교회의 일원된 모임으로서 잘 성장하게 하시고, 중요한 일들이나 하찮게 보이는 일들이나 우리 주님을 위한 것이라면 변명하지 않고 잘 감당하게 하옵소서. 그리하여 교회에 유익을 주고 덕을 끼치는 생활을 하게 하옵소서. 우리 회원들 한 사람 한 사람이 주님 앞에 더욱 믿음의 인물로 든든히 설 때에 교회가 든든해 질 뿐만 아니라 가정도 안정되고, 직장도 은혜를 받으며, 온 사회와 국가까지도 큰 변화가 나타날 것입니다. 이러한 귀중한 아버지의 사람들로 우리를 변화시켜 주옵소서. 그리하여 진실된 헌신이 날마다 살아있게 하옵소서.

하나님, 우리 남선교회 회원들의 수가 날로 늘어나기를 원합니다. 우리가 전도에 힘쓰게 하셔서 많은 회원들이 아름다운 교제를 하며 교회의 기둥이 되게 하옵소서.

예수님의 이름으로 기도합니다. 아멘

(식)

255
헌신예배 기도문 (남선교회)

[감사] 거룩하신 하나님의 은혜로 아버지의 뜻을 따라 살아가게 하시니 감사드립니다. 죽어 마땅한 죄인인 우리들을 독생자의 피로 사랑하시고 구원의 대열에 합류시켜 주심을 감사드립니다. 이제 아버지의 사랑 받는 자녀가 되었사오니 우리 모두가 그 책임을 감당할 수 있도록 믿음을 더하여 주옵소서. 하나님의 충성스러운 종으로서 부족함이 없는 길을 걸어가게 하옵소서.

[남선교회 회원들을 위해] 아버지 하나님께서 이 교회를 사랑하셔서 남자 성도들로 하여금 남선교회를 구성하게 하셨습니다. 온전히 하나님의 뜻을 이루어 드리는 남선교회가 되게 하옵소서. 이름 그대로 선교를 위하여 모든 회원들이 수고하며 충성하게 하시고, 협력하며 봉사하게 하옵소서. 그리하여 땅 끝까지 전파하라고 하신 하나님 말씀을 따라 하나님의 나라를 확장하는 데 앞장서게 하옵소서.

믿음의 길을 들어설 때 놀라우신 아버지의 은혜를 체험할 때의 감격을 잊지 말게 하시고, 더욱더 열심으로 섬기고 봉사하는 회원들 되게 하옵소서. 교만하지 않으며 더 신실하고 낮은 자세로 몸된 교회를 섬길 때에 놀라운 역사가 일어날 줄 믿습니다. 무엇보다도 우리 모두에게 다니엘과 같은 믿음, 바울과 같은 선교의 열정을 허락하옵소서.

하나님, 저희들은 사회생활에 바쁘다는 이유로 말씀과 기도생활에 게으를 때가 많습니다. 주님의 일은 말씀과 기도의 힘으로 감당하는 줄 아오니 더욱 말씀과 기도생활에 힘써 든든히 서가게 하옵소서.

예수님의 이름으로 기도합니다. 아멘 (식)

헌신예배 기도문 (남선교회)

[감사와 예배] 저희 교회를 이 지역에 세워 주시고 지금까지 지역 복음화와 하나님의 선한 사업에 귀하게 쓰임받게 해 주심을 감사합니다. 또한 저희들을 사랑하셔서 교회를 통하여 예수 그리스도의 복음을 듣게 하시고 그리스도의 은혜로 구원받은 주의 백성 되게 하시며, 직분을 주셔서 일꾼 삼아 주신 은혜를 감사합니다.

특별히 저희 교회에 남선교회를 조직케 하셔서 교회와 하나님의 사업을 위해 일할 수 있도록 해 주시고 오늘 헌신예배를 드릴 수 있도록 인도하시니 감사합니다. 이 예배를 통하여 남선교회가 다시 한번 주님 앞에서 사명을 새롭게 다짐하고, 우리의 마음과 몸과 시간과 물질과 재능을 주님을 위해 드리기로 헌신하는 복된 시간 되게 하여 주옵소서.

[남선교회를 위해] 하나님 아버지, 저희 남선교회를 믿음과 사랑 위에 든든히 세워 주셔서 교회의 많은 기관과 부서들 가운데 연합의 구심점이 되게 하시고, 섬김과 봉사의 정신으로 연약한 자들을 돌아볼 줄 아는 기관이 되게 하옵소서. 남선교회가 모일 때마다 그리스도를 중심으로 한 교제가 이루어지게 하시고, 지역복음화와 세계선교에 기여하게 하시며 지역의 구제에도 관심을 갖고 일하게 하옵소서.

언제나 성령께서 저희들을 붙들어 주셔서 남선교회의 모든 계획과 사업들이 하나님께 영광을 돌리며 저희들에게는 복받는 일들이 되게 하옵소서. 주신 은사를 선하게 사용하여 교회에 덕을 세우게 하시고, 교회를 섬기는 일에 앞장서서 일하지만 늘 겸손한 마음을 잃지 않게 하옵소서.

주의 사자를 통하여 하나님의 말씀이 선포되어질 때에 그 말씀을 믿음으로 받아 순종함으로 하나님의 의를 이루는 삶이 되게 하옵소서

예수님의 이름으로 기도드립니다. 아멘

(희)

헌신예배 기도문 (남선교회)

[예배] 만복의 근원되시는 전능하신 하나님 아버지. 부족하고 연약한 저희들을 사랑하셔서 세상 중에 있지 아니하고 거룩한 하나님 전에 나와 예배할 수 있도록 은혜를 베풀어 주시니 감사합니다. 특별히 오늘은 남선교회가 하나님 앞에 헌신을 다짐하는 남선교회 헌신예배로 드립니다. 이 예배를 통하여 하나님께 영광이요 저희들에게는 주님의 큰 은혜를 맛보며 교회와 복음을 위한 사명을 다할 수 있도록 새힘과 능력을 더하여 주옵소서.

[남선교회를 위해] 주님의 교회를 섬기며 복음의 일꾼으로 쓰시기 위하여 세우신 저희 남선교회에 맡겨진 귀한 사명과 역할이 있는데 저희들은 믿음이 약하고 열심이 부족하여 사명을 제대로 감당하지 못하고 있음을 고백합니다. 용서하여 주시고 남선교회가 교회와 선교를 위하여 맡겨진 사명에 제몫을 다할 수 있게 하여 주옵소서. 저희 남선교회가 교회의 기둥으로 굳게 서서 하나님의 일을 바르게 감당할 수 있도록 먼저 기도하는 남선교회가 되게 하여 주시고 진리와 말씀 위에서 자라가게 하옵소서. 또한 세계선교와 지역복음화에 앞장서게 하시며 직장에서나 사회에서 그리스도의 향기를 발할 수 있게 하여 주옵소서.

저희들이 세상 속에 살 때 믿음에 굳게 서서 늘 깨어서 생명되신 주님을 바라보며 나아가게 하시고, 하나님을 의지함으로 세상을 이기며 신앙의 아름다운 열매들을 맺게 하여 주옵소서.

[목사님을 위해] 말씀을 전하실 목사님에게 성령충만함을 더하셔서 하나님의 생명의 복음을 전하기에 부족함 없게 하시고, 저희 남선교회 회원들과 모든 성도들이 말씀을 믿음과 기쁨으로 받게 하옵소서.

감사를 드리며, 예수 그리스도의 이름으로 기도드립니다. 아멘   (희)

헌신예배 기도문 (남선교회)

[감사] 빛과 진리되신 하나님 아버지, 놀라우신 사랑과 은혜로 저희들을 인도하여 주셔서 세상의 복잡하고 분주함 속에서도 주님을 기억하며 예배의 자리로 나아올 수 있도록 인도하여 주심을 감사합니다. 일생 동안 우리의 선 자리가 하나님께 영광이 되는 자리가 되게 하여 주셔서 저희들의 생애가 거룩한 기쁨 속에 있게 하옵소서.

[예배] 하나님, 이 시간은 하나님께서 세우신 남선교회가 주신 사명에 따라 충성할 것을 다짐하며 예배하는 남선교회 헌신예배 시간입니다. 오늘 드려지는 예배를 복되게 하셔서 남선교회 회원들과 온 성도들이 한 마음과 한뜻이 되어 하나님이 받으실 만한 신령과 진정의 참 예배를 드릴 수 있게 하시고, 예배하는 저희들에게 하나님께서 풍성하신 은혜와 은사를 내려 주심으로 하늘의 비밀한 기쁨을 맛보며 새힘을 얻는 시간 되게 하여 주옵소서.

[남선교회를 위해] 저희 남선교회가 목사님을 잘 보필하며, 주님의 마음으로 교회를 사랑하며 맡겨진 일에 최선을 다할 수 있도록 성령께서 역사하여 주옵소서. 말씀을 통하여 남선교회의 사명을 바르게 알게 하시고 모든 일을 기도하며 주님과 의논하므로 주의 뜻대로 바르게 할 수 있도록 하여 주옵소서. 주신 은사를 적극적으로 사용하여 교회에 덕을 세우며 하나님의 일에 앞장서는 남선교회 되게 하여 주시고, 선교 사역을 위하여 마음과 힘을 모으게 하옵소서.

주신 일터에서 구별된 삶을 살며 예수 그리스도를 증거하는 복음의 증인으로서의 삶을 살게 하옵소서. 또한 가정에서는 자녀들에게 좋은 본이 되며 말씀으로 교훈자가 되어 믿음의 가정을 세울 수 있게 하여 주옵소서. 말씀을 통해 주님을 향한 열심이 불일듯 일어나게 해 주옵소서.

예수님의 이름으로 기도드립니다. 아멘

(희)

259
헌신예배 기도문 (여전도회)

[예배] 은혜가 풍성하신 하나님, 주님의 사랑받는 저희들이 하나님 앞에 나아와 옥합을 깨뜨린 마리아와 같이 자신을 하나님께 드리기 위하여 헌신예배를 드리게 하시니 감사드립니다. 예배를 통하여 성령께서 들려 주시는 그 음성에 순종하게 하시며 오늘의 기독여성으로서의 사명과 역할을 깨닫는 시간 되게 하옵소서.

[간구] 주님, 저희 여성들이 한국교회의 역사 속에서 선교, 봉사하며 궂은 일, 힘든 일, 어려운 일들을 맡아 열심으로 봉사하고 섬기게 하셨음을 감사드립니다. 그러나 아직도 교회의 구석구석에 여성으로서 감당해야 할 몫이 많음을 봅니다. 약한 자를 돕고 마음이 상한 자들을 위로하며 병으로 고생하는 자를 돌보고 시험에 빠진 자를 위해 기도하는 일 등에 항상 힘쓰게 하시며 오른손이 하는 것을 왼손이 모르게 봉사하게 하옵소서.

사무엘의 어머니 한나처럼 기도하며 교회를 섬기고 나라와 민족을 위하여 중보기도하게 하소서. 디모데의 어머니 유니게가 품었던 거짓 없는 믿음으로 봉사하며, 브리스길라처럼 주의 종을 돕고 복음을 위하여 생명을 아끼지 않는 저희들로 삼아 주옵소서.

하나님 아버지, 저희 여전도회 회원들이 주님 안에서 서로 연결되어 주님이 거하실 성전이 되게 하시고 성령의 아름다운 열매 맺고 사랑의 향기와 화평의 덕을 세우게 하옵소서. 서로 무거운 짐을 나누어서 지게 하시고 주님의 십자가를 자랑하며 자기 십자가를 지고 묵묵히 주님을 따라 나설 수 있는 용기를 더하여 주옵소서. 가정에서는 아내로서, 어머니로서, 며느리로서 부족함이 없도록 믿음과 건강과 지혜를 더하여 주옵소서.

예수님의 이름으로 기도합니다. 아멘

(곤)

260
헌신예배 기도문 (여전도회)

[감사와 고백] 하나님 아버지, 오늘도 저희를 사랑하시어 복된 날을 허락하시고 또한 여전도회 헌신예배로 드리게 하심을 감사드립니다. 지난 한 주간을 돌아보면 저희들은 입술로만 주여 주여 할 때가 더 많았고 세상의 잘못된 것들을 보고도 마음 아파하지 않았습니다. 이 시간 저희들을 용서해 주시고, 주께서 저희의 영의 눈과 귀를 열어 주시어 저희를 향하신 하나님의 말씀을 듣고 온갖 피조물을 통해 보여 주시는 그 뜻을 확신하게 하옵소서.

[여전도회 회원들을 위해] 하나님, 저희 여전도회 회원들에게 특별한 책임을 부여해 주심을 감사드립니다. 자녀를 양육할 때 주의 말씀으로 먹이게 하시고, 이 사회에서 굽은 것을 곧게 하며, 골짜기를 메우고 험한 길을 평탄케 하는 일을 행하며 하나님의 도구로 쓰임받게 하옵소서. 또 생명을 살리며 치유하는 일에 이바지할 수 있게 하옵소서.

여 장로와 여 목사를 세우게 하신 하나님 감사합니다. 이제 21세기를 준비하는 선교 여성으로서 우리의 의무를 다하는 성숙한 자로 붙드셔서 분단된 조국의 평화통일을 이루는 데도 일익을 담당하게 하옵소서. 혼란한 이 세상에 주의 복음을 널리 전파하며 그리스도인의 증인된 삶을 살게 도와 주옵소서. 비록 지금까지는 쭉정이처럼 살았으나 이제 후로는 회개의 합당한 열매를 맺으며 받은 바 은혜를 족한 줄 알고 헐벗은 자에게 나누는 삶을, 약한 자를 돕는 일에 힘을 쏟게 하옵소서. 주님이 오실 그 날에 곳간에 들여지는 알곡들이 되게 하옵소서.

예수님의 이름으로 기도합니다. 아멘 (곤)

헌신예배 기도문 (여전도회)

[감사] 자비로우신 하나님 아버지, 오늘 여전도회 회원들이 헌신예배를 드리게 하시니 감사합니다.

[참회] 지난 시간을 되돌아볼 때 하나님 앞에 부끄러운 모습뿐임을 고백합니다. 우리 눈은 주의 말씀보다 세상 풍조를 더 살폈고, 우리의 발은 십자가보다 세속의 즐거움에 더 익숙했습니다. 우리의 손은 이웃의 아픔을 감싸주기 보다 자신의 이익을 챙기기에 바빴고, 입은 주님의 평화를 선포하기 보다 이웃의 이야기로 분주했습니다. 사회가 어지러울 때, 민족이 분단의 고통으로 신음할 때 그 고난에 동참하지 못했습니다. 주님, 저희들의 허물을 용서하여 주옵소서.

[간구] 저희들은 연약한 질그릇과 같습니다. 저희 심령에 성령충만하게 하셔서 예수 그리스도의 향기를 날리며 십자가의 도와 부활을 증거할 수 있는 그리스도의 편지가 되게 하옵소서. 매일의 생활 속에서 진리의 말씀을 묵상하며 하나님의 신령한 뜻을 찾고, 저희 발은 하나님의 진리를 전하기에 바쁘게 하시고, 저희 손은 이웃의 아픔을 위로하는 사랑의 손이 되게 하옵소서.

평화의 왕으로 오신 주님, 서로 원수되었던 개인이, 나라가, 민족이 서로 사랑하며 하나가 되게 하옵소서. 저희 여전도회 회원들이 주님의 참평화를 이루는 일꾼이 되게 하옵소서. 주 안에서 연합하는 아름다운 여성, 생명을 아끼고 소중하게 가꾸는 여전도회 회원, 옥합을 깨뜨린 여인처럼 아낌없이 봉사하는 여전도회 회원들이 되게 하옵소서.

영원한 생명이 되시는 예수님의 이름으로 기도합니다. 아멘 (곤)

헌신예배 기도문 (여전도회)

[감사와 고백] 사랑의 아버지 하나님, 오늘도 우리를 부르시사 아침부터 이 시간까지 지키시고 인도해 주심을 감사드립니다. 믿음의 길을 걸어갈 수 있도록 우리에게 믿음을 주시고, 사랑의 은혜를 베푸시고, 진리의 말씀을 들을 수 있게 하시니 감사합니다.

그러나 우리는 연약하여 아버지의 뜻을 다 이루어 드리지 못하였음을 고백합니다. 이 시간도 여전도회 헌신예배를 드리며 엎드려서 비오니 우리의 기도를 들어 주옵소서. 온 성도와 교회의 구할 것을 잘 아뢰며 무엇보다도 아버지께서 들으시고 응답하시는 능력있는 기도 되게 하옵소서.

[헌신하는 여전도회 회원들이 되기를 위해] 사랑의 하나님, 이 교회와 우리 모두를 사랑하셔서 여전도회를 세워 주신 줄 믿습니다. 원하옵기는 이름만의 여전도회가 되지 말고 실제로 전도하고 봉사하는 기관이 되게 하옵소서. 일회성인 헌신을 다짐하지 말고 일평생 헌신하는 여전도회 회원들 되게 하옵소서. 드러나는 일만 찾지 말게 하시고 숨겨진 봉사에도 만족하며 감사하게 하옵소서. 큰 일, 큰 사업만 찾지 말게 하시고, 새 일 새 역사와 작은 일도 가리지 않고 헌신하게 하소서. 사람의 평가에 연연하지 말게 하시고 오직 완전하시고 공평하신 하나님의 평가에 더 관심을 기울이게 하옵소서. 그리하여 이 교회가 여전도회를 통하여 든든히 서기를 원합니다.

말씀을 전하실 목사님께 영육간에 강건함을 주시고, 모든 성도들은 주신 말씀을 통해 은혜받고 아멘으로 화답하게 하옵소서.

주님의 도우심이 나타나기를 원하옵고, 예수님의 이름으로 기도드립니다. 아멘

(식)

헌신예배 기도문 (여전도회)

[영광과 감사] 사랑의 주님 앞에 영광과 찬송과 감사를 드립니다. 이 시간도 우리로 예배하게 하시니 더욱 감사드립니다. 주의 은총속에서 살게 하시니 감사드립니다.

이 시간은 우리 여전도회가 주관하여 헌신예배를 드립니다. 많은 여성도들의 헌신을 통하여 하나님의 몸된 교회가 자라왔습니다. 우리도 이 헌신의 대열에 동참하고 그 사명을 이어감으로써 아버지께 영광돌리고자 합니다. 진실로 하나님 아버지께서 우리들을 통하여 영광받아 주옵소서. 우리 여전도회가 이 교회에 꼭 필요한 기관이 되게 하시고, 가난하고 약한 지체들을 바로 세우는 일을 감당할 수 있게 하옵소서.

[여전도회를 위해] 사랑의 주님, 진정 우리 모든 회원들이 십자가 앞에서의 순종을 배우게 하소서. 기도하는 어머니들이 되게 하여 주옵소서. 주님의 그 지극하신 순종과 강한 믿음과 인내로 열매 맺는 기도를 드리게 하옵소서. 사무엘의 어머니 한나와 같은 응답받는 기도, 에스더와 같은 위급시에 자기를 돌보지 않고 나라와 민족을 위하여 헌신하는 용기, 예수님의 육신의 어머니 마리아와 같은 순수한 믿음, 루디아와 같이 주의 종들을 모시고 대접하는 열심을 우리 여전도회 회원들 모두에게 허락하옵소서. 그리하여 정말 하나님 보시기에 아름다운 여전도회가 되게 하여 주옵소서.

우리 여전도회의 회장님과 임원들에게 더욱 믿음과 능력을 주시어 회원들을 이끌어가는데 아무 부족함이 없게 하옵소서. 회원들도 순종하여 날로 성장해 가는 여전도회가 되게 하옵소서.

예수님의 이름으로 기도합니다. 아멘 (식)

264
헌신예배 기도문 (여전도회)

[감사] 날마다 기도하며, 날마다 헌신하며, 날마다 말씀속에서 새롭게 되기를 원하는 우리 여전도회가 거룩한 성일을 맞이하여 특별히 헌신예배를 드리게 하시니 감사합니다.

[온전한 헌신을 위해] 우리 주님의 그 크고 놀라우신 은혜를 사모하여 나아왔습니다. 더 큰 헌신을 위하여 우리가 기도하오니 우리의 기도를 들어 주옵소서. 말로만 드리는 헌신이나 한번으로 끝나는 헌신이 아니라 일평생 이어지는 주님을 위한 헌신이 되도록 지켜 주옵소서. 주의 놀라운 은총 가운데 서면서 우리 모두는 아버지의 사랑을 기억합니다. 주님의 그 사랑에 감동한 막달라 마리아처럼 우리의 모든 것을 드려도 부족함을 느끼며 오직 더 충성하기를 원합니다. 주님, 우리를 지켜 주옵소서.

[여전도회 회원들을 위해] 여전도회 회원들이 믿음의 반석 위에 든든히 서므로 우리의 가정에 놀라운 변화가 나타나게 하옵소서. 가족들에게 구원의 역사가 나타나게 하시고 더욱 든든한 믿음의 가족이 되게 하옵소서. 기도하는 회원들을 통하여 우리 이웃과 사회가 변화되기를 원합니다. 사회에서도 믿음의 기풍이 일어나며 진리를 향한 열망이 일어나게 하옵소서. 우리 여전도회 회원들의 충성과 봉사를 통하여 우리 교회가 부흥하게 하옵소서. 무엇보다 생명구원과 영혼을 사랑하는 일에 앞장서게 하옵소서. 한 생명, 한 생명 주님의 사랑하는 자녀로 우리 교회의 울타리로 들어올 때, 잃은 양을 찾고 기뻐하며 돌아오는 목자의 심정으로 그들을 사랑하며 환영하게 하옵소서. 무엇보다도 맡겨진 일들을 소리없이 잘 감당하는 모든 회원들 되게 하옵소서.

예수님의 이름으로 기도합니다. 아멘 (식)

헌신예배 기도문 (여전도회)

[예배] 저희들의 연약함을 아시고 언제나 능력의 손길로 인도하시는 하나님 아버지, 저희들에게 베푸신 구속의 은혜와 사랑을 찬양하며 예배하오니 저희의 드리는 예배를 받아 주옵소서. 이 시간은 여전도회 회원들이 주님 앞에 충성과 헌신을 다짐하는 여전도회 헌신예배를 드립니다. 주께서 성령으로 저희들 가운데 임재하셔서 이 예배를 통해 하나님의 영광을 나타내 주옵소서.

[여전도회를 위해] 저희 교회에 여러 기관과 부서를 세워 주심을 감사합니다. 세우신 각 기관 부서들이 각기 제 역할을 다함으로 합력하여 선을 이루게 하옵소서. 저희 여전도회가 많은 부서들이 하나되도록 어머니의 역할을 잘 감당하게 하시고, 사랑으로 수고하며 열심히 봉사하며 겸손함으로 섬기는 본을 보이게 하옵소서. 다른 기관과 부서의 손길이 닿지 않는 곳에 저희 여전도회의 섬김과 봉사의 손길이 닿게 하시고, 여러 모양으로 시험 든 영혼들, 고통과 시련 가운데 있는 형제 자매들의 눈물을 닦아 줄 수 있는 여전도회 되게 하여 주옵소서.

저희 여전도회가 선교와 전도의 사명을 잘 감당하므로 여전도회란 이름이 부끄럽지 않도록 하시고, 세계 열방 중에 흩어져 사역하는 선교사들과 그들의 사역에 기도와 물질로 동참하는 여전도회 되게 하여 주옵소서. 우리 주변에 아직도 복음을 알지 못해서 죽어가는 영혼들을 향하여 하나님의 마음과 열심을 품고 나아갈 수 있도록 하여 주옵소서.

사랑하는 목사님께서 하나님의 말씀을 선포하실 때에 저희 여전도회가 말씀으로 새로워지며 주의 일에 온전히 헌신하게 하여 주옵소서. 함께 예배하는 모든 심령들 위에도 각자의 사명과 직분을 따라 주님께 충성을 다짐하는 시간 되게 하옵소서.

예수 그리스도의 이름으로 기도드립니다. 아멘

(희)

헌신예배 기도문 (여전도회)

[감사와 예배]   영광 받으시기에 합당하신 하나님 아버지, 저희들을 불신앙과 세상 죄악의 늪에서 건져내시고 예수 그리스도를 믿는 구원의 나라로 옮겨 주신 은혜를 참으로 감사합니다. 주께서 행하신 이 놀라운 일을 찬양하며 영광돌리기 위하여 주님 앞에 나아가오니 저희의 드리는 예배를 받아 주옵소서. 특별히 이 시간은 여전도회가 주님 앞에서 헌신을 다짐하는 예배를 드리니 하나님께서 맡기신 사명과 직분을 새롭게 하여 주옵소서.

[여전도회 회원들을 위해]   할 일 많은 이 땅에 복음의 일꾼으로 부르심을 받았사오니 주님 앞에 서는 날까지 하루하루를 받은 사명으로 살게 해 주시기를 원합니다. 사랑하는 가족을 주신 하나님, 가족들을 믿음으로 굳게 세워 주시고 가정마다 주님만 섬기는 복된 안식처가 되게 하옵소서. 세상이 점점 더 어두워져서 타락과 향락이 만연해져 감을 봅니다. 많은 가정이 파괴되고 이 땅의 청소년들이 방황하는 것을 바라보면서 이 시대가 참으로 현숙한 여인을 필요로 하는 때임을 절감합니다.

저희 여전도회 회원들이 이 시대에 하나님의 의를 이 땅에 드러내는 일에 아름답게 쓰임받게 하옵소서. 저희들이 하나님을 경외하며 기도로 깨어서 우리의 가정을 지킬 뿐 아니라 이 땅의 타락을 막는 일에 소금과 빛으로 드러지게 하옵소서. 저희 회원들에게 이 일을 감당할 수 있도록 능력과 지혜와 믿음을 더하여 주옵소서.

[말씀대로 살기 위해]   이 시간 목사님께서 하나님의 말씀을 전할 때에 성령으로 함께하셔서 하늘의 놀라운 비밀의 말씀이 선포되게 하시고, 듣는 저희 여전도회 회원들과 모든 성도들은 말씀으로 무장하여 사명받은 자로서 합당한 삶을 살게 하여 주옵소서. 예배의 시종을 주님께 의지하며, 예수 그리스도의 이름으로 기도드립니다. 아멘   (희)

헌신예배 기도문 (여전도회)

[예배] 존귀하신 하나님 아버지, 주님의 크고 놀라운 위엄과 권능을 찬양하며 구원의 감격과 기쁨으로 주님 앞에 나아가오니 저희의 드리는 예배를 받아 주옵소서. 이 시간은 여전도회 헌신예배로 드립니다. 고운 것도 거짓되고 아름다운 것도 헛되나 오직 여호와를 경외하는 여자는 칭찬을 받을 것이라 말씀하신 주님, 저희 여전도회 회원 모두가 여호와를 경외함으로 칭찬받는 삶을 살리라 다짐하는 시간 되게 하옵소서.

[봉사하는 여전도회 회원되기 위해] 저희들은 심히 연약하오나 내게 능력 주시는 자 안에서 모든 것을 할 수 있다 하신 약속을 의지합니다. 주님, 저희 여전도회 회원 모두에게 성령의 능력을 더하여 주시고 특별히 임원들을 성령의 지혜와 은사로 채워 주셔서 하나님께서 맡기신 사명을 감당하기에 부족함 없게 하여 주옵소서. 주위를 돌아보면 참으로 교회와 이웃과 세계를 위하여 저희 여전도회가 해야 할 일들이 산적해 있습니다. 교회에서 봉사하는 일과, 소외된 이들을 예수님의 사랑으로 돌보는 일과, 지역사회를 위해 복음을 전하며 구제하는 일과, 나라와 민족을 위해 기도하며 세계선교를 위해 기도와 물질로 후원하는 일 등을 잘 감당할 수 있도록 시혜와 능력을 더하여 주옵소서.

하나님 아버지, 저희들은 가정에서 며느리로 아내로 어머니로서의 사명이 있습니다. 이 일을 믿음과 사랑으로 잘 감당할 수 있도록 도와 주시고, 특별히 가정이 온전히 복음화되지 못한 가정들에게 복음으로 하나되게 해 주옵소서.

목사님을 통하여 귀한 말씀 들을 때에 그 말씀으로 능력과 힘을 얻게 하시고, 한주간도 말씀대로 순종하게 하옵소서.

예수 그리스도의 이름으로 기도드립니다. 아멘 (희)

헌신예배 기도문 (교사)

[감사] 사랑과 은혜가 풍성하신 하나님 감사합니다. 저희를 자녀로 불러 주시고 교사라는 소중한 직분을 주시어 오늘 교사 헌신예배로 모이게 하시니 감사드립니다.

[회개] 저희의 모습을 되돌아볼 때 부끄러운 마음을 금할 길이 없습니다. 이 사회에 소금이 되지 못했으며, 이 민족 앞에 희망의 빛이 되지 못했음을 용서하여 주옵소서.

[간구] 이제 우리에게 사랑과 희생의 모습으로 솔선수범하는 믿음의 결단을 할 수 있도록 인도하여 주옵소서. 하나님나라를 위해서 몸소 제자들의 발을 씻기신 주님을 본받는 교사가 되게 도와 주시고, 맡겨 주신 학생들을 위해 기쁜 마음으로 시간을 낼 수 있도록 인도해 주옵소서. 주님, 저희들의 몸과 마음을 드리는 이 헌신예배를 받아 주시고 새롭게 용기를 주옵소서. 주님 앞에 서는 그날 '잘했다' 칭찬받는 교사로 설 수 있도록 성령께서 인도하여 주옵소서. 오늘 이 예배를 통해서 교사들만이 아니라, 온 성도가 학생들을 위해 기도하고 후원하는 역사가 일어나게 하옵소서.

[학생들을 위해] 우리 교회 학생들을 위해 기도합니다. 어릴 때부터 굳건한 믿음으로 자라나게 하시며, 주님을 사랑하고 이웃과 민족을 사랑하는 주님의 일꾼으로 자라게 하여 주옵소서.

[목사님을 위해] 말씀을 전하실 목사님께 능력을 더하여 주셔서 선포하시는 그 말씀을 들을 때에 저희들의 마음이 뜨거워지게 하시고 새힘을 얻는 역사가 일어나게 하옵소서. 예배의 시종을 주님께 맡기며, 우리를 구원하신 예수 그리스도의 이름으로 기도드립니다. 아멘 (곤)

헌신예배 기도문 (교사)

[감사] 사랑의 하나님 감사합니다. 지극히 작은 저희들을 하나님의 일꾼으로 삼아 주시고 하나님의 사역을 감당하는 동역자로 세워 주심을 감사드립니다. 주님 앞에 늘 부족한 것뿐이지만 그럼에도 불구하고 능력을 더하셔서 귀한 생명들을 맡겨 주심에 진실로 감사를 드립니다.

[간구] 게을렀고 열심 없었던 모습을 용서하여 주시고, 순종하는 마음으로 섰으니 큰 능력과 뜨거운 열정을 더하여 주셔서 하나님께서 흡족해 하시는 교사의 모습이 되게 하여 주옵소서. 어린 양들을 지도할 때마다 먼저 나의 믿음이 자라게 하시고, 입술로만 가르치는 것이 아니라 행실의 모범으로 생명력 있는 교육이 되게 하옵소서. 선생이 되기 전에 먼저 복음으로 낳는 영적인 아비가 되게 하옵소서.

오늘의 헌신을 더욱 기억하며 많은 열매를 맺는 교사가 되게 하여 주옵소서. 악한 세상에 물들지 않고 오히려 세상을 크게 변화시키는 큰 믿음의 아이들로 키우기 원합니다. 성령충만하게 하셔서 저희가 하는 것이 아니라, 하나님께서 저희를 도구로 삼아 일하여 주옵소서.

아이들보다 먼저 교회에 오게 하시고 한 주간 내내 아이들을 생각하며 기도하게 하옵소서. 말씀 속에서 주님의 진리를 깨달을 수 있는 지혜를 주시고 뜨거운 가슴으로 어린 생명들을 맘껏 사랑하게 하옵소서. 먼저 교사의 모범을 보이신 예수님의 모습을 본받게 하옵소서. 이 험한 세상 가운데 어린 생명들을 주님께서 지켜 주셔서 주님을 떠나지 않고 믿음으로 잘 자라게 하옵소서.

예수님의 이름으로 기도합니다. 아멘 (곤)

헌신예배 기도문 (교사)

[감사] 자비하신 하나님 아버지 감사합니다. 오늘도 주님 앞에 나와 경배하며 예배드리게 하시니 감사합니다.

하나님, 저희는 믿음도 성령도 지혜도 충만하지 못합니다. 또 칭찬받을 만한 존재도 못됩니다. 그런데도 저희에게 교사의 직분을 허락하시니 감사합니다.

[회개] 하나님께서 우리의 주인이 되시며 우리는 아버지의 종이니 아버지의 명령대로 충성해야 함에도 불구하고, 아침에 들어온 삯꾼처럼 하나님의 권한을 가로채어 저희 마음대로 행한 일이 많았음을 고백합니다. 이 시간 저희의 교만을 용서해 주옵소서. 주님께서 맡겨 주신 일을 마치 우리가 주인인 양 행한 것을 용서해 주옵소서.

[간구] 하나님, 맡겨 주신 한 영혼을 위하여 기도하며 신실함으로 준비하고 늘 주님과 동행하게 하옵소서. 어버이가 자녀를 돌보듯 맡기신 영혼을 사랑으로 돌보게 하옵소서. 모든 교사에게 날마다 정직한 영을 새롭게 하시어 주님의 나라와 그 의를 가르칠 때 성령의 도움을 받는 교사가 되게 하옵소서. 그리하여 이 어린 심령들이 주 안에서 바르게 성장하며 이들을 통하여 교회를 왕성하게 하시고 하나님나라를 확장하게 하옵소서. 저희에게 교사 직분 주심을 감사하며 늘 하나님께서 공급하시는 힘으로 감당하게 하옵소서. 오직 주님을 사랑하는 마음으로 헌신하게 하시고, 열매 맺는 교사 되게 하옵소서.

이 시간에 예배를 드리는 모든 성도들에게 어린아이와 같은 순수한 믿음을 주옵소서. 깨끗한 마음을 주시어 하나님의 말씀을 들을 때 그 말씀이 그대로 마음밭에 심어지게 하옵소서.

예수님의 이름으로 기도합니다. 아멘 (곤)

헌신예배 기도문 (교사)

[감사] 하나님 아버지, 세상의 많은 사람들 가운데 저희들을 부르셔서 하나님의 자녀로 선택해 주시고 부족한 저희들을 교회학교 교사로 세워 주심을 감사드립니다.

[고백] 하나님, 저희들의 잘못으로 인하여 한 생명이라도 낙심시키게 될까 심히 두렵습니다. 소경이 소경을 인도하면 두 사람이 함께 구덩이에 빠지는 것처럼 저희들 자신을 되돌아볼 때 너무나 부족한 교사였음을 고백합니다.

[간구] 내게 능력 주시는 자 안에서 모든 것을 할 수 있다는 말씀을 의지하며 구하오니 교사 직분을 감당할 수 있는 힘과 지혜를 주옵소서. 이 시간 교사 헌신예배를 드리면서 과거의 잘못된 신앙과 학생들에게 본이 되지 못한 생활을 버리고 소명의식을 가진 참 교사로 살아가게 하옵소서.

주님께서 제자들을 가르치실 때 하나님의 말씀과 기도와 생활로써 본을 보이신 것처럼, 저희 교사들도 주님의 교육 방법을 본받아 맡기신 어린 양들을 바르게 양육할 수 있는 지도자가 되게 하옵소서. 한 생명도 실족시키지 않도록 눈물의 기도와 그리스도의 사랑으로 헌신하는 교사가 되게 하옵소서. 세상은 날로 악해져서 학생들의 가치관이 혼란을 겪으며 악한 마귀가 온갖 방법으로 이들의 영혼을 타락시키고자 울부짖으니, 어떤 것이 하나님의 뜻인지 분별하지 못하는 이들에게 올바른 안내자가 되게 하옵소서. 이들이 하나님만을 의지하여 하나님을 기쁘시게 할 뿐만 아니라 하나님의 일꾼으로 사용받을 수 있도록 몸과 마음을 다해 헌신하는 교사가 되게 하옵소서.

예수님의 이름으로 기도합니다. 아멘 (곤)

헌신예배 기도문 (교사)

[감사] "진리를 알지니 진리가 너희를 자유케 하리라."

길이요 진리요 생명되신 여호와 하나님, 그 은혜와 사랑을 감사드립니다. 오늘도 우리를 부르시사 예배하게 하심을 감사드립니다. 그리고 무엇보다 가장 소중한 사명을 우리에게 허락하심을 감사드립니다.

[교사의 직분을 바로 감당하기 위해] 어린 생명들을 주님의 말씀으로 가르치는 귀중한 직분을 허락하셨사오니 지혜로 이를 감당하도록 도와 주옵소서. 가르치기 이전에 위대한 스승이시며 구원자이신 예수님께 먼저 배우게 하시고, 먼저 자신을 돌아보는 신실한 모습을 갖추게 하옵소서. 또한 가르치기 이전에 어린아이들에게서 나타나는 순수하고 겸손한 모습과 믿음을 배우게 하옵소서.

진리되신 여호와 하나님, 오늘 우리들이 부족한 것 잘 알지만 이렇게 모여서 예배를 드리며 더욱더 주께서 맡기신 사명을 감당하기를 사모합니다. 귀중한 한 생명, 한 생명 주님의 백성으로 자라는 데 도움을 줄 수 있는 교사들 되게 하시고 예수님의 모습을 보여 주게 하옵소서. 성령의 역사를 사모하게 하옵소서. 간절한 주의 능력의 역사가 나타나기를 원합니다. 무엇보다도 우리보다 믿음이 약한 자들을 실족하게 하는 일들이 없도록 지켜 주옵소서.

모든 교육부서가 잘 자라기를 원합니다. 각 부서의 부장님들과 모든 교사들이 한마음 한뜻으로 주의 일을 잘 감당하도록 도와 주옵소서. 이 어린 생명들이 귀한 믿음의 인물들로 잘 자라서 아버지의 영광을 드러내게 하옵소서. 하나님이 기뻐하시는 교육기관과 교사가 되게 하옵소서.

예수님의 이름으로 기도합니다. 아멘   (식)

273
헌신예배 기도문 (교사)

[감사와 예배] 우리의 구세주이시며 인류의 가장 위대한 스승이신 예수님을 이땅에 보내신 여호와 하나님의 은혜를 감사드립니다.
그 크신 은혜에 감동함을 입은 우리들이 오늘도 주님 앞에 나아왔습니다. 그리고 특별히 이 시간은 어린 생명들을 말씀과 삶으로 가르치기 위해 부름받은 우리 교회의 모든 교사들이 한자리에 모여서 헌신을 다짐하며 예배를 드립니다.

[간구] 아버지여, 이 시간에 놀라운 은총을 베풀어 주옵소서. 역사하는 믿음을 가지도록 도와 주옵소서. 생명의 말씀이 강물처럼 흘러넘쳐 우리 모든 성도들과 교사들을 사로잡아 주옵소서. 그리하여 우리 주님의 모본을 따르는 교사들로 만들어 주옵소서. 우리 주님처럼 진정으로 하나님의 나라 건설과 세상을 복음화 시키는 역군들을 길러내는 데 앞장서게 하옵소서. 무엇보다도 우리 교사 자신들이 먼저 그러한 믿음과 자질을 갖출 수 있도록 도와 주옵소서.

[교회학교 학생들을 위해] 사랑의 하나님, 이 교회를 사랑하시사 많은 학생들과 어린이들을 불러 주심을 감사드립니다. 이들은 미래에 이 나라와 교회를 짊어지고 나아갈 중요한 아버지의 생명들입니다. 이들을 주께 의탁하오니 하나님 아버지께서 친히 기르시고 양육해 주옵소서. 키와 몸이 자라는 건강을 허락하시고 하나님과 사람에게 사랑받으며 살게 하시며, 삶의 올바른 길을 알 수 있는 지혜를 주옵소서. 그리하여 하나님 앞에 영광을 돌리는 귀한 믿음의 인물들로 삼아 주옵소서. 이 일에 우리 모든 교사들이 잘 쓰임받게 하옵소서.

예수님의 이름으로 기도합니다. 아멘 (식)

헌신예배 기도문 (교사)

[감사] 사랑의 하나님께 감사와 찬송을 드립니다. 저희들을 부르시사 귀하고 복된 자녀의 지위와 특권을 허락하신 것을 감사드립니다.

이 은혜를 깨닫고 진심으로 감사하며 살아가는 저희가 되게 하옵소서. 진리와 생명 가운데서 살아갈 때에 그저 아무렇게나 주어진 생이라 착각하지 말게 하시고, 아버지의 독생자를 통하여 대속해 주신 너무도 귀한 생명이라는 자각속에서 살게 해 주옵소서. 그리고 무엇보다도 이렇게 귀한 교회를 저희에게 허락하시고 우리 주님을 섬길 수 있는 사명을 주신 것을 감사합니다.

[참 교사가 되기를 위해] 오늘 헌신예배를 드리는 우리 모두는 아버지께서 주신 교사의 사명을 감사와 두려움으로 받사오니 도와 주옵소서. 정말 아버지의 뜻대로 잘 가르칠 수 있는 은사를 주옵소서. 혹시라도 내 인생의 경험이나, 내 학문적인 지식이나, 내 육신의 소유들을 자랑하지 말게 하옵소서. 오직 진리되신 주님을 잘 보여 줄 수 있는 참 교사가 되게 하옵소서.

아버지의 말씀에 "너희는 많이 선생이 되지 말라" 하신 것을 기억합니다. 곧 선생된 자의 책임이 너무 무겁고 귀중하다는 것을 깨닫고, 삼가고 조심하며 이 직분을 행하라는 당부임을 믿습니다. 진정으로 우리가 삼가고 조심하면서 학생들 앞에 서게 하여 주옵소서. 이는 영적인 생명이 달려 있는 너무도 귀중한 일입니다. 먼저 온전한 믿음으로 무장하고 주신 이 직분을 잘 감당함으로써 하나님의 격려와 칭찬을 받게 하옵소서. 사람의 박수와 칭찬에 너무 민감하지 말게 하시고 불꽃같은 눈동자로 인생을 지키시는 아버지의 평가에 보다 관심을 기울이게 하옵소서.

예수님의 이름으로 기도합니다. 아멘 (식)

275
헌신예배 기도문 (교사)

[감사와 예배] 사랑의 하나님 아버지, 죄와 허물로 멸망받아 마땅한 저희들을 그리스도의 정결한 피로 씻으사 구원하시고 하늘의 신령한 복을 주셔서 기쁨을 누리며 살게 하신 은혜를 감사합니다. 저희들은 자격 없이 이런 큰 은혜와 복을 받았지만 감사하는 삶을 살지 못하고 감격 없이 살았습니다. 하나님, 용서하여 주시고 이 시간 예배할 때에 주께서 성령으로 임재하사 구원의 감격과 즐거움을 회복하여 주옵소서.

특별히 이 시간은 교사들이 교사 헌신예배로 드립니다. 저희 모든 교사들이 이 예배를 통하여 구원의 감격을 다시 한번 깊이 맛보게 하셔서 구원받은 기쁨과 하나님의 베푸신 사랑으로 재무장하여 맡겨 주신 사명을 감당할 수 있게 하여 주옵소서.

[교사 직분 감당을 위해] 하나님, 부족한 저희들을 충성되이 여기사 귀한 직분 주셨지만 저희들에게는 하나님의 말씀을 가르치며 귀한 생명들을 양육할 만한 능력이 없음을 고백합니다. 주께서 저희들에게 하늘의 신령한 지혜로 채워 주시고 성령의 능력과 은사를 주실 때 이 일을 감당할 수 있을 줄 믿습니다. 주여, 저희들에게 주께서 맡기신 이 직분을 감당할 만한 지혜와 성령을 더하여 주옵소서. 이 직분을 귀히 여길 수 있게 하시고 성실함과 열심을 주셔서 최선을 다하여 학생들을 가르치게 하옵소서. 무엇보다 학생들을 깊이 사랑할 수 있는 마음을 주셔서 그들을 대할 때 예수님의 심정이 되게 하여 주옵소서.

[말씀에 순종하기 위해] 이 시간 사랑하는 목사님을 통하여 저희들에게 말씀하실 때에 그 말씀으로 새힘을 얻게 하시고 우리의 심령을 새롭게 하셔서, 처음 직분 맡을 때의 떨림과 감격으로 다시 시작할 수 있게 하여 주옵소서. 예배의 모든 순서마다 주님의 영광 나타나기를 원하며, 귀하신 예수님의 이름으로 기도드립니다. 아멘

(희)

헌신예배 기도문 (교사)

[감사와 예배] 빛되신 하나님 아버지, 저희들을 세상 어두움에서 건져내셔서 하나님의 광명으로 인도하여 주시고 세상이 줄 수 없는 기쁨과 소망 속에 살게 하신 은혜를 진심으로 감사합니다. 이 시간도 저희들을 하나님의 전으로 부르셔서 예배하는 복된 자리에 있게 하심을 감사합니다. 예배할 때에 이 자리에 모인 주의 자녀들이 하늘의 신령한 것들을 맛보게 하여 주옵소서.

이 시간은 교사들이 하나님 앞에서 주신 직분을 따라 우리 자신을 드릴 것을 다짐하는 교사 헌신예배로 드립니다. 우리의 몸과 마음과 정성을 다하여 주님께 헌신하게 하여 주옵소서.

[교사들을 위해] 하나님, 구원의 복된 소식을 증거하는 일보다 더 귀하고 가치있는 일이 없는 줄 믿습니다. 이 귀한 일에 저희들을 동참케 하시고 주님의 동역자로 써 주심을 감사합니다. 저희 평생에 이 일에 소망을 두게 하시고 이 일을 위하여 시간과 물질과 열심을 쏟을 수 있도록 저희들의 삶을 인도하여 주옵소서. 무엇보다도 자라나는 꿈나무들을 저희들에게 맡기셔서 그들의 영혼을 주께로 인도하며 하나님의 말씀으로 양육할 수 있도록 하심을 감사합니다.

이 아이들이 우리의 미래이기에 더욱 소중하고 귀하게 키우고 보살펴야 할 줄 믿습니다. 주님, 저희 교사들에게 믿음과 사랑과 능력과 지혜를 주셔서 이들을 하나님의 말씀으로 바르게 훈계하며 기도로 도우며 사랑으로 보살피기에 부족함 없도록 하여 주옵소서.

[말씀에 순종하기 위해] 목사님에게 성령의 충만함을 더하셔서 하나님의 말씀을 선포하실 때 그 말씀으로 저희들의 마음이 변화되며 저희들이 말씀에 순종할 수 있게 하옵소서. 이 헌신예배를 기뻐받아 주실 줄 믿으며, 예수님의 이름으로 기도드립니다. 아멘

(희)

헌신예배 기도문 (교사)

[감사와 예배] 생명과 진리되시는 하나님 아버지, 저희들을 주의 자녀 삼아 주시고 영생의 소망 가운데 살아가게 해 주시니 감사합니다. 구원받은 주의 자녀들이 이 시간 하나님께서 행하신 놀라운 일들에 감사하며 예배하기 위하여 모였사오니 저희의 예배를 받아 주옵소서.

오늘은 교사들이 주님 앞에 헌신을 다짐하는 교사 헌신예배로 드립니다. 저희들에게 헌신된 교사로 살아갈 수 있는 믿음과 성령의 능력을 더하여 주옵소서.

[청소년들을 위해] 이 세대를 바라보면 죄악과 타락이 위험수위를 넘어섰음을 느낍니다. 특히 청소년들의 탈선과 범죄가 심각한 상태에 이르고 있음을 봅니다. 하나님, 이 세대를 불쌍히 여기시고 변화시켜 주옵소서. 가정이 회복되게 하시고 청소년들이 제자리로 돌아가서 본분에 충실할 수 있도록 도와 주옵소서. 또한 이 세대에 타락한 사탄의 문화가 만연하고 있어서 우리의 신앙을 위협하고 청소년들을 미혹하고 있습니다. 이 사탄의 궤계가 무력화되고 이 땅에 그리스도의 문화가 흥왕할 수 있도록 이 세대 가운데 개입하시고 간섭하여 주옵소서.

[능력있는 교사가 되기 위해] 저희들을 하나님의 말씀을 가르치는 교사로 세워 주심을 감사합니다. 그러나 저희들은 어린 영혼들을 말씀으로 양육하며 그들의 영혼을 맡아 책임질 만한 능력이 부족함을 고백합니다. 저희들에게 믿음을 더하여 주시고 성령의 능력과 하늘의 지혜로 덧입혀 주옵소서. 그래서 하나님 말씀을 옳게 분변해서 가르치며 진리의 길로 인도하기에 부족함 없게 하소서. 나아가서는 이 땅의 청소년들을 가슴에 품고 기도하며 저들을 그리스도께로 인도하여 그리스도를 심어줄 수 있는 교사들 될 수 있게 하여 주옵소서.

예수님의 이름으로 기도드립니다. 아멘

(희)

278
헌신예배 기도문 (성가대)

[찬양과 고백] 날마다 우리 짐을 지시는 우리의 구원이신 하나님을 찬양합니다. 이 백성은 나를 위하여 지었나니 나의 찬송을 부르게 함이라고 말씀하신 하나님. 저희들이 마땅히 찬양으로 영광돌리며 여호와의 성호를 선포해야 했음에도 불구하고 찬양의 삶을 살지 못했음을 고백합니다. 우리의 입술이 미련하여 감사보다는 불평과 원망을, 하나님을 찬양하기 보다는 세상의 노래를 즐겼음을 고백합니다. 이 시간 우리의 잘못된 입술을 제단 숯불로 뜨겁게 하시어 감사와 찬양과 하나님의 노래로 바뀌는 심령들 되게 하옵소서.

[간구] 하나님 아버지, 저희 교회에 특별히 구별하여 성령의 감동하심을 입은 무리들이 즐거이 하나님의 성호를 찬양하는 성가대를 허락하신 은혜를 감사드립니다. 성가대가 찬미의 소리를 발할 때에 저들의 노래가 레바논의 영광과 샤론의 아름다움을 실어 하나님을 기쁘시게 하는 성가가 되게 하옵소서. 찬양을 부르는 자와 듣는 자가 그 머리 위에 영영한 기쁨을 쓰고 즐거움을 얻고 슬픔과 탄식이 달아나는 역사를 체험케 하옵소서. 시간을 바치고 정성을 바치고 주님 주신 재능과 은사를 온전히 하나님께 올려 드리는 성가대가 되게 하시고, 찬양하는 심령들마다 성령의 감동하심을 입어 영으로 기도로 찬미하게 하옵소서.

지휘자와 반주자, 성가대원이 하나되어 가사 한 절 한 절이 신앙으로 고백되게 하시고 마음 깊이 감격이 넘쳐서 하나님을 찬양하게 하옵소서. 오늘 헌신예배가 성가대원들을 더욱 하나로 묶어 하나님께 산 제물이 되는 역사가 있게 하옵소서.

예수님의 이름으로 기도합니다. 아멘 (곤)

헌신예배 기도문 (성가대)

[감사] 우리의 찬송 중에 거하시는 하나님, 우리의 모든 죄악을 사하시고 모든 질병을 고치시며 우리에게 생명과 좋은 것으로 만족케 하시니 감사와 찬송을 돌립니다. 오늘 찬양으로 영광돌리는 성가대원들이 마음과 뜻을 다하여 헌신의 제단을 쌓으려고 이 자리에 나아왔습니다. 이 예배를 흠향하시고 능력과 재능을 더하여 주셔서 하나님 앞에 즐거이, 전심으로 찬양할 수 있는 성가대가 되게 하여 주옵소서.

[참회] 주님, 우리가 세상에서 허탄한 소리에 귀를 기울이며 썩어질 것에 관심을 두었던 것을 회개합니다. 마땅히 기도하며 범사에 감사하고 찬미로 우리 생활을 채워야 했음에도 불구하고 육신이 연약하여 거룩한 삶을 살지 못했음을 고백합니다. 이 시간 주님의 거룩하고 정결케 하는 성령의 기름 부으심으로 우리를 변화시켜 주옵소서.

[간구] 하나님 아버지, 우리 교회 성가대원들에게 한량없는 은혜로 함께하옵소서. 구약시대에 레위 족속 중에 음악적 훈련을 받은 선택된 백성들이 여호와의 성전에서 찬양을 감당했듯이 우리 성가대원들이 신앙과 음악적 훈련을 받는 일에 열심을 내게 하옵소서. 또한 많은 무리들 가운데 하나님을 찬양하는 직무로 선택받았다고 하는 확신과 기쁨으로 그 사명을 감당하게 하옵소서. 우리가 부르는 찬양이 온전히 하나님의 이름을 높이게 하시고, 성가대원 각자의 신앙고백으로 영성이 있는 찬양이 되게 하옵소서.

좋은 성가대가 되기 위하여 충분한 연습과 지휘자, 반주자, 대원간에 호흡이 맞아 아름다운 하모니를 이루게 하옵소서. 이 시간에도 모든 성도들이 말씀으로 은혜를 받고 기쁨을 얻으며 새힘을 얻게 하옵소서.

예수님의 이름으로 기도합니다. 아멘 (곤)

280
헌신예배 기도문 (성가대)

[감사와 참회]   자비로우신 하나님, 크신 사랑에 감사를 드립니다. 오늘도 죄인들을 부르시사 예배하게 하심을 감사드립니다. 지난 한 주간도 보호하심을 감사드리며 우리의 생각과 말과 행동으로 하나님께 죄를 지었음을 고백합니다. 해야 할 일들은 하지 않으면서 하지 말아야 할 일들을 하였고, 사랑보다는 미움으로, 협력보다는 다툼으로 살 때도 있었습니다. 이 시간 우리의 모든 죄를 고백하오니 용서해 주시고 우리를 새롭게 하여 주옵소서. 우리가 기쁨속에서 하나님 아버지의 원하시는 길을 걸어가도록 인도해 주옵소서.

[성가대를 위해]   자비로우신 하나님, 오늘 이 시간은 특별히 성가대원들이 아버지께 영광을 돌리기 위하여 모였습니다. 하나님께서 주신 귀한 직책이면서 은사인 성가대원이 모여서 헌신을 다짐하며 예배를 올립니다. 이 성가대와 함께하여 주옵소서. 모든 찬양을 주께서 받으옵소서. 마음으로 노래하고 영으로 노래하며, 기도하는 마음으로 모든 성가를 준비하게 하옵소서. 그리하여 아버지 하나님께서는 영광을 받으시고, 모든 성도들에게는 은혜가 넘치며 찬양하는 성가대원들도 기쁨이 충만하여 더욱더 아름다운 찬양을 부르게 하옵소서.

성가대의 믿음이 장성함으로써 더 신령한 예배가 되게 하시며, 주님의 말씀도 더 확실히 은혜 가운데 전달되게 하옵소서. 성가대 지휘자와 반주자에게 더욱 믿음과 능력을 주시고 모든 대원들이 한마음으로 찬양하게 하시며, 이들의 생활 가운데 늘 찬양의 기쁨이 넘치게 하옵소서. 이 모든 일들에 성령께서 도와 주옵소서.

예수님의 이름으로 기도합니다. 아멘   (식)

헌신예배 기도문 (성가대)

[간구] 전능하신 하나님, 주님께서 이 땅에 교회를 세우시고 우리들을 불러 모으실 때는 아버지의 뜻이 있는 줄을 믿습니다. 교회를 통하여 예배하게 하시고, 교제하게 하시고, 사회에 봉사하게 하시며 또 죄 가운데서 죽어가는 불쌍한 인생들을 구원의 길로 인도하시려는 뜻이 있는 줄 믿습니다. 우리가 이 일을 하는데 최선을 다하게 하시고 부족한 점은 성령의 능력으로 채워 주옵소서. 이 교회를 통하여 하나님을 섬기는 우리 모든 성도들이 한마음 한뜻으로 살게 하시고 아버지의 영광을 이루게 하옵소서.

[성가대를 위해] 전능하신 하나님, 이 시간은 교회의 예배를 위하여 세워 주신 성가대가 모여서 헌신예배를 드리고 있습니다. 노래하는 제사장이라는 신령한 직분을 저희들에게 주심을 감사드립니다. 우리 모두가 먼저 기도하고 이 신령한 직분을 감당하게 하옵소서. 인간의 기술이나 능력으로 찬양하지 말게 하시고 감사하는 마음으로 믿음으로 아버지께 영광을 돌리는 성가대가 되게 하옵소서. 성가대에 성령이 충만하여서 성가가 울려 퍼질 때에 하나님이 기뻐하시고, 성도들도 은혜받고 성가대원들 자신에게도 은혜가 충만한 시간이 되게 하옵소서.

단 위에 세우신 목사님께 영육간에 강건함을 주시고 말씀을 전하실 때 영적인 생명의 말씀이 강물처럼 흘러넘쳐서 이 제단에 아버지의 영광이 나타나기 원합니다. 예배에 참석한 모든 성도들이 은혜받고 돌아가도록 성령께서 역사해 주옵소서.

우리를 구원하신 예수님의 이름으로 기도드립니다. 아멘 (식)

헌신예배 기도문 (성가대)

[감사] 평화를 사랑하시는 하나님 아버지, 이 땅에 독생자 예수 그리스도를 보내시고 우리들을 죄 가운데서 해방시키사 평화의 길을 열어주심을 감사드립니다.

[간구] 우리 모두가 예수 그리스도를 믿으며 참된 진리와 평화가 이 땅에 넘쳐나게 하옵소서. 주님의 손길 앞에서 살게 하시고 우리에게 푸른 초장과 쉴 만한 물가가 펼쳐지는 은총을 허락하옵소서. 이 땅의 많은 사람들이 마음문을 열고서 주님을 영접함으로써 주님과 더불어 함께 먹고 마시는 귀한 삶이 열리게 하옵소서. 주시는 생명의 말씀을 통하여 영적인 교제가 지속되는 은총이 나타날 줄 믿습니다.

[참된 헌신을 위해] 하나님, 이 시간 성가대와 사랑하는 성도들이 주 앞에 더욱더 헌신을 다짐하며 간구합니다. 진실로 예배를 돕는 우리 성가대를 기억하여 주옵소서. 성가대장, 지휘자, 반주자, 그리고 모든 대원 한 사람 한 사람이 먼저 주님 앞에 거듭나고 참된 신앙인이 되게 하여 주옵소서. 인간의 기교로 찬양하지 말게 하시고, 믿음으로 드리는 영혼의 찬양이 울려퍼지게 하옵소서. 하나님 영광받으시고, 모든 성도들에게는 천사의 합창과 같은 은혜가 넘쳐나게 하옵소서.

각자의 개인생활 가운데서도 늘 감사의 찬양이 넘치게 하시고, 말씀과 기도생활에도 힘쓰는 성가대원들이 되게 하옵소서. 서로 다른 음을 내는 데도 그것이 모여 화음을 이루고 전체가 아름다운 찬양이 되는 것처럼, 우리 교회도 서로 각자 맡은 일을 잘 감당함으로써 합력하여 선을 이루게 하옵소서.

예수님의 이름으로 기도합니다. 아멘

(식)

헌신예배 기도문 (성가대)

[감사와 예배] 우리의 찬송 가운데 거하시는 하나님, 이 시간 구원 받은 주의 자녀들이 하나님의 크신 은혜를 찬양하며 주님 앞에 나아갑니다. 저희의 찬양의 제사를 받아 주옵소서. 저희들을 주님의 능력의 손길로 보호하셨다가 주님 전으로 인도하셔서 예배할 수 있도록 은총을 베풀어 주시니 감사합니다. 우리 평생을 인도하셔서 우리의 삶이 주님과 더불어 동행하며 하나님을 영화롭게 하는 복된 삶이 되게 하여 주옵소서.

이 시간은 특별히 하나님을 찬양하는 자로 구별하여 세운 성가대원들이 주님 앞에 헌신예배로 드립니다. 하나님을 찬양하는 자로서의 사명과 존귀한 직분을 다시금 깊이 깨닫고, 찬양하기에 합당한 자로서의 믿음과 삶을 회복하는 시간 되게 하옵소서.

[성가대를 위해] 거룩하신 하나님, 저희들은 입술이 부정하고 심령이 정결치 못하여 거룩한 하나님의 성호를 찬양하기에 합당치 못한 자들임을 고백합니다. 저희들의 입술과 마음을 그리스도의 피로 날마다 정결케 하셔서 주님 앞에 설 때마다 하나님을 찬양하기에 합당한 입술과 영혼 되게 하여 주옵소서. 참된 찬양은 입술의 노래가 아니라 구원의 감격으로 부르는 영혼의 노래임을 믿습니다. 성가대원 모두의 마음속에 구원의 확신과 구원받은 감격이 충만하게 하셔서 우리의 드리는 찬양이 신앙고백이 되고 영혼의 찬양이 되어 하나님을 참으로 영화롭게 하는 신령한 노래로 드려지게 하여 주옵소서. 지휘자와 반주자에게 은혜와 은사를 주셔서 성가대를 지도하기에 부족함 없게 하옵소서.

이 시간 목사님을 통하여 말씀을 들을 때에 믿음의 확신을 주시고, 성가대원으로서 필요한 능력이 임하게 하여 주옵소서.

예수님의 이름으로 기도드립니다. 아멘

(희)

284
헌신예배 기도문 (성가대)

[감사와 예배] 무엇으로도 보답할 수 없는 큰 은혜 주신 하나님 아버지의 사랑과 은혜를 감사하며 우리 마음의 노래와 감사로 주님께 예배하오니 하나님 홀로 영광받아 주옵소서. 이 시간은 하나님의 전에서 찬양 맡은 자로 세움받은 성가대원들이 헌신예배로 드립니다. 성령께서 임재하셔서 예배하는 저희들 모두의 마음을 새롭게 하시고, 저희 속에 기쁨과 구원의 감격으로 채워 주셔서 마음과 뜻과 정성을 다하여 드리는 신령한 제사가 되게 하여 주옵소서.

[믿음있는 성가대가 되기 위해] 부족한 저희들을 성가대원으로 구별하여 세워 주심을 감사합니다. 부정한 입술과 세상의 죄로 물든 마음으로 하나님을 찬양하는 직분을 감당하기에 심히 부적합하오나 그리스도의 보혈의 공로를 의지하여 주께 나아갑니다. 우리의 마음과 입술을 여호와의 거룩한 성전의 단에서 취한 숯불로 정결케 된 이사야의 입술같게 하여 주옵소서. 하나님, 믿음 없는 찬양이 진정한 찬양이 될 수 없음을 아오니 우리 마음속에 믿음을 더하여 주옵소서. 구원받은 감격 없이 드리는 찬양은 그저 공허한 노래밖에 될 수 없음을 압니다. 저희들에게 구원의 확신을 주시고 구원받은 감격으로 찬양하게 하여 주옵소서.

우리의 찬양이 우리 자신의 기쁨이나 사람의 귀를 즐겁게 하는 찬양이 되지 않게 하시고, 오직 하나님을 기쁘시게 하며 하나님만을 향한 찬양을 드릴 수 있게 하여 주옵소서. 성가대장, 지휘자, 반주자, 대원 모두 하나가 되어 구원의 감격으로 오직 하나님을 바라보며 찬양하게 하소서.

이 시간 사랑하는 목사님을 통해 저희들에게 말씀을 들려 주실 때 그 말씀 속에서 구원의 감격과 즐거움을 회복하게 하소서. 우리의 예배와 찬양을 주께 드리며, 예수님의 이름으로 기도드립니다. 아멘 (희)

285
헌신예배 기도문 (성가대)

[감사와 예배] 만왕의 왕이신 하나님, 주의 은혜로 구원받은 백성들이 하나님 앞에 모여 경배와 찬양의 제사를 드리니 받아 주옵소서. 환난과 근심 걱정으로 가득한 세상에 살지만 주께서 저희들에게 평강에 평강을 더하시고, 소망 가운데 즐거워하며 살게 하여 주시고 또 거룩하고 복된 날 주의 전으로 인도하여 주시니 참 감사합니다.

오늘 이 시간은 하나님을 찬양으로 섬기도록 부름받은 저희 성가대가 주님 앞에 헌신예배로 드립니다. 우리의 예배를 받아 주시고 저희들에게 구별된 성가대원으로서의 믿음과 사명을 되새기며 충성과 헌신을 새롭게 다짐하는 시간 되게 하여 주옵소서.

[늘 찬양하며 살기 위해] 호흡이 있는 자마다 여호와를 찬양하라 하신 주님, 그러나 많은 사람들이 사람의 마땅한 도리를 잊어버리고 하나님을 찬양하기 보다 세상 노래와 세상 즐거움 속에 빠져 살아가고 있습니다. 하나님, 저들을 불쌍히 여기시고 믿음을 주셔서 사람의 마땅한 도리가 무엇인지 깨닫게 하소서. 하나님을 섬기며 주를 영원히 즐거워하는 삶으로 인도하여 주시기를 원합니다.

저희들을 성가대원으로 부르신 것은 하나님을 찬양하는 자로서 뿐 아니라 찬양을 잃어버린 이 세대 가운데 하나님을 향한 찬양을 회복하기 위한 거룩한 도구로 쓰시고자 하는 뜻이 있는 줄 믿습니다. 저희들이 주님 전에서 찬송하는 것으로 끝나는 것이 아니라 삶 속에서 하나님을 높이며 찬양하는 삶을 살아 세상 중에 하나님을 드러내게 하소서.

이 시간 목사님을 통하여 하나님의 말씀이 선포되어질 때에 우리 속에 하나님을 향한 찬양 맡은 자로서의 각오와 결심이 새로워지게 하옵소서.

예수님의 이름으로 기도드립니다. 아멘 (희)

헌신예배 기도문 (청년대학부)

[감사] "청년의 때 곧 곤고한 날이 이르기 전 아무 낙이 없다고 할 때가 가깝기 전에 너의 창조자를 기억하라"고 하신 주님, 젊은 날에 하나님을 경외하며 하나님나라의 일꾼으로 서고자 오늘 마음을 새롭게 하는 헌신예배를 드리게 됨을 감사드립니다.

[회개] 먼저 저희의 허물과 잘못을 주님 앞에 내어놓고 용서받기를 원합니다. 보이지 않는 하나님보다 보이는 물질을 더 가치있게 여기며, 생명의 말씀보다 세상의 지식을 더 추구하며 경건과 신앙보다 외면적인 만족감에 더 몰두하고자 했던 저희의 잘못을 용서해 주옵소서.

[간구] 세계는 21세기를 준비하면서 그 어느 때보다 과학과 인간의 이성을 숭상하는 풍조가 지배하고 있습니다. 무분별한 자연파괴 행위로 하나님이 창조하신 자연세계는 점점 황폐화되고 있습니다. 우리 민족은 지구촌 최후로 유일하게 남북이 분단된 채 원수지간으로 지내고 있습니다. 하나님 아버지, 오늘의 이 불안과 위기를 극복하고 하나님 보시기에 좋은 세상으로 다시 돌아가 정치, 경제, 사회, 종교 지도자를 찾으시는 하나님 앞에 저희들이 서기를 원합니다.

예루살렘성을 끌어안고 울던 느헤미야처럼, 죽으면 죽으리라 일사각오로 자기 민족을 살리기 위해 나섰던 에스더처럼 오늘 우리 젊은이들이 그렇게 살고 준비하게 하옵소서. 하나님 아버지, 맑은 이성과 냉철한 판단력과 바른 분별력으로 나라와 민족을 위해 무릎 꿇는 청년들이 되게 하옵소서. 말씀으로 훈련받고 믿음과 기도로 무장하여 세상과 구별된 하나님의 사람으로 살게 하시어, 장차 교회와 사회와 열방을 위해 하나님이 들어 쓰시는 귀한 그릇으로 준비하게 하옵소서.

예수 그리스도의 이름으로 기도합니다. 아멘 (곤)

287
헌신예배 기도문 (청년대학부)

[감사] 거룩하신 하나님 아버지께 감사와 찬양을 드립니다. 저희들이 젊어서 주님을 알게 하시고 주님이 필요로 하시는 일꾼으로 불러 주심을 감사드립니다.

[고백] 지난날 저희들의 모습을 돌아볼 때, 하나님의 일꾼으로 부름받았지만 저희의 눈과 귀와 마음은 인간의 정욕으로 들끓었음을 고백합니다. 젊음의 패기만 있을 뿐, 하나님께서 주시는 지혜는 저버리고 인간의 지혜와 교훈에만 중심을 두지 않았는지 돌아봅니다. 또한 저희의 교만 때문에 다른 이의 의견을 묵살하여 분쟁하며 서로간에 불신의 벽을 쌓지는 않았는지 하나님 앞에 무릎 꿇고 눈물을 흘립니다. 주여, 용서하여 주옵소서.

[간구] 오늘 우리의 모습을 돌아보며 새롭게 다짐하는 마음으로 이 자리에 모였습니다. 저희의 지난 과오를 디딤돌로 삼아 일신우일신하여 성숙한 하나님의 일꾼이 되게 하여 주옵소서. 앞으로 우리 젊은이들이 감당해야 할 일이 많음을 압니다. 또한 부딪혀야 할 어둠에 찬 시련도 많으니 주님, 저희에게 이겨낼 수 있는 인내와 용기를 주옵소서. 성실하게 준비하되 하나님께 무릎 꿇는 겸손함을 주시고, 혼자 감당하려 하기보다 서로 협력하고 돕는 마음을 주옵소서. 더욱 구하는 것은 영육간에 정결함과 강건함을 허락하여 주옵소서.

삶에 낙심한 자, 상처받은 자, 병중에 있는 자, 군 복무하는 자, 해외에 있는 자에게 더욱 소망을 주시고 용기를 주시며 좋은 길을 열어 주옵소서. 저희의 뜨거운 정열로 하나님을 사랑한다고 감히 고백하오니 우리의 영광과 기쁨이 되옵소서.

예수님의 이름으로 기도합니다. 아멘 (곤)

헌신예배 기도문 (청년대학부)

[간구] 천지를 창조하시고 택한 자를 보호하시며, 세상 끝날에는 의로써 심판하시는 여호와 하나님 앞에 마음과 뜻과 정성을 다하여 예배 드립니다.

이 시간은 인생에서 가장 중요한 시간을 보내고 있는 청년들이 주관하여 주님 앞에 헌신을 다짐하며 예배를 드립니다. "너는 청년의 때에 창조자를 기억하라"고 하신 말씀을 기억합니다. 곤고하고 피곤하며 육신의 체력이 다하여 여호와를 위하여 일하며 봉사하고 싶어도 못할 때가 이르기 전에 열심으로 주를 섬기며 봉사할 수 있도록 믿음을 더하여 주옵소서. 가장 필요한 곳에서 꼭 해야 할 일을 할 수 있는 청년들 되게 하옵소서. 그리하여 우리 교회가 더욱 하나님 앞에서 든든히 서기를 원합니다.

[복음 증거하는 청년되기를 위해] 전능하신 하나님, 무엇보다도 열심으로 선교하게 하옵소서. 복음을 증거하려는 열정이 가슴속에서 솟구치게 하시고, 죽어가는 생명을 보면 안타까운 마음으로 그들의 구원을 위하여 기도하게 하소서. 다윗과 같은 용기를 주시고, 솔로몬과 같은 지혜도 주시며, 다니엘과 같은 불굴의 믿음을 주셔서 오늘 우리 주님이 원하시는 사역을 잘 감당하게 하옵소서. 그리하여 우리 교회의 청년들이 가는 곳에는 복음의 빛이 드러나며 하나님 영광이 나타나게 하옵소서. 어두움은 물러가게 하시고, 우리들이 있는 곳이 밝고 따뜻한 자리가 되기를 원합니다. 특히 가난하고 약한 사람들에게 힘과 소망을 주고, 주님의 정신을 이어받아 그들의 친구가 되게 하옵소서.

나의 유익만 구하는 이기적인 자리에 머물지 말게 하시고, 정신을 차리고 근신하며 사랑으로 이 어려운 시기를 이기게 하옵소서.

예수님의 이름으로 기도드립니다. 아멘

(식)

헌신예배 기도문 (청년대학부)

[감사와 예배] 우리를 눈동자같이 지키시며 보호하시는 아버지 하나님의 은혜를 감사드립니다. 이 시간도 주의 은혜 가운데서 예배하게 하시고 서로 성도의 사랑을 나누게 하시니 감사드립니다. 이제 주의 백성된 자로서 삶을 감당하도록 저희를 지켜 주옵소서. 혹시 부지불식간에 죄를 범하더라도 우리에게 깨달음을 주셔서 회개하고 주님의 보배피로 용서함 받으며 살아가게 하옵소서.

오늘은 특별히 청년대학부 헌신예배로 드리오니 우리 젊은이들의 헌신을 받아 주옵소서. 우리들의 피가 끓는 것만큼 우리의 믿음도 열정이 있게 하옵소서. 디모데와 같이 거짓없는 믿음을 갖게 하시고, 진실로 주 앞에 서서 주님이 맡기신 사명을 감당하게 하옵소서.

[복음사역을 감당키 위해] 사랑의 주님, 이 땅에는 아직도 주님을 알지 못하는 젊은이들이 너무 많습니다. 그들은 세상의 향락에 취해 살아가며 또 어떤 이들은 물질만능주의, 지식만능주의, 심지어 과학만능주의 등에 빠져서 하나님을 슬프시게 할 때가 너무 많습니다.

모두가 진리의 복음을 받지 못하고 하나님을 알지 못하는 데서 오는 것인 줄로 믿습니다. 그들을 바로 인도하지 못하는 우리들의 잘못을 인정하오니 성령이여, 은총을 베푸셔서 우리로 하여금 올바른 복음의 전달자 되게 하옵소서. 우리들이 속한 각 학교에서 복음을 전하게 하시고, 우리들이 속한 직장이 복음화 되게 하옵소서. 그리하여 세상의 어두운 곳들이 복음의 능력으로 밝게 변화되는 은총이 있게 하옵소서. 이 일들에 우리 교회의 청년들이 선봉대로 서기를 원합니다.

주 예수 그리스도의 이름으로 기도합니다. 아멘 (식)

헌신예배 기도문 (청년대학부)

[감사] 우리를 사랑하시되 끝까지 사랑하시는 하나님 아버지의 은혜를 진심으로 감사드립니다. 지난 모든 시간들을 지켜 주시고 보호해 주신 것을 감사드립니다.

[간구] 이제 우리들을 부르셨사오니 주의 사명들을 맡기시고, 믿음으로 감당하도록 도와 주옵소서. 우리 주님을 따르는 길에는 영광만 있는 것이 아니라 자기부인과 십자가라는 엄청난 형극도 있음을 깨닫고, 어려움이 올지라도 넘어지거나 실족하지 아니하고 담대하게 믿음을 지키게 하옵소서. 성도의 반열에서 부족함이 없는 우리 모두가 되기 원합니다. 영원히 주님을 사랑하며 살아가도록 인도해 주옵소서.

[청년들을 위해] 우리 젊은이들을 사랑하시사 몸된 교회로 부르셔서 사명들을 맡기시고, 헌신을 다짐하며 예배하게 하신 것을 감사드립니다. 몸으로 드리며 마음으로 드리고 우리의 삶 전체가 주 앞에 산 제사 되게 하옵소서. 주께서 주신 이 귀한 청년의 때에 헌신하며 살도록 도와 주옵소서. 주님을 사랑하는 믿음의 강도가 날로 높아지게 하시고, 우리 자신의 정욕을 위하여 귀한 시간을 방탕하게 보내지 않도록 하옵소서.

죄 가운데 빠져 살면서도 죄의 늪을 탈출하지 못하는 어리석음을 범치 말게 하시고, 우리 주님의 피묻은 손을 붙잡고 광명한 세계로 나아오게 하옵소서. 더욱 기도하게 하시고 더 열심으로 선교하게 하옵소서. 더욱 주의 몸된 교회에 충성하게 하옵소서. 오직 믿음과 사랑과 소망 가운데서 새힘을 얻도록 우리를 도와 주옵소서. 꼭 필요한 사람들과 또한 우리 청년회 되게 하옵소서.

예수님의 이름으로 기도합니다 아멘 (식)

헌신예배 기도문 (청년대학부)

[감사] 살아계셔서 지금도 이 땅을 다스리시는 하나님 아버지, 저희들을 세상 멸망 가운데서 건져내시고 구원받은 주의 백성으로 살 수 있도록 허락하신 은혜를 감사합니다.

세상 속에서 진리 아닌 것에 생명을 걸며 헛된 것을 좇다가 결국은 허무하게 되고 말 인생들에게 참 길이요 참 진리요 참 생명이신 예수 그리스도를 알게 하시고, 그분 안에서 진리를 따라 생명길로 가게 하신 하나님의 측량할 수 없는 사랑과 은혜를 찬양합니다.

[기독 청년들을 위해] 이 시간 청년 때에 예수님을 알게 하셔서 주님 안에서 비전과 소망을 품고 살게 하신 주의 청년들이 인생을 주님 앞에 의탁하며 헌신하는 헌신예배를 드립니다. 하나님, 우리의 예배를 받으시고 저희들 가운데 하나님의 거룩한 영광을 드러내어 주옵소서.

청년이 무엇으로 그 행실을 깨끗케 하리이까 오직 주의 말씀을 따라 삼갈지니라 하신 시편의 말씀을 기억합니다. 저희들의 삶이 주의 말씀 위에 서서 말씀에 순종함으로 이 땅에서 주님의 뜻을 이루는 삶이 되게 하여 주옵소서. 저희들을 붙들어 주셔서 세상 풍조에 밀려 그리스도를 믿는 청년으로서의 분별력을 잃어버리는 일이 없게 하여 주시고, 말씀을 따라 삼가함으로 진리의 길을 가게 하여 주옵소서. 그리스도의 푯대를 향하여 날마다 성숙한 그리스도인으로 자라가게 하시고 주의 일에 쓰임 받을 만한 일꾼으로 인정되게 하옵소서.

하나님 아버지, 저희 청년들이 학교에서, 직장에서 그리스도를 높이며 그리스도를 증거하는 십자가의 군병으로 살게 하여 주시기를 원합니다. 이 시간 사랑하는 목사님을 통하여 하나님의 말씀이 선포될 때에 그 말씀이 우리의 힘이 되게 하옵소서.

예수 그리스도의 이름으로 기도드립니다. 아멘   (희)

292
헌신예배 기도문 (청년대학부)

[감사와 예배] 광대하시고 영화로우신 하나님 아버지, 그 이름에 합당한 영광과 찬송과 존귀를 올려 드립니다. 죄와 불의로 가득한 세상 속에서 저희들을 불러 주셔서 그리스도의 보혈로 구원해 주신 하나님 은혜를 감사합니다. 이 시간 저희 청년들이 생명 주신 주님 앞에 우리의 젊음과 삶을 드리는 헌신예배를 드리니 예배를 받아 주시고, 저희 가운데 주님을 향한 비전과 꿈을 부어 주셔서 주님을 위해 살고자 하는 헌신이 각자의 심령 속에서 뜨겁게 일어나게 하옵소서.

[간구] 청년의 때 곧 곤고한 날이 이르기 전에 너희 창조주를 기억하라 하신 전도서의 말씀을 생각합니다. 하나님, 저희들의 삶 가운데 주님을 모시게 하여 주시고, 모든 일을 주님과 의논하며 주님의 뜻을 좇는 삶을 살게 하여 주옵소서. 하나님 없이 사는 패역한 세대 가운데에서도 언제나 하나님을 잊어버리지 않게 하시고 주님과 더불어 진리의 길로 가게 하옵소서. 세상의 유혹과 도전 앞에서 흔들리지 않는 믿음을 주시고, 풍성한 성령의 은혜와 은사를 주셔서 직장과 학교와 교회에서 맡겨진 일들을 잘 감당할 수 있도록 하소서.

[세계선교의 비전을 위해] 하나님, 저희들 가운데 세계선교에 헌신하여 세계 열방을 향해 나아가는 청년이 나오게 되기를 원합니다. 민족의 복음화를 위해 일생을 드리는 청년들이 세워지게 하옵소서. 저희들 모두에게 이 세상 살 동안 그리스도의 복음을 드러내는 데 인생의 목표를 두고 사는 청년들이 되게 하여 주옵소서.

[말씀대로 살기 위해] 이 시간 목사님께서 저희들에게 하나님의 말씀을 선포하실 때에 저희의 마음을 열어 주셔서 말씀을 깨닫게 하시고 깨달은 대로 순종하는 삶을 살 수 있게 하여 주옵소서.

모범을 보이신 예수님의 이름으로 기도드립니다. 아멘 (희)

293
헌신예배 기도문 (청년대학부)

[감사와 예배] 역사의 주관자 되시는 하나님 아버지. 거룩한 주일을 맞이하여 저희들을 주님의 전으로 불러 주시고 하나님을 예배할 수 있게 하여 주시니 감사합니다.

이 시간은 저희 청년들이 이 시대에 그리스도의 군사로 세움받아 주를 위해 몸과 마음을 드릴 것을 다짐하는 청년대학부 헌신예배로 드립니다. 이 예배를 받아 주시고 예배하는 저희들에게 기독 청년으로서의 바른 길과 삶을 살아갈 믿음을 더하여 주옵소서.

[청년부를 위해] 하나님, 저희 교회를 사랑하셔서 많은 기관과 부서를 세워 주셨는데, 청년대학부가 교회 내에서 주어진 위치에서 귀하게 쓰임받기를 원합니다. 저희들에게 하늘의 지혜와 열심을 더하여 주셔서 교회를 아름답게 섬기며 봉사하기에 부족함 없게 하옵소서. 교회의 모든 일에 앞장서며 없어서는 안될 꼭 필요한 부서 되게 하여 주옵소서.

악이 관영하고 사탄이 왕노릇하며 할 수만 있으면 믿는 자라 할지라도 넘어뜨리려 하는 세태 속에 저희들이 살아갑니다. 주께서 저희들에게 믿음과 성령의 능력으로 함께해 주셔서 이 세대를 이기며 나아갈 수 있도록 도와 주옵소서. 그래서 사탄의 악한 계획을 무력화시키고 이 땅에 그리스도의 문화를 심기에 부족함 없게 하옵소서.

[목사님을 위해] 이 시간 하나님의 말씀의 대언자로 목사님을 단에 세워 주심을 감사합니다. 목사님께 성령의 능력을 더하여 주셔서 말씀을 선포하실 때에 그 말씀 가운데 능력이 나타나게 하옵소서. 듣는 저희들의 심령과 골수를 쪼개는 말씀이 되게 하시고 이 말씀에 순종하여 주의 뜻을 따라 살아가게 하옵소서.

예수님의 이름으로 기도드립니다. 아멘

(희)

헌신예배 기도문 (중고등부)

[감사] 창조주 하나님 아버지, 오늘 중고등부 헌신예배로 드리게 하심을 감사합니다. 아직 어리지만 주님을 알고 믿게 하심을 감사합니다. 세상의 여러 즐거운 모임이 있지만 하나님을 더 사랑하여 주님 앞에 나온 저희를 기억하시고 기쁘게 받아 주옵소서.

[회개] 현대 사회는 하나님보다 물질을 더 의존하며, 천지를 지으시고 우주만물을 섭리하시는 하나님을 알지 못하여 믿지 못하는 청소년들도 많이 있습니다. 또 영혼을 미혹케 하는 여러 미신들이 유행하고 있습니다. 이들을 주님께로 인도해야 하는데 그것을 잊은 채 살고 있는 저희를 용서해 주옵소서. 또 여호와를 경외하는 것이 지식의 근본임을 성경은 가르치고 있는데 세상은 학교 성적표로 인간의 가치를 매기려 하고 있습니다.

[간구] 하나님의 형상으로 지음받은 저희들이 친구, 선생님, 부모님 속에서 하나님을 보게 하시고 아름다운 세상을 만들어가는 소망을 가지게 하옵소서. 요셉처럼 위대한 꿈을 가질 수 있는 영안을 열어 주시고 믿음과 힘을 주셔서 그 꿈을 위해 기도하며 성취하게 하옵소서. 또한 가서 제자 삼으라고 말씀하신 주님의 명령에 순종하여 이 땅의 복음화의 사명을 감당할 수 있는 믿음과 용기를 더하여 주옵소서. 다윗처럼 하나님의 영에 감동되어 복음 안에서 살게 하시고 심령에 말씀으로 무장하여 어떤 시험에도 승리하게 하옵소서. 주님처럼 자신을 낮추고 이웃을 위해 봉사하는 참된 제자가 되게 하옵소서.

이 시간 목사님께서 하나님의 말씀을 선포하실 때 이 자리에 모인 청소년들의 심령에 말씀의 진리가 깊이 뿌리 박혀 어떤 어려움에도 쓰러지지 않게 하옵소서. 공중의 새들이 깃드는 큰 나무로 자라게 하옵소서.

예수님의 이름으로 기도합니다. 아멘 (곤)

헌신예배 기도문 (중고등부)

[예배] 선한 목자되시는 주님, 이 시간 우리 중고등부 학생들이 기도드리며 하나님께 영광을 돌릴 때, 우리 예배를 기뻐 받아 주시고 은혜 내려 주옵소서. 오늘 이 헌신예배를 통하여 하나님의 거룩한 영이 모든 심령 가운데 임하셔서 우리 젊은이들이 환상을 보고 비전을 가지게 하옵소서.

[간구] 10대를 살아가는 중고등부 학생들은 감성이 예민하며 유혹에 넘어지기 쉬우니 하나님의 크신 도움으로 늘 보호해 주옵소서. 또 성적지상주의에 시달리고 있습니다. 개성이나 은사가 무시되고 창의력과 탐구심이 무디어져가며 오직 진학의 길로만 걸어가고 있는 현실 속에서 여호와 하나님의 진리의 말씀과 법으로 무장하게 하옵소서.

왕의 포도주로 자기를 더럽히지 아니한 다니엘처럼 강하고 담대한 믿음으로 무장하여 최우선의 자리에 주님을 모시게 하옵소서. 또한 날 계수함을 가르쳐 지혜의 마음을 얻게 하시고 세월을 아껴 시간을 잘 활용할 수 있게 하옵소서. 가정에서나 학교에서나 질서있는 생활, 절제하는 생활을 하게 하시고, 부모에게는 효도하고 형제간에는 우애하며 친구들 간에는 참된 우정을 쌓게 하옵소서.

아직 배움의 길에 서 있습니다. 지식의 영을 더하여 주시고 머리가 될지언정 꼬리가 되지 않게 하시고, 장래에 교회와 사회와 이 나라에 올바른 지도자로 준비되게 하옵소서. 오늘 이 예배로 중고등부 학생들뿐만 아니라 온 성도들이 변화받고 새로워지게 하셔서 마음의 결단과 다짐이 있게 하시고 큰 은혜받게 하옵소서.

예수님의 이름으로 기도합니다. 아멘

(곤)

헌신예배 기도문 (중고등부)

[찬양과 감사] 길이요 진리요 생명되시는 주님을 찬양합니다. 어린 저희들을 부르셔서 사랑하시고 지금까지 지키시며 인도하신 것을 감사 드립니다.

하나님 아버지는 우리를 눈동자같이 지키시며 독수리가 새끼를 훈련시키는 것같이 훈련도 시키시고, 궁극적으로는 좋은 것으로 먹이시며 영적으로 풍성하게 살을 찌우시는 줄 말씀을 통해서 깨닫습니다. 이제는 주님 앞에서 더 감사하며 살게 하시고 더 사랑하며, 더 기도하고 순종하며 살아가게 하옵소서.

[간구] 사랑의 주님, 우리는 아직 어립니다. 그러나 일천번제를 드린 후에 지혜 주시기를 구했던 솔로몬처럼 우리도 무엇이 우리에게 있어야 하고, 무엇이 소중한지를 깨닫게 하옵소서. 그리하여 일찍부터 세상의 쾌락이나 허영을 좇지 않게 하시고 아버지께서 원하시는 영원한 생명을 얻는 길을 찾도록 도와 주옵소서.

인간적인 성취나 자신의 이기적인 욕망의 노예가 되지 말게 하시고, 아버지의 이름을 이 땅에 드러내는 일에 쓰임받는 것을 기뻐하는 믿음의 사람이 되게 하옵소서. 우리 자신을 불의의 병기로 드리지 말게 하시고, 의의 병기로 하나님께 드리게 하옵소서. 말로만 헌신을 다짐하거나 또 일회적이며 과시적인 일들에 사로잡히지 말게 하시고, 오직 하나님께서 이 세대에 원하시는 일이 무엇인지 분별하는 지혜를 허락하옵소서. 그리하여 하나님이 기뻐하시는 우리 중고등부 학생들이 되게 하옵소서. 학생으로서 아직 배움의 길에 있사오니 지혜와 명철을 더하여 주옵소서.

우리를 사랑하시는 예수님의 이름으로 기도합니다. 아멘   (식)

헌신예배 기도문 (중고등부)

[감사] 사랑으로 우리를 길러주시는 하나님, 참 감사합니다. 우리들에게 귀한 배움의 시간을 주신 것을 감사드립니다. 그리고 좋은 교회와 귀한 믿음의 선배들과 우리를 위해서 늘 기도해 주시는 모든 성도님들을 허락하신 것을 감사드립니다.

우리는 우리를 사랑하시는 모든 분들의 기도에 힘입어 하루하루 자라나고 있으며, 키와 몸이 자랄 뿐만 아니라 믿음도 자라고 생각하는 마음도 자라서 하나님 원하시는 인물들이 다 될 줄 믿습니다.

[간구] 사랑의 하나님, 또한 우리들을 디모데처럼 기르시기 위해서 힘쓰시는 바울 사도와 같은 선생님들을 주신 것을 감사드립니다. 그분들을 통하여 주시는 주님의 말씀이 우리 몸에 녹아서 뼈에 양약이 되게 하옵소서. 그 말씀에 순종하며 우리가 새사람으로 변화되게 하시고, 말씀의 전파에 힘쓰며 어릴 때부터 주님이 원하시는 삶의 도리가 무엇인지 잘 알고 사는 참 지혜로운 사람이 되게 하옵소서.

창세기의 요셉은 꿈을 가진 사람이었습니다. 그리고 그 꿈은 하나님께서 허락하신 것이었습니다. 하나님, 우리들에게도 밝고 아름다운 꿈을 허락하시고 그 꿈을 위해 노력하고 인내하게 하옵소서. 그리고 그 꿈이 이루어질 때 하나님께는 영광이 되고, 교회는 부흥하며, 우리 모두에게는 진실된 기쁨이 넘치는 귀한 역사가 일어나게 하옵소서. 다니엘처럼 신앙의 정조를 지키는 굳센 믿음의 인물들이 다 되게 하옵소서. 아무리 어려운 시험이 올지라도 주님 의지하여 결코 넘어지지 아니하고 바로 서게 하옵소서.

예수님의 이름으로 기도합니다. 아멘 (식)

헌신예배 기도문 (중고등부)

[감사와 예배] 참사랑이시요 참빛이신 하나님의 은혜를 감사드립니다. 독생자를 이 땅에 보내셔서 우리로 그 영광의 사건을 바라보고 동참하게 하시니 진심으로 감사드립니다.

[은혜받기 위해] 하나님 아버지, 이 시간 우리 중고등부가 한마음 되어 하나님께 예배드리니 기쁘게 받아 주옵소서. 하나님의 크신 은혜를 체험함으로써 아직 어리지만 우리의 죄를 깨닫고 회개하게 하옵소서. 하나님의 말씀을 읽을 때나 들을 때 감동 감화의 역사가 있게 하옵소서. 우리의 모든 삶이 변화하여 기쁨과 감사가 충만한 생활을 하게 하시고, 진리를 바로 알아서 일평생 주의 진리의 길을 걸어가게 하옵소서. 게으르거나 방종하여 주님의 진리를 무시하거나, 소홀히 하는 잘못을 범치 말게 하옵소서.

[배움의 길을 위해] 사랑의 하나님, 저희들은 아직 어립니다. 아직 부모님의 보살핌과 선생님들의 가르침을 받으며, 인생을 준비해 가는 과정에 있습니다. 배움의 길에 있는 이 기간을 헛되이 보내지 않도록 우리를 성령께서 붙들어 주옵소서. 겸손히 잘 배워서 후일에 사회와 가정, 그리고 하나님의 몸된 교회에서의 우리의 보다 분명한 역할이 주어졌을 때 잘 감당하게 하옵소서. 보다 아름답고, 말씀의 진리 위에 서서 하나님의 능력으로 잘 감당하는 우리들 되게 하옵소서. 오늘 헌신예배를 드립니다. 우리가 기도하며 다짐하는 헌신이 일평생 이어지도록 도와 주옵소서. 여호와 하나님의 은총 가운데 살아가게 하옵소서.

학교에서, 가정에서, 교회에서 인정받게 하시고 어디에서나 예수님을 믿는 학생답게 행함으로 그리스도의 향기를 나타내게 하옵소서.

우리를 보호하시는 예수님의 이름으로 기도합니다. 아멘 (식)

헌신예배 기도문 (중고등부)

[감사와 예배] 고마우신 하나님 아버지, 오늘도 저희들을 인도하여 주셔서 거룩하고 복된 날에 주님 전에 나와서 예배드리며 하나님 말씀을 배울 수 있게 해 주셔서 감사합니다. 이 시간은 특별히 중고등부 학생들이 헌신예배를 드립니다. 하나님께서 저희들의 예배를 기쁘게 받아 주시고 예배하는 저희들에게는 하나님을 더 잘 알 수 있는 믿음과 지혜를 더하여 주옵소서.

[전도하기 위해] 예수님께서 저희들의 죄를 대신 지시고 십자가에서 피흘려 죽으심으로 우리의 모든 죄를 용서받고 구원받았음을 믿습니다. 하나님, 저희들이 죄를 용서받은 사람들답게 다른 사람들을 용서할 수 있게 하여 주옵소서. 세상에 많은 학생들이 저마다 꿈을 갖고 살아가고 있지만 저들의 길은 구원자 되시고 참빛 되신 예수님을 알지 못해서 결국은 멸망에 이르는 소망이 없는 길인 것을 압니다.

저들도 예수님을 알고 믿어서 잘못된 길에서 돌아와 생명의 길을 갈 수 있도록 은혜를 베풀어 주옵소서. 이 일을 위하여 먼저 믿게 된 저희들이 예수 그리스도의 복음을 친구들에게 전할 수 있도록 예수님의 사랑과 믿음과 용기를 주옵소서. 그리고 학교에서나 사회에서 예수 믿는 학생답게 행동과 말이 바르고 정직해서 모든 학생들의 모범이 되게 하여 주옵소서. 그래서 그들이 저희들을 통해 예수님을 소개받으며 예수님을 믿고 싶은 마음이 생겨서 주님 앞으로 나아올 수 있게 해 주옵소서.

[간구] 하나님, 저희들에게 귀한 하나님의 말씀을 전하시는 전도사님과 사랑으로 저희들을 돌보며 가르치시는 선생님들에게 은혜 주시고, 이 시간 목사님께도 함께해 주셔서 하나님의 말씀을 전하실 때 그 말씀이 능력있게 하셔서 듣는 저희들의 결심과 꿈과 삶이 새로워지게 하여 주옵소서. 예수님의 이름으로 기도드립니다. 아멘

(희)

300
헌신예배 기도문 (중고등부)

[감사와 예배] 날마다 저희들을 지켜 주시는 하나님, 오늘도 저희들을 교회로 인도하여 주셔서 하나님의 말씀을 배우고 예수님의 사랑을 느낄 수 있도록 해 주시니 감사합니다. 이 시간 저희 중고등부가 하나님 앞에 헌신예배를 드립니다. 지금까지 저희들을 사랑해 주신 하나님의 은혜를 감사하며 하나님의 사랑과 은혜에 보답하는 사람으로 살 것을 다짐하는 이 시간, 하나님께서 저희 가운데 오셔서 저희 예배를 받아 주시고 우리의 결심을 굳게 하여 주옵소서.

[꿈과 비전을 위해] 하나님 아버지, 우리는 이렇게 예수님의 사랑을 받고 살지만 아직도 이 세상에는 예수님을 알지 못한 채 살아가는 많은 사람들이 있습니다. 그 사람들도 예수님을 믿고 구원받아야 할 우리와 똑같은 사람들인데 복음을 듣지 못해서 우상숭배와 죄에 빠져 있으니 저들도 예수님을 믿어 구원 얻을 수 있도록 도와 주옵소서.

저희들 중에서 예수님을 알지 못하는 세계 여러 나라에 가서 복음을 전하는 선교사가 나오고, 이 땅에 예수님을 믿지 않는 사람들에게 복음을 전하는 일에 헌신하는 사람도 생기게 해 주옵소서. 가난하고 외로운 사람들에게 예수님의 사랑으로 친구가 되어 주고 예수님의 복음으로 무장한 교사, 의사, 직장인, 정치가, 사업가들도 많이 나와서 예수님의 사랑을 이 땅에 나타낼 수 있게 해 주옵소서. 우리 속에 이런 꿈과 비전을 주시고 저희들 모두가 훌륭한 하나님의 일꾼이 되어 하나님을 기쁘시게 하는 삶을 살게 하여 주옵소서.

하나님의 말씀을 들을 때에 저희들 마음속에 이런 결심과 소원들이 생기게 하시고, 세상에 나가서 살 때에도 잊지 않고 꼭 주님의 뜻을 이루는 사람이 되도록 지켜 주시고 인도하여 주옵소서.

예수님의 이름으로 기도드립니다. 아멘 (희)

301
헌신예배 기도문 (구역장 · 권찰)

[감사] 하나님 아버지, 저희를 많은 사람 가운데 선택하시고 구역장과 권찰의 사명을 주셔서 감사합니다. 천하보다 귀한 한 생명을 위하여 기도하며 돌볼 수 있도록 말씀의 지혜를 주시고 건강과 열심을 주옵소서. 이 시간 드리는 헌신예배가 입술로만 아니라 온 마음을 다해 드리는 예배가 되게 하옵소서.

[회개] 이 시간 우리에게 맡기신 영혼을 위하여 날마다 기도하지 못한 잘못을 용서하여 주옵소서. 저희들이 처음 직분받았을 때의 뜨거웠던 마음이 시간이 지나면서 식어지지 않았나 되돌아봅니다. 저희들의 모습이 처음 사랑을 잃어버려 주님께 책망받은 에베소 교회 같지 않게 하옵소서. 주님께서 주신 사명을 두렵고 떨리는 마음으로 감당할 수 있게 하시고 삶의 우선순위를 주님께로 향하게 하옵소서. 주님과 동행하며 살게 하옵소서.

[간구] 우리에게 맡겨 주신 구역 식구들을 위하여 기도드립니다. 구역 식구들 모두 말씀과 기도생활에 열심을 내고 믿음으로 살아가게 하옵소서. 마음이 병들어 낙심하는 자가 있습니다. 주께서 친히 찾아가 주셔서 상처받은 심령이 위로받게 하시고, 하나님께서 늘 함께하심을 바라볼 수 있는 믿음을 더하여 주옵소서. 육신이 병들어 나오지 못하는 성도들도 있습니다. 주님께서 치료의 광선을 발하셔서 병든 곳이 깨끗함을 얻을 수 있는 은총을 베풀어 주옵소서. 주님, 저희에게 성령충만하게 하셔서 맡겨진 직분에 최선을 다해 일하게 하시고 주님 오실 때 천사들 앞에서 칭찬받으며 흰옷을 입게 하옵소서.

예수 그리스도의 이름으로 기도드립니다. 아멘

(곤)

헌신예배 기도문 (구역장 · 권찰)

[예배] 은혜와 자비가 풍성하신 하나님 아버지, 하나님께서 맡겨 주신 구역의 식구들을 사랑으로 돌보며 위하여 기도하는 구역장들과 권찰들이 되기를 주님 앞에 다짐하며 예배를 드립니다. 우리의 부족한 것을 잘 아시는 주님께서 이 예배를 통하여 맡은 바 직분을 잘 감당하며 하나님께 충성하는 저희가 되게 하옵소서.

[간구] 하나님, 저희 구역 안에는 믿음이 연약한 자, 시험에 빠진 자, 병으로 고생하는 자, 경제적으로 궁핍한 자, 갓 교회에 출석하여 처음 신앙생활을 시작한 성도들이 있습니다. 하나님께서 구역장과 권찰들에게 큰 믿음과 열심과 넘치는 주님의 사랑을 채워 주셔서, 저들을 돌보고 하나님의 말씀으로 위로하며 격려하는 데 부족함이 없도록 인도하여 주옵소서. 때로는 낙심이 될 때도 있습니다. 게을러서 잘 감당치 못할 때도 있습니다. 그때마다 주님의 사랑을 부어 주셔서 천국 일꾼의 소명에 불타게 하시고 구역을 잘 돌보게 하옵소서.

[구역 모임을 위해] 하나님, 우리 구역이 처음은 미약하지만 갈수록 창대해지며 성장하는 구역이 되게 하옵소서. 마음밭이 옥토가 되어서 뿌리가 잘 내리게 하시고 악한 자에게 빼앗기지 않게 하시며 세상 염려와 재리의 유혹 때문에 결실치 못하는 자가 없도록 하시며, 말씀을 듣고 깨닫고 지키는 복된 자가 되게 하옵소서. 열심히 모이고 사랑하며 떡을 떼는 초대교회와 같이 되게 하셔서, 구역모임을 통하여 신앙이 아름답게 성장하고 구역모임이 활성화됨으로 교회가 부흥되게 하옵소서.

이 시간도 주시는 말씀을 통해 새힘을 얻고 한 주간을 말씀대로 실천하며 살아가게 하옵소서.

예수님의 이름으로 기도합니다. 아멘 (곤)

헌신예배 기도문 (구역장 · 권찰)

[감사] 우리의 선한 목자되시는 여호와 하나님의 사랑과 보살핌에 감사와 찬송을 드립니다. 이 시간 우리 구역장·권찰들이 모여서 헌신예배를 드리게 하시니 진심으로 감사를 드립니다. 죽을 수밖에 없는 죄인들에게 구원의 은총을 주시고, 주님이 피흘려 값주고 사신 교회에 귀한 직분을 맡겨 주심을 감사드립니다.

구역장·권찰의 직분은 때로는 목회자를 대신하여 주어진 양들을 돌봐야 하는 목자로서의 역할을 감당해야 하는 중차대한 자리인 줄 믿습니다. 두려움으로 이 직분을 받았사오니 인간의 능력이나 지혜로 감당하지 말고, 오직 성령의 능력으로 감당하게 하옵소서.

[구역장의 직분을 잘 감당키 위해] 하나님, 우리에게 크신 은혜를 베풀어 주옵소서. 먼저 말씀과 기도로 무장하고 주님이 맡기신 일을 감당하도록 도와 주옵소서. 구역식구 한 사람 한 사람 모두 우리 주님이 피흘려 값주고 사신 귀한 생명인 줄 믿습니다. 한 마리 잃은 양을 찾고서 기뻐하며 돌아오는 목자의 마음을 우리들도 가지게 하옵소서.

부활을 체험한 제자들이 두려움없이 용감하게 서서 복음의 말씀을 전한 것처럼 우리들도 부활하신 주님을 바라보며 나아가게 하옵소서. 신앙의 놀라운 정진이 있게 하옵소서. 한 구역 한 구역이 온전하게 잘 섬으로써 우리 교회가 잘 되고 부흥할 줄 믿습니다. 우리 교회가 부흥하면 우리 한국교회가 보다 하나님 앞에서 잘 서게 될 줄로 믿습니다. 이러한 귀한 일들의 선봉대에 우리들이 있음을 깨닫고 더욱더 충성하며 헌신하게 하옵소서. 하나님 집의 선한 청지기로서의 직분을 감당하게 하옵소서.

예수님의 이름으로 기도합니다. 아멘 (식)

헌신예배 기도문 (구역장·권찰)

[감사] 우리를 사랑하시되 세상 끝날까지 사랑하신다고 약속하신 하나님 아버지, 그 사랑을 감사드립니다. 어둡고 험한 세상을 살면서 한시라도 하나님의 세밀한 보살핌이 없었다면 우리가 어찌 이렇게 예배하며 감사하며 살 수 있겠습니까? 그 은혜를 밝히 깨닫고 더욱 우리의 삶에 감사와 찬양이 넘쳐나게 하소서.

[간구] 사랑의 하나님의 은총에 힘입어 우리의 마음속에 평강이 넘쳐나게 하옵소서. 우리를 이 교회에 부르시고 또 각 구역의 구역장·권찰로 삼으신 이유도 평강을 위한 것임을 알게 하옵소서. 또한 우리의 마음속에 생명의 말씀이 풍성히 거하게 하옵소서. 그리하여 권면할 때나 말씀을 전달할 때에 그 지혜의 말씀이 역사하시기를 원합니다. 그리고 모든 일에 우리가 감사함으로 감당하도록 하옵소서. 오직 하나님의 은혜로 이루어진 것임을 깨닫고 살아가도록 도와 주옵소서.

[충성을 다할 수 있도록] 맡은 자에게 구할 것은 충성이라고 하셨습니다. 우리로 하여금 주님의 귀한 일들을 맡은 자로서 충성하도록 도와 주옵소서. 구역원들을 주님의 사랑으로 돌보게 하시며, 서로 중보기도하며 아름다운 교제를 하는 구역들이 되게 하옵소서. 우리 교회의 모든 구역장·권찰들이 한 사람도 자기의 공로나 인간적인 자랑거리들을 내세우지 말게 하시고, 오직 하나님의 영광과 예수 그리스도의 이름만을 드러내는 데 앞장서게 하옵소서. 그리하여 믿음의 좋은 소문이 널리 퍼지게 하시고, 그 덕이 드러나서 원근각처에서 하나님의 백성들이 몰려오는 은총을 주옵소서.

예수님의 이름으로 기도드립니다. 아멘 (식)

305
헌신예배 기도문 (구역장 · 권찰)

[찬양과 고백] 우리의 영원한 신랑되신 예수님을 이 땅에 보내셔서 구원의 길을 열어 주신 하나님을 찬양합니다. 우리는 그 구원의 은총속에 살면서 아버지의 이름과 뜻을 드러내는 삶을 살아야 될 줄로 믿습니다. 그러나 여러모로 부족하고 죄 가운데서 살면서 그저 육신의 일들만을 염려하는 저희들입니다. 우리의 믿음 없음을 용서해 주옵소서.

우리 주님께서 무엇을 먹을까, 무엇을 입을까, 무엇을 마실까 염려하지 말라 하신 말씀을 오늘 우리가 경청하며 무엇보다도 먼저 하늘 아버지의 뜻을 구할 때에 이 모든 것이 더해지는 은총을 체험하게 하옵소서. 그리하여 우리의 믿음과 사랑과 소망이 날로 더 성장해 가는 은혜가 나타나게 하옵소서.

[간구] 이 모든 우리의 간구가 먼저 이 교회의 일꾼된 구역장 · 권찰들에게 나타나게 하옵소서. 그리하여 우리 모두가 행함 없는 죽은 믿음이 아니라 역사하는 믿음을 갖게 하옵소서. 말로만 사랑을 하는 것이 아니라 눈물어린 수고가 함께 나타나는 실천하는 사랑이 나타나게 하옵소서. 조급하게 그 결과만을 누리려는 것에서 벗어나 인내심을 가지고 아버지께서 주신 소망을 이루게 하옵소서. 그리하여 우리 구역장 · 권찰들이 각기 주께서 맡기신 사명을 잘 감당함으로써 우리로 하여금 교회가 든든히 서가게 하옵소서.

우리들이 돌보는 구역원들의 믿음이 자라나게 하옵소서. 그 가정들이 구원의 역사를 이루고 사랑과 평화의 은총이 임하길 원합니다. 우리들이 주님 앞에서 정말로 칭찬받는 선한 청지기가 다 되게 하옵소서.

예수님의 이름으로 기도합니다. 아멘 (식)

헌신예배 기도문 (구역장·권찰)

[감사와 예배] 놀라운 사랑으로 저희들을 인도하시는 하나님 아버지, 하나님께서 복 주시려고 정하신 날에 새벽부터 이 시간까지 풍성한 은혜를 내려 주시니 참 감사합니다. 이 시간은 구역을 맡아 섬기는 구역장·권찰들이 주신 직분에 감사하며 충성과 헌신을 다짐하는 헌신예배로 드립니다. 저희들의 예배를 받아 주시고, 저희들에게 하늘로부터 임하는 신령한 복이 차고 넘치게 하옵소서.

[구역장·권찰 직분을 위해] 하나님 아버지, 저희들에게 맡기신 직분을 감당할 때 예수님께서 하신 본을 따라 성실하고 진실하게 하옵소서. 모든 일들 가운데 주님의 일을 최우선으로 삼게 하시고 최선을 다하게 해 주옵소서. 지혜와 은혜를 주셔서 성령을 따라 행하며 하나님이 주신 힘으로 감당할 수 있도록 기도하며 힘쓰는 믿음이 있게 하옵소서.

구역을 사랑으로 보살피며 믿음을 격려하고 고난당하는 형제들을 소망 안에서 위로하게 하옵소서. 구역예배에 열심히 모이며 모일 때마다 말씀으로 풍성한 은혜의 시간이 되게 하옵소서. 믿지 않는 이웃들에게 예수님의 사랑과 관심으로 다가갈 수 있도록 하셔서 구역마다 전도하여 배가하게 하시고, 저희들이 이웃에게 그리스도의 향기를 발하며 그리스도의 사랑을 드러낼 수 있도록 사랑과 지혜와 능력으로 덧입혀 주옵소서.

[간구] 세우신 주의 사자를 통하여 말씀을 받을 때에 저희들의 부족함을 깨닫고 나태함과 불충을 회개하며 구역장·권찰의 사명을 새롭게 하는 시간 되게 하옵소서. 말씀을 믿음으로 받고 순종하여 하나님 앞에 인정받는 일꾼들이 되도록 인도하여 주옵소서. 작은 부분을 잘 감당하므로 하나님의 교회를 아름답게 세우는 일에 쓰임받게 하옵소서.

저희들을 일꾼 삼으신 예수 그리스도의 이름으로 기도드립니다. 아멘

(희)

헌신예배 기도문 (구역장 · 권찰)

[감사] 천국을 예비하시어 아무 공로 없는 저희들을 그곳으로 인도하시는 사랑의 하나님 아버지, 죄 아래서 허덕이던 불쌍한 인생들을 구하시려 친히 이 땅에 오신 주님의 크고 놀라운 은총을 감사합니다. 구속의 은혜로 하나님의 자녀된 것만도 감사한데 부족한 저희들에게 구역장 · 권찰의 귀한 직분까지 주시고 이 시간 헌신예배로 하나님께 영광돌리게 하시니 참으로 감사합니다.

[구역장 · 권찰 직분을 위해] 하나님 아버지, 이 땅에서 선한 목자로 모범을 보이신 주님을 따라 맡겨 주신 구역을 부지런히 돌아보며 기도와 사랑으로 섬기게 하옵소서. 저희 구역장 · 권찰들이 구역의 궂은 일에 앞장서게 하시고 구역식구들의 무거운 짐을 나누어지게 하옵소서. 구역 식구들의 기쁜 일을 함께 기뻐하며, 슬픔에 함께 울어 줄 수 있는 저희들 되게 하옵소서. 구역을 책임지는 작은 목자로서의 사명을 잘 감당할 수 있도록 하나님의 지혜와 성령의 능력으로 충만케 하옵소서.

[구역 모임을 위해] "두세 사람이 모인 곳에는 나도 그들 중에 있느니라" 약속하신 하나님 아버지, 구역 모임으로 모일 때마다 그 곳에 함께하여 주시고 하나님의 말씀으로 은혜를 나눌 때 성령께서 구역 식구들 마음을 주장하여 주옵소서. 세상의 분주함 속에서도 모이기에 더욱 힘쓰게 하시고 연합하여 구역을 든든히 세워 나가는데 저희들이 밑거름이 되게 하옵소서. 특별히 구역이 속한 지역의 믿지 않는 가정들을 전도하는 일에 열심을 내며 신앙의 아름다운 본을 보이게 해 주옵소서.

말씀을 전하실 목사님을 성령께서 붙들어 주셔서 하나님 말씀을 온전히 전하게 하시고, 저희들은 말씀을 받아 순종함으로 사명을 새롭게 발견하게 하옵소서. 예수님의 이름으로 기도드립니다. 아멘 (희)

308
헌신예배 기도문 (장학회)

[감사] 하나님 아버지, 온 천하만물이 아버지의 소유가 아닌 것이 없고, 저희 생명과 삶 모두를 주관하시며 섭리하시니 찬양과 감사를 드립니다. 매일의 삶에서 저희들에게 복을 더하시고 일할 수 있는 일터를 주시며, 건강을 주시고 일한 대로 거두게 하시며 물질을 통하여 하나님의 일을 할 수 있도록 복 주시니 감사를 드립니다.

[사랑을 나누는 삶을 위해] 오늘은 장학사업을 위해 애쓰는 종들이 함께 모여 헌신예배를 드리고, 온 교인이 한마음으로 장학의 일을 더욱 열심히 하고자 함께 모였습니다. 하나님께서 이 지역에 저희 교회를 세우신 것은 지역을 돌보며 어렵고 힘든 자를 도우라고 하심임을 믿습니다. 부족하지만 주신 물질로 선한 사업에 열심을 다하게 하옵소서.

하나님께서 저희들을 사랑하셔서 독생자를 십자가에 달려 죽게 하셨는데 저희는 어떻게 그 은혜에 다 보답할 수 있겠습니까? 아버지의 그 사랑을 기억하며 본받아 우리도 이웃을 사랑하게 하옵소서. 도움을 주는 이들은 나눔과 베품의 기쁨을 누리게 하시고, 도움받은 이들에게는 삶과 학업에 풍성한 은혜가 넘치게 하옵소서.

[장학사업을 위해] 공부하고자 하나 학비가 없어 곤란에 처한 학생들이 있습니다. 교회와 나라의 귀한 인재를 양육해야 할 책임이 저희에게 있음을 아오니 이 책임을 저희들이 외면하지 말게 하시고 장학사업에 더욱 힘쓰게 하옵소서. 저희들의 이 사업을 통해 하나님의 사랑이 풍성하게 전해지며 많은 학생을 돕고, 이 나라를 짊어지고 나아갈 훌륭하고 신앙 깊은 젊은이들이 배출되게 하옵소서.

예수님의 이름으로 기도합니다. 아멘 (곤)

309
헌신예배 기도문 (장학회)

[감사] 날마다 저희들에게 일용할 양식을 주시며 풍성하게 하시는 하나님 아버지의 은혜를 감사드립니다. 오늘 장학회 헌신예배로 모이게 하시고 하나님께서 주신 물질을 가지고 선한 사업을 하게 하심을 감사드립니다.

[학생들을 위해] 이 물질이 잘못 허비되지 않게 하시고 꼭 필요한 학생에게 풍성한 효과를 줄 수 있도록 함께하여 주옵소서. 그리하여 도움받는 곳에 기쁨과 감사가 넘치게 하시고, 지혜와 명철을 더하시며 학문의 길을 넓게 열어 주옵소서. 더욱 열심히 공부하게 하시고 하나님께서 인정하시는 성공의 길로 인도하옵소서. 그리하여 더 어렵고 힘든 자들을 돌아보게 하시며 사회 곳곳에서 귀한 일을 감당하여 이 나라를 변화시키고, 지식과 지혜의 근본이신 하나님께 영광돌리며 하나님의 이름을 높이게 하옵소서. 그들의 삶에서 도우시고 필요를 채워 주시는 하나님을 기억하게 하시고 감사하게 하옵소서.

[장학회를 위해] 이 장학회가 번창하여 많은 이들에게 도움이 되길 원합니다. 장학회를 돕고 애쓰는 운영위원들과 물질로 돕는 모든 분들에게 하나님의 풍성한 복으로 더하여 주옵소서. 더 많은 이에게 주님의 이름으로 돕게 하시며 삼십 배, 육십 배, 백 배의 결실을 보게 하옵소서. 또한 물질적으로 돕지는 못하나 뒤에서 기도로 후원하는 교인들도 많이 있습니다. 이 기도가 하나도 땅에 떨어지지 않고 응답받게 하옵소서.

이 예배를 통하여 하나님 영광받으시고, 서로 돕는 모습 속에 주님 역사하여 주옵소서.

예수 그리스도 이름으로 기도드립니다. 아멘 (곤)

310
헌신예배 기도문 (장학회)

[영광] 은혜와 진리가 충만하신 하나님께 영광을 돌립니다. 하나님은 우리를 사랑하시되 특별히 세상에서 어렵고 힘들며 멸시받는 자들에게 큰 관심을 보여 주셨습니다. 고아와 홀로 사는 여인들, 나그네들, 병자들과 같은 약자를 향한 하나님의 관심은 주님이 세상에 오셨을 때 그대로 나타났습니다. 주님이 행하신 삶을 바라볼 때, 하나님은 모든 사람을 사랑하시되 특별히 약자들에게 더 큰 사랑을 베푸시는 줄 믿습니다.

종말로 심판대 위에서 그 운명이 갈릴 때, 하나님은 세상의 약자들을 향한 관심과 온정을 베풀었는가의 여부를 따지신다고 예수님께서는 말씀하셨습니다. 이러한 모든 것은 우리가 주님의 말씀을 따르고 그 삶을 본받아서, 세상에 사는 동안에 보다 약한 지체들을 향한 사랑의 삶을 살 것을 말씀하시는 줄 믿습니다.

[장학사업이 열매 맺기를 위해] 하나님 아버지, 배운 말씀대로 우리들이 진실로 보다 약한 사람들을 향하여 손을 펴게 하시고, 우리 예수님의 이름으로 행해지는 이러한 일들이 궁극적으로는 아버지께 영광돌리게 하옵소서. 오늘은 특별히 이 교회에 장학회를 있게 하신 것을 감사드리며 예배를 드립니다. 이 귀한 사역이 아버지의 이름으로 행해질 때에 더욱 귀한 열매를 맺게 하옵소서.

한두 사람의 참여로 외면되지 말게 하시고 인간적인 공로도 나타나지 말게 하시며, 온 성도의 참여와 관심으로 이루어지게 하옵소서. 비록 물질이 아니라도 더 큰 후원이 될 수 있는 기도로 온 성도가 전심전력으로 참여하게 하옵소서. 그리하여 이 장학사업을 통하여 요셉, 사무엘, 다윗, 디모데와 같은 훌륭한 신앙의 인물들이 나타나게 하옵소서.

예수님의 이름으로 기도드립니다. 아멘 (식)

헌신예배 기도문 (장학회)

[감사와 고백] 거룩하신 하나님, 지금까지 우리를 보호하시고 사랑해 주심을 감사드립니다. 아버지의 은총속에서 하루하루를 살면서도 늘 강건한 믿음을 갖지 못하고, 주변에 불어오는 바람을 보고 무서워 떠는 베드로처럼 두려워할 때가 많았습니다. 주님은 암탉이 병아리를 품듯이 우리를 품어주셨지만 우리는 늘 길잃은 양처럼 방황하며 살았습니다. 용서하여 주시고 이제 더 아버지의 크신 사랑과 권능속에서 살게 해 주옵소서. 평안을 느끼고 감사하며 찬송하며 하나님 원하시는 길을 걸어가게 하옵소서.

[후원받는 학생들을 위해] 오늘 이 시간은 아버지의 사랑하는 자녀들을 위해 함께 예배하며 아버지의 온정에 우리로 동참하게 하심을 감사드립니다. 한창 배우고 인생을 준비하는 학생들을 위해 기도합니다. 이 귀한 시기를 잘 선용할 수 있도록 도와 주옵소서. 다니엘과 세 친구처럼 신앙의 지조를 굳게 지키며, 어렵고 힘든 일을 당해도 낙심하거나 굴복하지 않는 불굴의 용기도 허락하옵소서. 특별히 지혜를 더하셔서 아버지의 뜻을 분별하게 하시고, 이들이 이 세상에서 나라와 교회와 가정에 중요한 직분들을 감당할 때가 되면 지금보다 더 합당한 처소들이 되게 하옵소서.

우리가 힘을 모아 돕는 이 작은 물질이 학생들에게는 참으로 요긴한 것들이 되게 하시고, 사람의 뜻으로 난 것이 아니라 오직 모든 것이 아버지의 사랑의 손길이라는 것을 알게 하옵소서. 이 장학헌금에 동참하신 분들이나 이 후원을 받는 학생들, 그리고 이들을 위하여 기도하기를 쉬지 않는 후원자들에게 더 큰 하나님의 은총이 함께하시길 원합니다.

예수님의 이름으로 기도드립니다. 아멘 (식)

헌신예배 기도문 (장학회)

[감사와 고백] 사랑의 하나님, 하루하루의 삶이 주 앞에서 인도됨을 감사드립니다. 돌이켜보면 하나님 앞에 설 수 없는 우리들임을 압니다. 번번이 주님을 위해서 살겠노라고 결심을 하면서도 또다시 세속적 욕망에 빠져서 살았습니다. 강한 믿음으로 불의한 세상을 이기겠노라고 다짐하면서도 금방 차갑고 냉랭한 마음이 되어 아버지의 영광을 가리울 때가 많았습니다. 그럼에도 불구하고 주님의 십자가의 피로 용서해 주시고 사랑으로 인도하시며 불꽃같은 눈동자로 지켜 주셨습니다.

이 은혜를 우리가 어찌 잊으며 이 놀라운 사랑을 떠나 어찌 경거망동 하겠습니까? 이 시간에 다시 한번 우리가 주 앞에서 다짐하오니 우리를 더욱 강하게 붙들어 주옵소서. 주님을 따르는 길이 가파를지라도 생명의 길이고, 고독할지라도 진리의 길임을 믿기에 끝까지 따라가서 승리하게 하옵소서.

[장학사업을 잘 감당키 위해] 하나님, 이 시간도 함께하여 주실 줄 믿습니다. 아버지의 영광이 나타나게 하옵소서. 이 교회에 장학회를 설립하시어 자라나는 학생들을 후원할 수 있게 하심을 감사드립니다. 모든 것이 아버지께서 허락하심인 줄 믿습니다. 우리가 더 열심으로 기도하며, 이 일을 잘 감당하게 하옵소서. 물질만 주고 마는 우를 범치 말게 하시고 더욱 기도함으로 아버지의 기르심에 맡길 수 있는 믿음을 주옵소서. 그리하여 교회에 덕이 되며 장차 하나님의 나라와 그 뜻이 이루어지는 놀라운 은총을 허락하옵소서.

아직 배움의 길에 있는 학생들이오니 참된 지혜를 주셔서 좋은 성적도 얻게 하옵소서. 이들의 앞길을 인도하여 주옵소서.

예수님의 이름으로 기도드립니다. 아멘   (식)

새로 쓴 대표기도문

1998년 11월 30일 1판 01쇄 발행
2023년 09월 15일 1판 26쇄 인쇄

지은이 | 김수곤, 김만식, 김목희 목사
펴낸이 | 황성연
펴낸곳 | 한국문서선교회
등 록 | 제 2020-000012호
주문처 | 하늘물류센타
주 소 | 경기도 파주시 광탄면 혜음로883번길 39-32
전 화 | 031-947-7777
팩 스 | 0505-365-0691

ISBN 978-89-8356-114-5 03230

저작권법에 의하여 한국내에서 보호받는 저작물이므로
무단전제와 무단복제를 금합니다.

잘못되거나 파손된 책은 구입하신 서점에서 교환하여 드립니다.

책 값은 뒤표지에 있습니다.